本书受到中国社会科学院 – 上海市人民政府 上海研究院现代慈善研究中心
"蓝天下的至爱"项目资助

COMPANSSION
UNDER THE BLUE SKY

A RESEARCH REPORT ON
THE DEVELOPMENT OF
SHANGHAI CHARITY FOUNDATION
IN THE PAST 30 YEARS

上海市慈善基金会
三十年
发展研究报告

徐家良 等 —— 著

蓝天下的至爱

社会科学文献出版社
SOCIAL SCIENCES ACADEMIC PRESS (CHINA)

前　言

　　2024 年 7 月 18 日，中国共产党第二十届中央委员会第三次全体会议通过《中共中央关于进一步全面深化改革 推进中国式现代化的决定》，明确中国社会的奋斗目标是继续完善和发展中国特色社会主义制度，推进国家治理体系和治理能力现代化。社会组织与政府、企业一样，是中国式现代化建设的主体。在党和政府的正确领导下，社会组织借助自身的专业优势、区位优势、服务优势和品牌优势，在国家治理、社会治理、市域治理和基层治理中充分发挥积极作用，满足了困难群体和社会公众的各种需求，解决了社会的痛点和难点问题，为全面建成社会主义现代化强国事业贡献自身力量。

　　1978 年 12 月，党的十一届三中全会作出了实行改革开放的决策，中国经济开始逐步转型。根据社会的需要，社会组织无论是从数量上还是从规模上都发生了较大的变化。2025 年第 1 季度民政统计数据显示，全国登记的社会组织数量为 86.9 万家，其中社会团体 38.2 万家，民办非企业单位 47.8 万家，基金会 9836 个。① 上海市慈善基金会是中国千千万万社会组织中的一员。

　　社会组织应时而生、因势利导。《诗经·小雅》说道："应时而生兮，不可失兮！"同时，从司马迁的《史记·孙子吴起列传》中我们也看到，"善战者，因其势而利导之"。一家社会组织的诞生与成长不是偶然的，与当时的社会情形有密切关系。1994 年 5 月，上海市慈善基金会宣布成

---

① 《2025 年 1 季度民政统计数据》，https://www.mca.gov.cn/mzsj/tjsj/2025/202501dyjdtjsj.htm，最后访问日期：2025 年 6 月 10 日。

立。它是上海市最早成立的慈善基金会，也是国内最早成立的 10 家慈善基金会之一。三十年来，上海市慈善基金会积极探索，走出一条符合上海市情、长三角域情和中国国情的慈善之路，并取得了丰硕成果。上海市慈善基金会具有以下六个特点。

第一，坚持党的领导，把握慈善事业发展的正确方向。基金会近年来全面贯彻习近平新时代中国特色社会主义思想，所有工作都坚持党性和人民性相统一。基金会始终以党的创新理论武装领导班子，以"政治三力"筑牢思想根基，将党的群众路线贯穿慈善工作全过程，在实践上坚持守正创新。基金会在全国慈善系统中较早建立党支部，后又成立党委，做好思想政治工作，发挥党员示范效应，在各种项目和活动中发挥党组织的领导核心作用，确保党中央关于民生保障的决策部署在慈善领域落地生根。

第二，服务国家战略，紧贴民生需求与发展大局。基金会成立之初就以"安老、扶幼、助学、济困"为宗旨，投入大量精力与资金构建覆盖不同类型困难群体的立体化帮困体系，成为政府民生保障体系的重要补充。响应国家号召，在乡村振兴、区域协调发展、人类命运共同体建设等领域布局，支持国家战略实施。创新"慈善资金+产业振兴"帮扶模式，探索出多样化的精准扶贫和乡村振兴项目，在增进相对落后地区人民福祉方面做出突出贡献。结合帮扶地区资源优势和产业基础，选择因地制宜的创富项目。立足构建人类命运共同体，与多个国家和地区的慈善组织开展合作，在学习海外先进慈善事业运作经验的同时，也成为对外传播中国慈善理念的重要窗口。

第三，探索创新发展，动态调整运营模式与治理形态。以创新驱动发展，动态调整运营模式，不断实现结构、机制与方法层面的创新。适应时代需求，把握时代脉搏，创造性开展"慈善+流行文化"实践，早在 2005 年就携手"超女"总决赛选手进行善款募集和开展贫困学生结对活动，为慈善事业注入时尚气息与新鲜活力。同时，积极推进数字变革，赋能慈善事业技术转型。从信息时代的办公自动化到数字时代的全链条管理，投入相应的资金有序推进捐赠人服务系统、内部财务系统等业务系统的转型升级，初步形成了符合机构需要并契合社会期望的慈善事业数字化建设基础架构。

第四，注重文化先行，打造品牌项目弘扬慈善精神。精心打造"蓝天下的至爱"等在全国范围内具有知名度和影响力的慈善品牌项目，通过表彰凡人善举讲好中国故事，推动慈善文化在街镇、社区的传播，真正落实人人慈善与随手公益理念，影响成千上万市民投身慈善活动。构建"全媒体+全场景"的慈善文化传播矩阵，通过"慈善箴言"全民征集活动、成立现代慈善研究中心、创办双语版《至爱》杂志以及与主流媒体合办慈善栏目等多种方式弘扬慈善精神。

第五，实现规范运作，完善规章制度，强化公信力建设。始终将制度建设作为全面依法依规治会的基础工程，构建涵盖人事、薪酬、项目、品牌等方面的规章制度体系，将"有章可循、有法可依"理念贯穿组织运作全过程，形成"制度管权、流程管事、标准管人"的内部治理格局，保障基金会的规范化运转。自觉对外进行信息披露，早在1996年起就开创性地建立"媒体公示+社会监督"机制，通过《解放日报》连续28年公布审计报告，打造阳光慈善标杆，搭建起基金会与捐赠人及社会公众之间的桥梁。

第六，倡导凡人善举，发挥志愿者作用，推动人人慈善。基金会始终将人民性作为核心立场，强调人民群众在慈善事业中的主体地位，倡导凡人善举。在组织使命愿景设定、项目设计及实践路径中，始终贯彻"依靠社会办慈善，办好慈善为社会"理念。已吸纳7万余名注册志愿者，打造多个专业志愿项目，促进志愿服务的有序与创新开展。鼓励和支持社会各界人士发起专项基金，开展帮困助学、医疗救助等行动，协助发起人解决其遇到的困难。

感谢中国社会科学院－上海市人民政府上海研究院现代慈善研究中心把"蓝天下的至爱：上海市慈善基金会三十年发展研究报告"课题写作的任务委托给上海交通大学国际与公共事务学院、上海交通大学中国公益发展研究院，感谢原常务副院长赵克斌、第一副院长李友梅对我的信任和鼓励。上海市慈善基金会原任领导和现任领导大力支持，上海市慈善基金会秘书处、各部门和有关专家提供了第一手的材料，现任领导、历届领导和工作人员中前后有六十多人次抽出宝贵的时间接受访谈和参加座谈。上海交通大学中国公益发展研究院研究团队张其伟、成丽姣、刘悦美、张圣、张煜婕、季曦、袁君翱、陈宇韬、吴晓吁等参与了整个书稿的写作工作，其中成丽姣出力最多。

社会科学文献出版社群学分社总编辑杨桂凤、中国社会科学院－上海市人民政府上海研究院徐静一直关注书稿的写作、出版进展，特别感谢她们的支持。

　　上海市慈善基金会有三十年的发展历程，书中的不足和挂一漏万之处，敬请方家批评指正。

徐家良

上海交通大学中国公益发展研究院院长

上海交通大学国际与公共事务学院特聘教授

2025 年 6 月 10 日

目 录

导　言

　　上海以其独特的地理位置和交融的海派文化，成为近现代意义上中国慈善的主要发祥地之一。工业化、移民社会、国际性大都会和环境推力（卢汉龙，1995）等社会经济要素融合在一起，共同形塑了上海的慈善事业。早在1843年末开埠之前，上海就出现了一些以服务工商业和社会民生为主要宗旨的行会组织，包括因地缘、血缘等关系结成的自治公所、同乡会、会馆以及社会贤达做善事的善堂等，其中具有代表性的包括1715年建立的商船会馆、1759年建立的上海潮州会馆、1804年商界捐款建立的同仁堂等。这些组织在塑造上海慈善传统的同时，也充实了上海的慈善文化底蕴。

　　党的十一届三中全会以来，上海市的慈善工作重新起步，慈善事业伴随着改革开放取得了可喜的成绩。上海市慈善事业发展的重要特征之一是党和政府对慈善事业的高度重视，这一点与上海区位的重要性和政府官员较高的素质是分不开的（杨团，2000）。改革开放以来，在党中央的指导下，中国共产党上海市委员会（以下简称"上海市委"）、上海市人民政府（以下简称"上海市政府"）积极开拓慈善工作新局面，使上海市的慈善事业得到空前发展。20世纪80年代中期，我国全面推进城市经济体制改革，旧有的单位体制逐渐瓦解，上海各项社会事业逐渐从国家大包大揽转变为国家、集体、行业、民间协同参与，这为上海慈善组织的诞生提供了有利契机。1985年，上海市委、市政府安排上海市民政局牵头开展了有关社会团体的调查统计等摸底工作，为社会团体依法登记管理工作奠定了扎实基础。1990年，上海市民政局在全国层面率先成立社会团体管理处，颁布了一系列文件，为上海市慈善组织的规范化发展指明了方向。1990年和1997年，按照全国统一部署，上海市两次启动清理整顿社会团体工作，推动广大慈善组织有序健康发展。2000年，上海市对社会团体和民办非企业单位实施复查登记。在党和政府的支持下，上海市慈善领域涌现出一批像罗山市民会馆一样的公办民营、综合性一体化社会组织。它们在服务社区居民、特殊人群与困难群体方面发挥着不可替代的作用。

上海市慈善基金会的成立与当年的时代背景密不可分。20世纪90年代初，我国正处于社会治理转型时期，经济社会发展不协调的问题逐渐凸显。在社会发生深刻变革的背景下，上海市的慈善事业得以初步发展。这一时期，上海市出现了大规模的"裁员潮""失业潮"，下岗失业人员多、帮困对象多、外地回沪人员多的现实体现出社会矛盾的复杂性。根据上海市总工会统计数据，1993年1月至1994年6月分流安置了下岗待工人员近30万人（次），尚未安置的人数仍有近20万人。[①] 巨大的社会保障难题横亘在上海的治理转型之路上，既有的社会救济手段无法应对。为此，上海市民政局在严峻的社会形势下，于1993年6月开始实行在上海市设立城镇最低生活保障线的社会政策，即上海市城镇居民最低生活保障线、在职职工最低工资性总收入线和待业人员最低收入线。在落实最低生活保障线的同时，上海市民政局需要一家慈善组织来协同实施民间实物补助、发放粮油帮困卡、筹措特困老人救助基金、建立勤工俭学基金等一系列配套措施以优化社会救济。与过去相比，上海社会救济的方式逐渐从由政府主导的大包大揽型转向由政府支持、市场和社会多元主体共同参与的多元共济型，为慈善组织开辟了新的发展空间。作为维持社会稳定、促进社会发展的重要主体，上海市慈善基金会的成立为化解社会矛盾、补充政府社会保障服务供给功能提供了有力支撑。

1994年5月7日，上海市慈善基金会正式揭牌成立。几间房、几个人，初创团队就在上海一条小弄堂里开始了艰苦创业，至今已整整三十年。三十年来，在党和政府的全面领导下，在社会各界的关心支持下，随着上海经济社会的快速发展，上海市慈善基金会与上海城市建设同频

---

① 《国家经济贸易委员会办公厅、劳动部办公厅、中华全国总工会办公厅关于印发〈国有大中型企业富余人员分流和"企业办社会"转制问题研讨会纪要〉的通知》，http://www.110.com/fagui/fagui/law_34675.html，最后访问日期：2025年3月5日。

共振，项目涉及领域逐步拓展，项目规模不断扩大，慈善动员能力持续增强，大额捐赠成为常态，服务党和国家大局成果斐然，数字化转型迈入新阶段，对上海乃至全国产生了重要影响。慈善基金会逐渐从社会保障的补充力量成长为推动共建共治共享社会治理共同体建设的重要力量。

为了更好地回顾历史，记录上海市慈善基金会的发展历程，特编辑出版这本《蓝天下的至爱：上海市慈善基金会三十年发展研究报告》。本书时间跨度为1994~2023年，力求以三十年发展历程为纵轴，以上海市慈善基金会的发展特色为横轴，全方位展现上海市慈善基金会的成长足迹，为上海市慈善基金会的发展留下信史；更求凝聚慈善理念共识，激励上海市慈善基金会全体成员不忘初心、砥砺前行，共创基金会发展的美好未来。

本书力图介绍上海市慈善基金会成立以来的点点滴滴，挖掘出更多独特鲜活的文本，为基金会未来的发展提供参考。通过讲述发展历程中那些或质朴或生动或凝重或壮美的故事，本书将呈现这三十年岁月里上海市慈善基金会走过的独特发展之路，推动上海市慈善基金会积极迎接下一个三十年。同时，希望本书所呈现的组织发展演变历程能够为其他慈善组织提供参考和借鉴。由于历史条件的限制，一些久远的影像已难寻踪迹；由于调研材料的局限性，一些动人的情景逐渐被遗落。但这并不影响研究团队理清思路、把握全局，从不同角度全面回顾上海市慈善基金会三十年的发展历程。在三十年的跨越式发展之后，上海市慈善基金会的慈善之路一定会越走越宽，为上海人民城市建设添砖加瓦，为中国式现代化建设贡献力量。

绪　论

慈善事业是我国社会保障体系的有机组成部分，也是社会公众参与社会建设和社会治理的重要途径。上海市慈善基金会在推动慈善事业发展三十年过程中取得了丰硕成果、积累了宝贵经验。立足上海市慈善基金会的实践进行深度分析，有利于系统地总结上海经验，辐射全国其他省市慈善组织，为形成中国特色社会主义慈善事业提供思路和方法。为深化对上海市慈善基金会三十年发展历程的理解，有必要呈现慈善事业发展背景、构建分析框架、明确研究方法，为后续各章剖析上海市慈善基金会的不同实践创新奠定扎实的理论基础。

第一节　发展背景

慈善组织的高质量发展应被置于特定的历史文化和时代背景之中加以讨论。纵观上海市慈善基金会的演变历程，我国社会结构和需求的变化、上海慈善事业的推进、社会公众不断高涨的参与热情是其能够持续发展不可或缺的重要前提。本节从我国慈善事业发展环境、上海慈善事业发展格局和基金会所依靠的群众基础三个方面简单梳理上海市慈善基金会的发展背景。

一　改革开放以来我国慈善事业蓬勃发展

自实行改革开放以来，我国社会经历了较为稳健的转型，日渐形成与开放、流动的经济社会生活样态相适应的社会治理新格局（李友梅，2018）。从慈善事业发展的变化来看，从 1949 年 10 月新中国成立到 1978

年 12 月实行改革开放，我国的慈善事业发展较为缓慢，尤其是大部分慈善组织被取缔或停止运作。实行改革开放以后，我国的社会结构和需求发生了重大变化，社会需求的多样化、差异化使政府提供的公共服务远远无法满足人民群众日益增长的需求。慈善组织作为社会层面的服务主体逐步发展壮大，一批新的组织宣告成立。1981 年 7 月，中国儿童少年基金会由全国妇联、全国总工会、共青团中央等 17 个全国性社团和单位发起成立。1989 年 3 月，中国扶贫基金会、中国青少年发展基金会成立。与此同时，慈善会系统的慈善组织开始涌现。1993 年 1 月，吉林省慈善总会成立，这是新中国成立以来政府批准设置的首家地方慈善组织。1994 年 4 月，中华慈善总会宣告成立，成为中国当代慈善事业的一个标志性事件。此后，各省市的慈善总会、慈善协会纷纷成立，中国慈善事业发展的蓬勃之势初步呈现。

当前，我国慈善组织已初步实现规模化发展。统计数据显示，截至 2025 年第 1 季度，全国登记的社会组织数量为 86.9 万家[①]；据慈善中国网站统计，截至 2025 年 6 月 10 日，我国认定慈善组织数量为 16202 家[②]。慈善组织的发展为我国组织格局带来深刻变化（李培林，2013）。多种类型的慈善组织的诞生，为社会公众提供了便捷的慈善事业参与渠道，也使慈善文化在全国范围内逐步普及。

二　上海形成具有显著地方特点的慈善事业发展格局

作为全国慈善事业的先行地区，经过三十多年的发展，上海在慈善领域取得显著成绩，形成"法治健全、扎根社区、品牌引领"的慈善事业发展格局。"法治健全"指的是上海市慈善事业法治化程度在全国处于领先水平，不仅于 2021 年 9 月通过慈善领域综合性地方性法规《上海市慈善条例》，还相继制定了《上海市慈善组织认定和取消暂行办法》《上海市慈善信托备案办法》等在全国具有开创性的政策文件。通过慈善法规政策的不断完善，上海加强对慈善事业的组织领导，构建慈善监管和激励机制，为促进慈善事业高质量发展提供了强有力的法治保障。"扎根社

---

① 《2024 年 4 季度民政统计数据》，https://www.mca.gov.cn/mzsj/tjsj/2025/202501dyjdtjsj.htm，最后访问日期：2025 年 6 月 10 日。

② https://cszg.mca.gov.cn/biz/ma/csmh/a/csmhaindex.html，最后访问日期：2025 年 6 月 10 日。

区"是指上海搭建起国内最为立体化的社区慈善架构。一方面，上海已实现街镇（乡）慈善超市全覆盖（徐家良、彭雷，2019），慈善超市在款物募集、困难群体救助、慈善文化传播等方面发挥积极作用；另一方面，上海登记成立社区基金会近百家，它们在整合社区资源、承接政府职能、调动社区居民积极性、服务社区民生、创新社区治理（徐家良，2017）等方面产生促进效果。"品牌引领"则是指上海打造了一批有全国影响力的慈善品牌活动和项目，如"蓝天下的至爱"慈善活动已连续举办30年，累计募款超170亿元，成为长三角最具影响力、全国知名的慈善品牌活动；上海公益新天地作为全国最大的慈善园区之一，为慈善领域的各类主题提供全生命周期支持，培育了大量活跃的一线慈善组织；上海慈善周更是举办了"一杯咖啡的温暖"、"为福添彩——慈善citywalk"、"久久——爱的幸福节"慈善集体婚典等一系列品牌活动，进一步在上海营造了"处处可慈善"的氛围。

三 社会各界参与热情不断高涨

社会各界参与热情不断高涨为慈善事业发展奠定了扎实的群众基础。20世纪90年代以来，在党和政府的引导下，人们的慈善意识不断增强，特别是近年来慈善活动与信息技术、文化、体育运动紧密结合所带来的便捷性和娱乐性，进一步调动了人们参与慈善活动、投身慈善事业的积极性。以上海市慈善基金会"蓝天下的至爱"系列活动"慈善一日捐"为例，该活动旨在倡导公众从自愿捐赠一天的收入做起，共同参与慈善事业，凝聚爱心。迄今为止，上海市慈善基金会"蓝天下的至爱"慈善活动已连续开展三十年，成为营造社会慈善氛围、促进全民参与慈善的重要举措。而随着互联网平台介入慈善事业和"指尖公益"的流行，我国每年参与在线慈善活动的用户约有百亿人次，慈善逐渐成为许多人日常生活中的一部分。同时，慈善内容也不再局限于金钱和物质方面，而是延伸到提供知识、时间和技能的志愿服务。截至2024年5月8日，上海慈善志愿者服务总队下的慈善志愿者队伍已经达到228支，累计注册慈善志愿者达到7.7万人。[①]

---

① 《三十载温暖一座城：聚社会之善，成社会之爱——纪念上海市慈善基金会成立30周年》，https://dzb.whb.cn/2024-05-08/6/detail-850114.html，最后访问日期：2025年4月17日。

各类慈善志愿者开展形式多样的慈善活动，为上海慈善事业发展注入了源头活水。

第二节 理论基础、理论框架与核心概念

慈善组织的可持续发展需要科学理论的支撑，慈善领域的研究者从国家治理现代化理论、合作治理理论、生命周期理论、社会资本理论中汲取养分，为上海市慈善基金会三十年发展历程研究提供了坚实的理论基础。本书在借鉴上述理论要素的基础上，结合上海市慈善基金会的发展历程，提出上海市慈善基金会的发展之路是我国慈善组织走出的中国式现代化创新发展之路这一观点。基于这一认知，本书构建相应分析框架，为上海市慈善基金会运行过程中的原初动力、社会基础和行动逻辑提供理论解释。

一 理论基础

作为跨学科的交叉研究领域，慈善研究得到公共管理、政治学、经济学、社会学、法学等不同学科研究者的广泛关注。他们从多维视角出发，开展宏观慈善事业和微观慈善组织发展研究，取得了丰硕的理论研究成果。以往研究使用国家治理现代化理论、合作治理理论、生命周期理论、社会资本理论等解释国家战略实施对慈善组织的要求，慈善组织如何与政府、企业捐赠人等主体形成良性互动关系，慈善组织从初创到成熟的过程演变，以及慈善组织能够实现公众动员的主要因素。本部分将简单介绍上述理论的核心思想，并概括它们在慈善组织研究方面的具体应用。这些理论不仅为本研究提供了一系列分析要素，还为分析框架的构建提供了参考思路。

（一）国家治理现代化理论

国家治理现代化理论是马克思主义中国化、时代化的国家治理理论。党的十八届三中全会提出"国家治理现代化"概念后，其内核概念"国家治理"在学界引发广泛讨论。实际上，国家治理是马克思主义长期关注的理论问题。在马克思看来，国家治理是与一定的政体形式和结构形式紧密联系的治国活动，包含中央和地方各级政府机构的治理，是凭借国家权威、运用国家权力对社会公共事务进行的治理。其治理内容涉及

经济、政治、文化、社会等国家活动领域，其形式由国家性质和统治阶级性质决定（许耀桐，2024）。随着 20 世纪 90 年代西方治理（governance）理论的兴起，中国"治理"有逐渐被泛化的趋势，但其本义仍然是马克思国家治理概念的延续，强调治国理政的方式、方法、途径及能力（王绍光，2018）。因此，针对形成于 2013 年党的十八届三中全会的"国家治理现代化"概念，我们仍应从马克思主义国家治理视角加以理解。李景鹏（2014）认为，国家治理现代化就是适应现代社会的要求，包含深化行政体制改革与建立新制度和新机制的过程。应松年（2014）则认为，国家治理现代化是现代化成果以体制机制和法治规则惠及民众。王浦劬（2021）指出，社会主义国家治理现代化是人民的现代化，中国治理现代化是以人民为治理主体的现代化，是为了全体人民共同富裕的现代化。赵中源、黄罡（2023）则进一步总结，新时代国家治理现代化理论在取向上以人民为中心，在策略上强调国家制度建设的基础性地位，在方式上强调科学治理、民主治理和依法治理的有机统一，在机制上强调党和国家的监督。

从国家治理现代化的角度去看待慈善组织的发展问题，重点在于分析慈善组织在国家治理整体格局中的定位和作用。以社会组织为主要载体的现代慈善，是国家治理现代化的有机组成部分，也是国家治理体系和治理能力现代化建设的重要内容（王振耀、田小红，2015）。慈善组织是第三次分配的重要执行主体，通过增进困难群体福祉来夯实国家治理基础（苗青，2022）。同时，慈善组织能够深度参与我国公共服务体系建设过程，提供专业服务、开展志愿服务活动、链接慈善资源、构建行动网络、参与政策倡导是其主要参与路径（朱健刚，2023）。

如何将慈善事业更好地融入国家战略，以及如何在慈善组织发展过程中彰显国家意志，是当前慈善领域国家治理现代化建设需要思考的问题，而建立慈善组织与党和政府的良性互动关系也是国家治理现代化的题中应有之义。基于国家治理现代化加以观察，可发现上海市慈善基金会在三十年发展历程中始终坚持党的领导，充分发挥行政领导的支持作用，走出了一条具有中国特色和上海特点的发展道路。正是基于党和政府以人民为中心的价值取向，上海市慈善基金会才获得了相对稳定的发展环境，并在党的领导和政府的支持下一步步行稳致远。

（二）合作治理理论

合作治理理论的代表人物罗茨（Rhodes，1996）指出，治理是一种"自组织网络"。治理的基本特征是，组织之间相互依存、相互交换资源以及协商共同目的时保持网络成员的持续互动；互动以信任为基础，用网络参与者相互协商和认同的规则来调节；保持相当程度的相对于国家的自主性。治理的目标在于实现不同主体的共同意愿和价值（刘辉，2012）。当然，治理的实质就是建立在市场原则公共利益和认同基础之上的合作（俞可平、王颖，2001；俞可平，2019）。合作治理作为公共管理领域的一种分析工具，被广泛应用于多元主体合作研究中。合作治理理论以多元主体对公共事务和公共服务的参与为核心，鼓励多方共同致力于治理目标的实现，强调合作需要随着社会的发展和变化不断地进行调整和变革（唐文玉，2011），为慈善组织和利益相关者之间的合作提供合理的解释。在慈善领域，社区慈善事业被认为是多元主体合作治理的重要场域（邵兴全、胡业勋，2018），吸引不同社区利益相关方参与其中。

上海市慈善基金会在发展的不同阶段与不同的主体共同参与对不同社会事务的治理，与合作治理理论的分析情境高度吻合。上海市慈善基金会在三十年发展历程中的合作对象包括基层政府、外资企业、民营企业、其他社会组织（如上海市老年基金会、上海市儿童发展基金会等）以及爱心人士等。这些差异化的合作主体构成了上海市慈善基金会较为丰富的资源网络，为基金会提升竞争力、适应制度环境和技术变革环境的要求提供了重要支撑。在合作治理视角下，上海市慈善基金会的各合作主体形成了有机整体和稳定网络，为促进慈善事业发展贡献了自己的力量。其中，公众个体、民营企业和其他社会组织作为民间力量的代表，深度参与合作网络建设，与上海市慈善基金会一道完成各项资源与服务供给。

（三）生命周期理论

生命周期理论将组织看作有生命特征或者生命限度的个体，研究组织从初创到发展再到成熟的孕育过程。目前，生命周期理论被广泛应用于政治、经济、社会等方面的研究中。在国内，比较有代表性的组织成长阶段划分有"初创—成长—成熟"（牛欣，2013）的三阶段论说和"种子期—创业期—扩张期—成熟期"（刘志阳、施祖留，2007）的四阶段论说。无论采取何种阶段划分方式，该理论关注的都是组织从低级到高级、从简单到复杂的演变过程。

本书的研究重点之一是上海市慈善基金会的发展历程，关注的是上海市慈善基金会在不同阶段的发展特征。针对上海市慈善基金会治理工作的前期调研，依据组织发展情况和生命周期理论"初创—成长—成熟"三阶段说将上海市慈善基金会的发展分成专业探索、规范运作、蓬勃发展三个阶段。在不同发展阶段，上海市慈善基金会坚持将满足人民群众的实际需求作为组织的使命，并逐步从高度依赖行政资源向充分激发人民群众主体性参与的思路转变。

（四）社会资本理论

社会资本是分析个人在组织或群体中关系的重要理论。奥斯特罗姆、龙虎（2003）将社会资本看作个人组成群体的互动方式，将群体和组织成员共享的信任、理解、规则和期望看作社会资本的核心要素。福山（2003）将社会资本等同于非正式规范，并将普遍信任看成是社会资本的来源。目前在学界获得较高认同度的是帕特南对社会资本的定义。帕特南认为，社会资本指的是信任、规范和网络，它们能够通过推动协调的行动提高社会的效率（Putnam，1993）。

社会资本是社会生活的润滑剂，也是上海市慈善基金会能够持续动员社会公众投身慈善事业的关键因素。上海市慈善基金会开展的慈善活动能够加强公众内部团结，帮助个体在联结性的社会关系中获得更多收益。通过各种慈善活动，上海市慈善基金会与公众的联系得以加强，强大的社会网络得以生成，大家借助互惠性规范产生信任。在社会治理现代化背景下，上海市慈善基金会能够整合多元主体参与社会治理，成为打造共建共治共享的社会治理格局的积极行动者。

本书吸收上述理论蕴含的诸要素，对上海市慈善基金会加以观察。如前所述，国家治理现代化理论强调宏观环境对组织行为的塑造，因此本书也关注党和政府对上海市慈善基金会所处外部环境的形塑及其中的政社互动关系；合作治理理论强调多元主体网络搭建和民间参与，因此本书也分析上海市慈善基金会如何将公众个体、民营企业、其他社会组织等社会力量融入整体格局中；生命周期理论强调组织从初创到成长再到成熟的过程，因此本书呈现的上海市慈善基金会的发展历程同样是一个逐步完善、逐渐激发人民群众在慈善事业中主体性的过程；社会资本理论强调信任和规范对公众个体联结的强化作用，体现在上海市慈善基金会的案例中则是慈善活动对公众内部团结的促进和社会信任程度的提升。

二 分析框架：中国式现代化视域下的慈善组织发展模式

上述理论为解释上海市慈善基金会三十年发展历程提供了诸多有价值的视角，但要诠释基金会何以持续、有效发展，还需要更加系统的分析框架。如何理解上海市慈善基金会在三十年发展历程中与党和政府的紧密关系及其所处的宏观环境？维系上海市慈善基金会三十年发展势头的动力机制包括哪些？上海市慈善基金会在不同发展阶段遵从何种一以贯之的行动逻辑？上海市慈善基金会走的是一条中国式现代化慈善组织发展之路，可以较好地回答或解释上海市慈善基金会的可持续发展模式及其成因。

（一）中国式现代化与慈善组织的相关性

中国式现代化理论是中国特色社会主义建设的最新理论成果。根据党的二十大报告所作定义，中国式现代化是中国共产党领导的社会主义现代化，既有各国现代化的共同特征，又有基于自己国情的中国特色。中国式现代化是人口规模巨大的现代化，是全体人民共同富裕的现代化，是物质文明和精神文明相协调的现代化，是人与自然和谐共生的现代化，是走和平发展道路的现代化。将慈善组织置于中国式现代化语境下进行讨论，既可以明确慈善组织所处的具体制度环境，也可以为慈善组织发展厘定核心目标。总体来看，我国慈善组织的发展方向与中国式现代化的特征和要求密切相关。

中国式现代化是人口规模巨大的现代化，巨大的人口规模带来巨大的社会需求。尽管近年来我国的公共服务体系建设不断深化，政府公共服务递送能力持续提升，但仍有不少社会公众的实际需求难以得到满足。因此，长期以来慈善组织不断探索扩大慈善事业受益面和提升公共服务可及性的方法，在各项服务领域为政府拾遗补阙。

中国式现代化是全体人民共同富裕的现代化。共同富裕不仅意味着财富分配过程与结果的公平正义，还强调人民获得均等的发展机会。慈善组织是第三次分配的重要主体，能够调整不同区域、行业、收入水平群体之间的财富分配状况，畅通高收入群体回报社会的渠道。无论是在过往阶段还是在新时代，慈善组织都是整合各种资源要素、助力共同富裕的有机力量。

中国式现代化是物质文明和精神文明相协调的现代化，需要从物质和精神两个层面夯实社会基础。慈善组织在促进物质文明和精神文明两方面都可发挥积极作用。一方面，慈善组织可利用募集到的款物资源改善困难群体生活，提升社会物质文明程度；另一方面，慈善组织开展的志愿活动可引导全社会形成无私利他、友爱互助的道德风尚，提升社会精神文明程度。

中国式现代化是人与自然和谐共生的现代化，生态文明建设与人的发展密切关联。慈善组织是生态文明领域的重要力量，其运作的各类减碳减排、动植物保护、垃圾分类、社区更新项目直接有效促进了自然环境与人居环境的改善，为美丽中国建设做出慈善组织特有的贡献。

中国式现代化是走和平发展道路的现代化，强调中国持续的对外开放与交流。自"一带一路"建设启动以来，我国慈善组织不负新时代使命，在共建国家和地区广泛开展形式多样的慈善项目，用实际行动助力民心相通，传播我国构建人类命运共同体的明确理念，也彰显出中国在全球治理体系中的负责任大国形象。

可见，慈善组织在中国式现代化征程中是一股无可替代的力量，是巩固我国现代化建设成果并使成果更多更公平惠及全体人民的重要载体。服务于中国式现代化建设大局，既是慈善组织一直以来承担的角色职责，也是其未来工作开展的行动指南。

（二）中国式现代化慈善组织的具体意涵

本书将上海市慈善基金会定义为"中国式现代化慈善组织"。中国式现代化慈善组织不仅可以概括描述上海市慈善基金会成立至今的运作特征，而且是对中国慈善组织价值取向和实践归宿的诠释。这一概念既具有实然意涵，是对上海市慈善基金会过去三十年工作的基本定位；也具有应然价值，是对上海市慈善基金会未来发展目标的高度凝练。中国式现代化慈善组织的具体意涵可从领导制度、动力机制和行动逻辑三个维度加以提炼概括。

在领导制度维度，中国式现代化慈善组织意指上海市慈善基金会处在中国共产党的坚强领导之下。中国特色社会主义最本质的特征是中国共产党的领导，中国共产党最根本的政治立场是"人民立场"，秉持"人民至上"的价值取向（习近平，2017）。党的性质和宗旨决定了中国共产党除了国家、民族、人民的利益，没有任何自己的特殊利益。坚持党的领导本质上是为了实现人民当家作主、实现人民根本利益，而不是为了实现任何形式的特殊利益。包括上海市慈善基金会在内的慈善组织是为了实现最广大人民的根本利益而产生和存在的，绝非为满足任何特殊阶层的利益。与西方慈善组织由民间社会主导、私有化色彩浓厚不同，中国慈善事业被定位为国家治理体系的组成部分，强调政治方向与人民利益的高度统一。党的领导保证了上海市慈善基金会所从事慈善事业的正确发展方向，是慈善事业维持人民主体性的重要前提。

在动力机制维度，助力实现全体人民共同富裕是中国式现代化慈善组织的内在动力，人民支持则为慈善事业提供了长期性资源。一方面，慈善组织发展的目标是使全体人民群众能够充分享受发展带来的各项成果，如面向不同群体的慈善服务、慈善捐赠所带来的财富资源等。上海市慈善基金会投身上海慈善事业，其原初精神动力是满足各类困难群体的显性需求或潜在需求；而到了今天，通过第三次分配助力上海市、长三角地区乃至全国共同富裕目标的实现，正在成为上海市慈善基金会追求高质量发展的现实动力。另一方面，人民群众的广泛参与为慈善组织提供了可持续资源。近年来，随着互联网技术的升级和触及群体规模的扩大，个人和民营企业在慈善捐赠方面的贡献度不断提升，成为可依赖的慈善资源供给主体。我国慈善款物的来源渠道日益丰富，慈善不再仅仅局限于政府、企业的小范围中，而是逐步转变为全社会的共同事业。相较于西方慈善以富豪捐赠为主要资金来源，中国正逐步形成"企业大额捐赠为主、互联网小额捐赠增长显著"的全民参与多元格局。而以上海市慈善基金会为代表的慈善组织，正是此种格局的重要缔造者。

在行动逻辑维度，中国式现代化慈善组织以帮助人民群众创造美好生活为逻辑起点和行动指南。人民是慈善事业的最大受益者，慈善组织在不同时期需要满足人民群众不同的物质生活和精神文化需求，也因此需要调整自身的结构安排、行动方式和角色定位，以适应时代要求。物质文明与精神文明相协调是新时代的主旋律，也为慈善组织开展各类活动提供了新的行动纲领。同时，中国式现代化慈善组织的发展成效要由人民评判，其运作效能、公信力与社会价值最终根据人民群众的反馈和评价形成定论。因此，以上海市慈善基金会为代表的中国式现代化慈善组织高度重视公信力建设工作，力图通过慈善项目的高效运作和信息的及时公开提升人民群众的获得感、满意度和信任度。相较而言，西方慈善早期由教会垄断，中世纪教会通过慈善活动巩固社会控制权。尽管现代工商业资本成为捐赠主体，但是基督教的"罪感文化"仍潜藏于慈善文化血脉，宗教赎罪逻辑驱动富豪或基金会的慈善行为，与我国慈善组织的行动逻辑迥异。

（三）本书分析框架

本书基于中国式现代化慈善组织定位，观察上海市慈善基金会在不同阶段、不同事务中形成的个性化发展模式，重点关注组织如何处理与党政部门的互动关系，适应并反向影响所处宏观制度环境；如何建立广泛的资源网络，保持发展强劲动力；如何调整自身行动方式，逐渐成为中国慈善领域的代表性主体，服务中国式现代化建设大局和共同富裕目标。

在中国式现代化建设背景下，慈善组织需要时刻保持人民性，在适应制度环境、国际环境、社会需求变化的情况下，通过优化内部结构、链接外部资源推动组织提升自身的项目运作能力、资金募集能力、内部治理能力、信息化水平等（陈友华、邵文君，2022），形成长期、稳定、有效的面向全体人民群众的资源供给和服务模式。

面向中国式现代化的不同特征和要求，上海市慈善基金会所开展的不同工作构成本书的分析对象：面对巨大的人口规模和社会需求，上海市慈善基金会如何抓住主要痛点，构建多元协同网络并服务于国家战略？为助力实现全体人民共同富裕目标，上海市慈善基金会如何通过募捐活动和专项基金汇集资源，高质量助力第三次分配？为确保社会物质文明与精神文明相协调，上海市慈善基金会如何开展慈善文化宣传与品牌建设工作？在不断变化的国际局势中，上海市慈善基金会如何开展跨境合作，在搭建慈善交流平台的同时，找寻自身在中国和平发展道路中的位置？为实现上述目标，组织所着力的规范化内部治理、公信力建设和数字化革新是怎样实施的？本书致力于回答上述问题，并通过对历史事实和案例材料的梳理，总结上海市慈善基金会三十年发展历程中最为宝贵的经验。

由此，结合现有文献以及对上海市慈善基金会的实证调研，本书选择以下九个维度对上海市慈善基金会的微观行动进行分析，分别是"深入开展募捐行动"、"设立专项基金"、"慈善文化宣传与品牌建设"、"信息公开与公信力建立"、"内部规范化治理"、"多元协同与网络搭建"、"服务国家战略"、"服务跨境合作"和"服务大众的数字化转型"（见图1-1）。从这九个维度进行分析，能够在一定程度上解释上海市慈善基金会三十年发展的条件要素与影响机制，有助于较为系统和全面地理解上海市慈善基金会。单一研究视角往往容易使研究者面临"一叶障目"的困境，不同的分析维度可以呈现同一组织发展中的不同图景，为此，多维视角具有可行性和必要性。对上海市慈善基金会上述九个维度的分析贯穿相应章节，构成一个完整的有机体系。

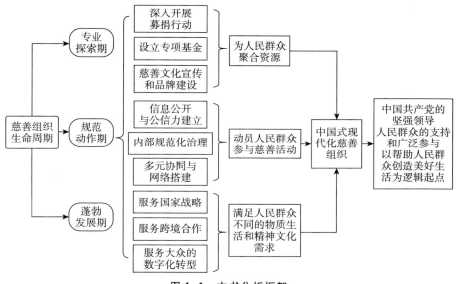

图 1-1　本书分析框架

三　核心概念

本书包含五个核心概念，分别是"慈善""公益""慈善组织""慈善事业""现代慈善"。

（一）慈善

慈善是指个人、群体或组织自愿向社会或受益人无偿捐助钱物或捐献器官或提供志愿服务的行为，是帮助个体或社会公众走出困境、抵御风险及发展社会事业的重要方式。慈善是一个历史范畴，无论在不同历史时期有着怎样不同的内容和表现形式，它都是人类社会文明与进步的标杆。慈善作为文明的一种表现形式，深深根植于中国传统文化之中。《魏书·崔光传》明确提出慈善的概念。"光宽于慈善，不忤于物，进退沉浮，自得而已"（弋戈，2018），告诉我们人活着要内心宽厚善良，不被外物影响。"慈"还包括孝敬奉养父母的意思，许慎在《说文解字》中指出："慈，爱也；善，吉也。"（魏宇，2010）。在西方语境中，"慈善"

一词对应"charity""philanthropy"两个单词。charity 原意是基督之爱，意味着上帝与人类的互动所具有的爱，指的是对社会困难群体的无偿救助行为；philanthropy 是指爱人类，有博爱，增进人类福祉。

当前学界和实务界普遍认为，慈善有广义和狭义之分。狭义的慈善（"小慈善"）主要指的是扶贫济困救灾，广义的慈善（"大慈善"）是指除扶贫济困救灾之外，只要是有利于社会公共利益的活动都属于慈善。"小慈善"基本可等同于"做好事"，包括捐钱捐物、扶贫济困，但是从慈善事业发展实践来看，慈善组织和广大人民群众广泛参与社会活动的各个领域，慈善活动远远超出了扶贫济困等范畴。《中华人民共和国慈善法》立足实际，科学研判未来发展趋势，明确规定慈善活动是指自然人、法人和非法人组织以捐赠财产或者提供服务等方式，自愿开展的下列公益活动：（1）扶贫、济困；（2）扶老、救孤、恤病、助残、优抚；（3）救助自然灾害、事故灾难和公共卫生事件等突发事件造成的损害；（4）促进教育、科学、文化、卫生、体育等事业的发展；（5）防治污染和其他公害，保护和改善生态环境；（6）符合本法规定的其他公益活动。这呈现"大慈善"的特征。

慈善以社会成员的善爱之心为基础（郑功成，2005），是个体的美好品质，彰显了人类的德行之美，善待任何一个因生活困难而穷困潦倒的人。在人类不断进步的过程中，慈善已经成为人们的心理品质希望所在，是文明社会的集中表现。

（二）公益

对于公益概念的来源，学界观点不一。部分学者认为"公益"一词是舶来品，经日本学者转译而来。日本学者留冈幸助在《慈善问题》一书中将"Public Welfare"翻译为"公益"（秦晖，1999）。中国学者发现，中国本土的"公益"语汇在清代中期就已出现，具有经济收益、国家利益与地方公事三种用法（武洹宇，2018）。

有一种说法认为，"公益"是"公共利益"一词的缩写。《辞源》中的公益概念为"公共之利益。相对于一个人之私利、私益而言"。这就将公益界定在与私利相对的公领域范畴。换言之，公领域的公益即公共利益（Public Interest），是指不特定的社会成员所享有的共同利益。由此可见，公领域的"公益"概念涉及"公共"的范围和"利益"的内容。而慈善和公益的内涵存在显著差异。从内涵上理解，区别于慈善概念带有的宗教色彩，公益概念带有较为纯粹的世俗特征。传统的慈善行为多发乎善心，基本是自发的、情感的、非职业化和非专业化的，而公益活动的内在驱动力则是现代公民的公益意识、社会责任意识（王守杰，2009）。在受众对象上，公益的受益对象范围比慈善广。

公益是指不特定社会成员的福祉和利益。公益针对所有的社会公众，目的在于增进社会公众的整体福祉，以人民性为主要特征。慈善和公益存在一定的区别：第一，慈善一般是单向的馈赠，公益更强调双向的助力和提升；第二，公益更多是提供方法，不像慈善更多是直接提供钱物，即"授人以渔"而非"授人以鱼"；第三，公益更多面向社会公众，不像慈善那样更多面向困难群体。

（三）慈善组织

慈善组织的概念来源于海外。英国学者把慈善组织定义为为了广泛的公共利益而成立的，非营利、非政府、开展各种慈善公益活动的组织，具体细分成公司、商业工会、根据皇家特许令注册的实体、慈善公司组织和非法人社团、信托以及互助会等非法人形式（Ware，1989）。新加坡的《慈善组织法》对慈善组织的定义比较笼统，即基于慈善目的建立、从事慈善事业并隶属于新加坡高等法院管辖的机构（刘智琳，2012）。俄罗斯的《慈善活动和慈善组织法》强调慈善组织实施活动的公益目的及其非政府性和非商业性，具体组织形式包括社会组织（社会联合组织）、基金会和事业单位（魏芦华、张良，2017）。

在我国，1996 年 5 月，《民政部关于在社会救助工作中充分发挥慈善组织作用的通知》把慈善组织定义为，以一定的社会捐款为基础，通过资金运作开展社会公益活动的非营利、非政府组织。2010 年 1 月，《江苏省慈善事业促进条例》把慈善组织界定为，依法登记成立，将慈善作为唯一宗旨的非营利性社会组织。2023 年 12 月修改的《中华人民共和国慈善法》规定，慈善组织是指依法成立、符合本法规定，以面向社会开展慈善活动为宗旨的非营利性组织。

本书整合了法律法规政策对慈善组织的定义，将包括上海市慈善基金会在内的慈善组织理解为基于慈善目的从事助困、助老、教育、文化、医疗、生态等各种慈善活动的非营利性组织。小范围的慈善组织仅指社会团体、社会服务机构、基金会等被县级以上民政部门认定的慈善组织。大范围的慈善组织除此之外还包括开展慈善活动的组织。一般情况下，本书所指慈善组织为小范围的，但在特定情境下，也涵盖大范围的。

（四） 慈善事业

有学者认为，慈善事业是指建立在社会捐赠基础上的社会救济事业，是一种有组织的民间群众性互助活动（孙倩，2003），对改善社会民生具有重要价值（周中之，2008）。慈善事业在中国源远流长，早在唐宋时期就已有慈善事业雏形。唐朝设置悲田养病坊，用以收养贫病老弱、残疾人及孤儿；宋代政府更为重视慈善事业，先后设置了居养院、安济坊、慈幼局、漏泽园等机构（王卫平，2000）。近代以来，尤其是20世纪30年代以来，上海市商会在动员上海工商界积极参与慈善救济活动以及筹募急赈各省水旱灾民等方面发挥了重要的慈善救济公益性作用（许冠亭，2008）。

本书认为，慈善事业是从慈爱和善意的道德层面出发，建立在社会捐赠基础上的，有一定组织和规模，扶危济困、促进社会发展进步、增进人类福祉的一种活动，是对社会物质财富进行第三次分配的一项社会性公共事业。

（五） 现代慈善

有学者指出，新时代背景下现代慈善的走向是慈善公益紧密融合、慈善法制不断健全、"互联网+慈善"充分运用，多元慈善力量和主体日益崛起[1]。在现代慈善概念中，慈善不仅局限于乐善好施、扶贫济困等对困难群体、特殊群体的帮助，而且延伸到科学、教育、艺术、医疗、体育、环境保护、人权、社会服务、国际事务等诸多领域。现代慈善强调慈善的专业化、科学性和理性化，是中国慈善事业发展的必然走向。目标的非功利性、机构的组织化和基金的增值性是现代慈善的基本特征（厉以宁，2010）。

本书所指现代慈善是秉持以人民为中心的理念，在完善法律制度规范的基础上，充分利用先进科技，提供各类专业服务，在扶贫济困的同时对全体人民的发展做出积极贡献的一种慈善形态。发展现代慈善的一个重要条件是培育具有较高社会声望、较强专业能力、完善治理结构的现代慈善组织，这需要包括上海市慈善基金会在内的优秀慈善组织发挥

---

[1] 周秋光：《中国式慈善现代化的历史逻辑与现实路径》，https://news.hunnu.edu.cn/info/1011/62370.htm。

骨干传帮带和辐射引领作用。

第三节　研究方法

本书将文献研究法、半结构式访谈法和参与式观察法作为资料收集方法，并采用个案研究法进行深度分析。文献研究法聚焦上海市慈善基金会相关档案、报告、书籍等文献资料，通过梳理文献描述上海市慈善基金会三十年慈善事业发展的整体情况。运用半结构式访谈法与上海市慈善基金会三十年来的历任机构负责人、现任部门负责人和专项基金负责人以及部分合作伙伴进行多次深度交流，获取上海市慈善基金会三十年发展历程中的第一手资料。通过参与式观察法了解上海市慈善基金会的基本运作情况，获得了除文字资料之外的其他信息，为全面分析基金会的各方面情况打下了扎实的基础。通过个案研究法对上海市慈善基金会及其 16 个区代表处的慈善项目和慈善活动进行案例分析，对上海市慈善基金会三十年来在服务国家战略、募捐行动、信息公开、内部治理、专项基金运作、品牌建设、数字化转型、多元协同网络、跨境交流与合作等方面的慈善实践进行深度分析，从而发现上海市慈善基金会慈善工作开展的特色和优势，为上海市慈善基金会未来慈善事业的发展提供新思路。

一　文献研究法

文献研究法是指根据研究目的，在收集、查阅、分析文献的基础上，全面了解和掌握某一学科与专题的一种研究方法。本书的文献来源包括法律法规、政策文件、上海慈善网、档案材料等，通过对上海市慈善基金会相关文献及资料进行系统收集、分类整理和整合分析，了解上海市慈善基金会三十年的发展历程。

二　半结构式访谈法

半结构式访谈法是一种围绕访谈提纲，通过访员和受访人的有效沟通来了解受访人各方面情况的研究方法。为获得更多访谈信息，研究团队对上海市慈善基金会部分退休和在任的机构负责人、部门负责人、大额捐赠人、各区代表处负责人、专项基金负责人、有合作关系的社会组织工作人员进行了多次访谈。访谈对象信息如表 1-1 所示。

表 1-1　访谈对象信息

访谈对象	访谈时间	访谈时长
上海市慈善基金会老领导 TD、DR、ZM、KR、YC、XL、LL、HW、ZQ、GQ、YQ	2023 年 4 月 25 日	2.5 小时
上海市慈善基金会老领导 GP	2023 年 6 月 23 日	2 小时
上海市慈善基金会老领导 JF	2023 年 6 月 25 日	2 小时
上海市慈善基金会副秘书长 JB	2023 年 6 月 26 日	2 小时
上海市慈善基金会老领导 ZM、QS、SL、SL、SY、XX、HM	2023 年 6 月 27 日	2 小时
上海市慈善基金会第一届秘书长 DR	2023 年 6 月 29 日	4 小时
上海市慈善基金会老领导 ZM	2023 年 7 月 2 日	1.5 小时
上海市民政局相关代表 YL	2023 年 7 月 4 日	2.5 小时
黄浦区代表处秘书长 XM、企业家代表 LH、副秘书长 XD、专职党委副书记 XL、品牌传播部部长 LC、互联网众筹部部长 SM、项目发展与客户服务部部长 QJ	2023 年 7 月 5 日	6 小时
上海市慈善基金会老领导 ZQ	2023 年 7 月 9 日	2 小时
上海市慈善基金会老领导 HW	2023 年 7 月 10 日	2 小时
上海市慈善基金会闵行区代表处工作人员 YG 等	2023 年 7 月 12 日	6 小时
上海市慈善基金会宝山区代表处工作人员 JM 等	2023 年 7 月 13 日	2 小时
上海市慈善基金会金山区代表处项目执行方代表 HF、嘉定区代表处秘书长 LY，项目方执行方代表 JS、YY，企业方代表 QL、YF	2023 年 7 月 14 日	4 小时
上海市慈善基金会慈善教育中心 XZ、PL，上海市慈善基金会慈善物资管理中心相关负责人 LN 等	2023 年 7 月 19 日	3 小时
上海市慈善基金会普陀区代表处负责人 PY、PZ 等	2023 年 7 月 20 日	2 小时
上海市慈善基金会静安区代表处专项基金代表 NY、品牌项目代表 XH、CX，重要捐赠人 FX 等	2023 年 7 月 21 日	3 小时
上海市慈善基金会金山区代表处工作人员 SS，项目执行方代表 LQ、HJ 等	2023 年 7 月 21 日	2 小时
上海市慈善基金会虹口区代表处秘书长 CH，品牌项目方代表 XQ、PF，专项基金代表 YL、JQ	2023 年 7 月 25 日	3 小时
宝山区志愿服务队 YY、专项基金代表 XY 等	2023 年 7 月 26 日	4 小时
上海市慈善基金会奉贤区代表处爱心人士代表 JH、YA，奉贤区中医医院血透室主任 PJ，慈善联络站负责人 YL，社会组织代表 WG、ZZ、JS，奉贤区副秘书长 QH，奉贤区文明办相关人员 YL	2023 年 7 月 27 日	7 小时
上海市慈善基金会长宁区代表处老干部代表 RJ 等	2023 年 7 月 28 日	2 小时

访谈对象	访谈时间	访谈时长
上海市慈善基金会松江区代表处老干部代表 JM、JL 等	2023 年 8 月 1 日	3 小时
上海市慈善基金会崇明区代表处社区服务建设中心代表 H	2023 年 8 月 1 日	1.5 小时
上海市慈善基金会杨浦区代表处工作人员 LY、崇明区代表处工作人员 C、金山区代表处工作人员 LY	2023 年 8 月 2 日	4 小时
上海市慈善基金会徐汇区代表处社会组织代表 ZY、HB，项目代表 RJ	2023 年 8 月 3 日	3 小时
上海市慈善基金会重要捐赠人上海师范大学教授 DG	2023 年 8 月 9 日	2 小时
慈善之星 PQ 医生	2023 年 8 月 21 日	2 小时
专项基金企业代表 RX	2023 年 8 月 29 日	1 小时
上海市慈善基金会老领导 YC、MZ	2023 年 9 月 4 日	3.5 小时
上海市慈善基金会黄浦区代表处会长 JB、副会长 JJ 等	2023 年 9 月 6 日	2.5 小时
上海市慈善基金会老领导 KR	2023 年 9 月 15 日	1.5 小时
上海市慈善基金会老领导 CQ、LL 等	2023 年 10 月 19 日	2.5 小时
上海慈善物资管理中心原理事长 ZQ	2023 年 10 月 24 日	2 小时
上海市慈善基金会老领导 QZ	2023 年 10 月 26 日	1.5 小时
众仁养老院原院长 GX	2023 年 11 月 2 日	1.5 小时
上海市慈善基金会老领导 NC、理事 RG	2023 年 11 月 3 日	2.5 小时
上海市慈善基金会工作人员 WW、理事 KF	2023 年 11 月 6 日	2.5 小时
上海市慈善基金会青浦区代表处 BE 会长	2023 年 11 月 13 日	1.5 小时
上海市慈善基金会原项目部部长 XX	2023 年 11 月 16 日	1.5 小时
众仁中心代表 ZZ、基金会工作人员 CL	2024 年 2 月 23 日	2.5 小时
上海市慈善基金会副理事长、原秘书长 ZH	2024 年 2 月 27 日	1.5 小时
上海市慈善基金会监事长代表 GL	2024 年 3 月 4 日	1.5 小时
上海市慈善基金会外事部代表 LL	2024 年 3 月 12 日	1.5 小时
上海市慈善基金会浦东区代表处代表 NG	2024 年 3 月 21 日	1.5 小时

三　参与式观察法

参与式观察法是观察者直接进入研究场域，接近观察对象，与其进行互动，并通过归纳提出更为具体的研究问题，再实施微观分析的研究方法。为充分了解上海市慈善基金会三十年发展历程，通过观察组织内部群体生活来系统呈现上海市慈善基金会的发展脉络，研究团队从 2023

年 4 月开始陆续参与上海市慈善基金会的理事会、座谈会论坛等相关活动，实地调研考察上海市慈善基金会内部治理、品牌项目管理、数字化建设等方面的具体情况。同期，研究团队还以线上线下相结合的形式，与黄浦区代表处、闵行区代表处等 16 个区代表处的相关代表进行沟通交流，获得大量的第一手数据与材料。

四 个案研究法

个案研究法也称案例研究法，是社会科学中最为常见的质性研究方法。研究者能够通过详细了解和认识特定的个案，并从个案身上获得对某一类现象的初步了解，帮助人们更系统、更全面地了解某一类现象。个案研究法的优势主要体现在具有强大的（在一定意义上是不可替代的）探索功能，深入详尽的描述功能，建立概念、命题和理论的解释功能，以及特定的验证理论功能（风笑天，2022）。此外，个案研究法还呈现了研究视角的切换，将研究视角从总体转向个体，研究思路由广度拓展至深度。

本书选取上海市慈善基金会作为个案研究对象。上海市慈善基金会是一家成立于 1994 年的慈善组织。在三十年的发展历程中，上海市慈善基金会始终坚持"安老、扶幼、助学、济困"的宗旨，"依靠社会办慈善，办好慈善为社会"的理念，坚持扶贫济困与净化心灵并重，积极挖掘慈善资源，实施慈善救助项目，传播慈善公益理念。三十年来，上海市慈善基金会努力打造各类慈善品牌，创办的"蓝天下的至爱"系列慈善活动已被列为"上海文化"品牌建设 150 例重要项目之一。截至 2023年底，上海市慈善基金会共募集善款 189 亿元，累计总支出 153.36 亿元，通过实施各类慈善救助项目，累计使近 5050 万人次受益。在慈善领域，上海市慈善基金会是一家具有较强典型性的大型慈善组织。

本书选取上海市慈善基金会作为个案研究对象主要出于两个原因。第一，上海市慈善基金会是 20 世纪 90 年代由上海市委、上海市精神文明建设委员会办公室（以下简称"市文明办"）、中国人民政治协商会议上海市委员会（以下简称"上海市政协"）、上海市民政局发起的慈善组织，是全国第一家以慈善命名的基金会组织，是第一批获得"全国先进民间组织"荣誉称号的社会组织，也是第一批获得民政部门 5A 等级评估的基金会之一，多次获得"中华慈善奖"，代表了我国最早一批优秀慈善组织，标志着我国慈善事业从起步逐渐走向蓬勃发展。第二，上海市慈善基金会经历了专业探索、规范运作、蓬勃发展三个阶段的成长历程，在组织慈善项目、创新慈善救助、开发慈善资源、传播慈善理念等方面形成了一套现代化的慈善运作模式，逐渐走出慈善组织发展的"上海之路"，形成了慈善组织发展的上海特色，反映出社会力量在建设中国特色社会主义进程中具有激发基层治理活力的面向与潜能（张其伟、徐家良，2023），是探索慈善组织发展路径的合适样本。

上海市慈善基金会立足上海需求，体现出专业化、社会化、市场化特征，反映出我国优秀慈善组织的运作逻辑。对上海市慈善基金会三十年的慈善实践进行系统分析，有助于透视改革开放以来我国慈善事业高质量发展的微观图景，为推进新时代慈善工作提供案例参考。

第一章

演变历程：阶段素描与发展亮点

自 1994 年发起成立至 2024 年的三十年间，上海市慈善基金会在安老、扶幼、助学、济困等方面做出重要贡献。本章以上海市慈善基金会成立以来不同阶段的慈善活动开展情况为线索，串联起历史长河中散落的闪耀着人性光辉的珍珠，捡拾那些令人感动的瞬间和事件。本章中的阶段划分以每十年为界，每个阶段都有特定的大事件，这些大事件共同推动上海市慈善基金会不断向前发展。

第一节　三十年发展阶段素描

上海市慈善基金会的创立根植于中国传统文化基因，成长于中国的改革开放时期，兼具上海特色和国际化因素，先后经历专业探索、规范运作、蓬勃发展三个阶段。在此过程中，党和政府的高度重视与悉心指导为上海市慈善基金会的发展指明了方向，经济、社会各个领域取得的巨大成就为上海慈善工作的蓬勃发展奠定了坚实基础，行业内各类慈善组织的崛起和民众慈善意识的增强为上海市慈善基金会的高质量发展提供了有力支撑。

学界对慈善组织发展阶段的划分，主要基于制度变革、政策措施等方面的差异。有学者结合政策环境的变化，将中国慈善事业发展过程划分为探索期（1978～1993 年）、正名期（1994～2003 年）、发展期（2004～2015 年）、转型期（2016 年至今）四个阶段（陈斌，2018）。另有学者根据国家战略的发展变迁，把慈善事业发展进程分为复苏

（1978~1987年）、管控（1988~1998年）、规范化（1999~2007年）、大众化（2008~2015年）和法治化（2016年至今）五个阶段（徐道稳，2021）。还有学者以职能、项目、活动为划分依据，将特定慈善组织的发展历程划分为酝酿阶段、探索阶段、扩张阶段、成熟或多元化发展阶段（康晓光，1997）。也有学者认为社会组织创新发展与城市空间结构变迁密切相关，因此将该发展历程划分为无序和缝隙化发展、碎片化封闭治理和空间试点革新、融入城市空间、城市空间再造四个阶段（徐家良，2018a）。综合各位学者的观点可以发现，制度环境变化和组织的能动因素是进行阶段划分的关键。因此，这两点也成为划分上海市慈善基金会发展阶段的重要依据。

一 第一阶段：专业探索

1994~2003年是上海市慈善基金会的专业探索阶段。1994年，上海的改革进行得如火如荼，但随着经济结构的调整，失业、下岗职工等困难群体开始出现。上海市慈善基金会前秘书长DR指出："1992年计划经济向市场经济调整，纺织工业全部转，超过100万工人下岗，100万户居民动迁。过去国家只有少数没有工作的人。"（20230629DR）在此背景下，1993年6月上海市民政局提出建立城镇最低生活保障线的方案，下发了《关于本市城镇居民最低生活保障线的通知》。同时，相关部门呼吁社会力量协助政府提供公共服务，为需要帮助的群体提供温暖和关怀。

为解决群众遇到的实际问题，1994年5月，上海市慈善基金会以敢为天下先的开拓精神宣告成立，探索具有时代特征的慈善组织专业发展道路，以安老、扶幼、助学、济困为重点开展工作，在政府的社会保障体系中发挥拾遗补阙作用。也是在这一时期，上海市慈善基金会凭借其民间优势，在协同政府落实最低生活保障线的同时，采取发放粮油帮困卡、筹措资金购买养老设施、成立勤工俭学基金等一系列配套措施，起到了防范化解社会矛盾、服务保障民生、维护社会稳定的积极作用。

上海市慈善基金会是新中国成立后首家以"慈善"命名的基金会组织，也是经中国人民银行和上海市社会团体管理局合法核准登记的民间慈善组织。成立之初，基金会便按照国际惯例，通过多种渠道筹措资金，举办和资助各项慈善活动。正如时任会长陈铁迪所言："让我们用心编织起爱的网络，用纯洁的情创造一个温馨的氛围，使每一个弱者社会成员一起，生活在一个文明祥和、丰衣足食的社会大家庭里。"（周迎冰，1994）上海市慈善基金会的成立正是为了满足社会的切实需要，它成为维系人心向善的美好道德的一种力量。

组织标志是慈善组织展示出来的象征符号，它把慈善组织精神用简单的符号形式加以体现，并以图形的形式传达给社会公众。确定组织标志是上海市慈善基金会成立之初采取的重要举措。1994 年 9 月，上海财经大学朱德贤副教授参与会标征集活动的方案被确认为上海市慈善基金会会标。会标基色为红色，基本图形为"心"形，由一只鸽子和一个地球构成。红色体现热情、温暖，"心"形表示爱心，鸽子象征仁慈、吉祥，地球代表世界，"SCF"是上海市慈善基金会的英文"SHANGHAI CHARITY FOUNDATION"的简称。整个会标的寓意是让爱心飞进千家万户，让世界充满友爱温暖。

治理结构是一套对慈善组织进行管理和控制的体系。工作制度是针对慈善组织及其员工制定的一种行为规范和准则。治理结构和运行机制是关系到组织长远发展的重大问题（周俊、郁建兴，2009，2015）。上海市慈善基金会自成立之初就建立了一套严格的治理结构和工作制度，确保各项工作符合基金会的宗旨和捐款人的意愿。1995 年，在上海市民政局的支持下，基金会建立党支部，加强思想政治建设；明确工作的政治方向，设立秘书处作为日常工作机构。秘书处下设办公室、联络部、基金部 3 个工作部门。不同部门既有明确分工、各司其职，又通力协作、互相支持。此外，基金会还聘请常年法律顾问、会计顾问，提升专业化程度；成立内审室、监事会作为监督机构；从 1996 年起每年通过媒体公布财务审计报告，提高透明度。为了更好地满足不断发展的慈善事业需要，基金会采取诸多措施加强秘书处工作人员队伍建设。1995 年 9 月，上海市慈善基金会首创面向全社会公开招聘，其间有 824 人前来应聘，在激烈的竞争下，68 人进入初审，最终有 3 人被顺利录用。这在社会各界产生了极大的影响力，体现出上海市慈善基金会人事管理面向社会引进优秀人才的特征。

为深入推动慈善工作向基层发展，上海市慈善基金会以社区慈善为抓手，创新办事处工作机制，形成上下衔接、覆盖面广的社区慈善网络体系，大力推动社区慈善工作向纵深发展。基金会于 1994 年 8 月底成立了首个分支机构——长宁办事处。本着成熟一个、建立一个的原则，黄

浦、静安、卢湾、杨浦、南江等办事处相继成立。截至 2002 年，基金会
在当时上海的 19 个区县均已设立办事处。同时，上海市慈善基金会从成
立初期就格外重视打造品牌项目。1995 年，"蓝天下的至爱"系列品牌活
动诞生，该活动旨在将全社会的爱心传递给最困难、最需要帮助的群众。
该活动延续至今，已成为上海慈善文化的重要传承和上海爱心人士的慈
善盛会。该活动的成功举办离不开基金会早期慈善工作的积累，也与社
会各界的广泛参与密切相关。此外，上海市慈善基金会的品牌活动还包
括 1994 年的"111"慈善工程（1 个老人福利机构、10 个慈善项目、资
助 100 个困难家庭）、第一次大规模上街募捐、发行全国第一张慈善明信
片，1995 年和中国农业银行上海市分行发行全国第一张慈善金穗认同卡，
1996 年全国第一次万人（下岗人员、残疾人、重症康复人员）慈善培训
工程、第一个万人慈善医疗项目等。上海市慈善基金会的品牌活动一次
次使上海人民的慈善热情得以高涨。

　　资金是慈善组织有效运行的关键因素，也是实现其运行目标的根本
保证。为了寻求更多的资金支持，上海市慈善基金会不断创新多元化募
捐形式，动员爱心企业、爱心人士捐款捐物。募款数量也在不断增长，
上海市慈善基金会募集的资金从 1994 年的 1500 多万元增加到 2003 年的
2.2 亿元。基金会的募捐形式从传统的单位和企业捐赠向义演义拍、"万
人上街募捐"、"慈善一日捐"、"千店义卖"等多元形式转变。一些"慈
善地标"在此过程中涌现，如"五星级标准"的众仁花苑、众仁老人乐
园、众仁儿童康复中心、众仁慈善护理医院等标志性福利机构，上海慈
善物资管理中心、上海市慈善教育培训中心等一批支持型慈善实体。上
海市慈善基金会打造出融安老、扶幼、助学、济困于一体的综合性慈善
服务体系，在弘扬慈善文化、推广慈善项目、提供慈善服务等方面初步
形成影响力。

　　上海市慈善基金会从成立之初就重视应急救灾，积极参与对受灾困
难群众的帮扶救助。1996 年云南丽江地震，上海市慈善基金会向灾区捐
款 30 万元；1998 年洪灾，上海市慈善基金会为抗洪救灾举办赈灾义拍活
动；2003 年非典时期，上海市慈善基金会积极动员中外企业捐款捐物，
共抗非典。

　　1994~2003 年，上海市慈善基金会在专业化探索方面取得良好开
局：组织机构日益发展壮大，善款筹募成效显著，活动形式多样，慈善

实体建设稳步推进，上海慈善文化氛围逐步形成。这 10 年间，许多退休老领导为慈善事业的发展倾注了大量心血，这为上海市慈善基金会的可持续发展打下了坚实的基础。

二 第二阶段：规范运作

2004~2013 年是上海市慈善基金会的规范运作阶段。2004 年 9 月，党的十六届四中全会明确提出慈善事业是社会保障体系的重要组成部分，"慈善"首次正式进入中央文件。党的十七大报告明确了慈善事业的补充作用，提出"以慈善事业、商业保险为补充，加快完善社会保障体系"。2004~2013 年，上海市慈善基金会按照"三个代表"重要思想与构建和谐社会的要求，认真落实党的十六届四中全会和党的十七大以及上海市委、上海市政府对发展慈善事业提出的一系列政策措施，推动各项工作从专业探索逐步走向规范运作。

慈善领域行政法规的出台确保上海市慈善基金会的运作更加规范。2004 年，国务院颁布《基金会管理条例》，成为上海市慈善基金会三十年发展历程中的一个重要分水岭。该条例规定"基金会理事长、副理事长和秘书长不得由现职国家工作人员兼任"以及"基金会设理事会，理事为 5 人至 25 人"。依照此规定，上海市慈善基金会着手进行理事会调整，大批担任政府公职的理事退出理事会。新成立的理事会中，理事从原来的 251 人精减到 23 人。上海市慈善基金会在精干"瘦身"的同时健全理事会治理结构，呈现规范化发展特征。

这一阶段，上海市慈善基金会的救助工作坚持以党和政府最关心、社会困难群众最需要为出发点，扮演政府社会保障体系的有力补充者角色，不断加大慈善救助力度。为切实履行这一职责，上海市慈善基金会高度重视品牌项目的作用，从战略高度上打造自身的慈善品牌，"蓝天下的至爱""点亮心愿""共享阳光"等品牌项目活动持续开展，在为困难群众提供各项优质服务的同时，不断提升基金会的影响力。

这一阶段，一大批专项基金的设立成为上海市慈善基金会工作的亮点。专项基金的运作和发展是基金会一项重要的业务板块。通过运作专项基金，众多对慈善有热忱的企业、慈善组织、个人能够有机会参与慈善事业，让慈善的影响力更大。专项基金是上海市慈善基金会发挥自身平台及渠道优势，充分调动社会资源，开展多种慈善救助活动的重要载体。截至 2013 年，上海市慈善基金会专项基金累计达到 207 个，实施了数百个救助项目，救助资金从 2004 年的 1.05 亿元增加到 2013 年的 5.8 亿元，支持项目涵盖助学、助医、助老、助残等多个领域，在实践中不断释放慈善能量。比如，荣获第五届上海市"慈善之星"的专项基金——唯爱天使专项基金成立于 2007 年，成立至今募集善款 9899.34 万元，使用善款 8473.42 万元用于培养我国紧缺的医学生，在助医领域发挥了重要作用。该专项基金为上海的企业界特别是外资企业和国际友人奉献爱心提供了平台。

在这一时期，上海市慈善基金会积极响应各类重大突发事件。以 2008 年四川汶川地震为例，地震发生后，全国各地踊跃向灾区提供多种形式的慈善援助。上海市慈善基金会也在地震发生后第一时间作出积极响应，投入救灾和灾后重建活动中，募集善款达到 4.64 亿元[①]；开展多种形式的义卖活动，出售书画、陶艺名家的作品，所得全部捐赠给地震灾区。在联结慈善资源供应端和需求端、支援抗震救灾、帮助灾区人民重建家园、形成全社会的爱心接力方面，上海市慈善基金会取得了显著成效。

这一阶段，上海市慈善基金会逐步探索创新募捐形式和慈善活动方式。一方面，2004 年以来在坚持运用传统募捐形式的同时，开发网站募捐，探索微博捐赠、东航空中捐赠等新的捐赠渠道，试点运用广告阵地捐赠、会展摊位捐赠、培训资源捐赠等使用权捐赠方式；另一方面，创新性探索快乐慈善、娱乐慈善、时尚慈善、消费慈善等慈善方式，利用娱乐明星资源开展义卖活动。娱乐慈善最有代表性的尝试发生于 2004 年由湖南卫视举办的《超级女声》音乐选秀节目，第一届"超女"选秀期间，上海市慈善基金会原法律顾问兼副秘书长 ZQ 表示："当时我们请来超女，开演唱会、做拍卖会，李宇春的演出服拍出了 38 万（元）的高价，周笔畅捐出她的耳环，张靓颖拿出了珍藏首饰。我们那次募到的善款全部用于关爱特困学生。"（20230729ZQ）

除了日常重视慈善募集和慈善活动，上海市慈善基金会还非常重视慈善志愿者队伍的培育和发展。早在 2005 年 1 月，上海市慈善基金会就

---

① 《2018 年度上海慈善基金会慈善募捐报告》，上海慈善网，http://www.scf.org.cn/csjjh/node23/node427，userobjectlai2532.html。

与上海市志愿者协会合作成立了上海慈善志愿者服务总队。成立以来，服务总队及各下属慈善志愿者团队以高校、社区、志愿者服务站、慈善超市等为平台，开展了形式多样的慈善活动，"百名专家义诊"、慈善爱心屋等系列慈善志愿服务成为传播慈善理念、发展慈善事业的重要渠道，是上海市慈善基金会展示爱心、体现人人参与理念的重要窗口。

这一时期，上海市慈善基金会各区县组织架构不断完善。上海市慈善基金会将区县办事处改名为区县分会，建立分会会长联席会议制度，推动市慈善基金会和分会形成上下联动的组织架构。2006 年，上海市慈善基金会提出"立足基层，聚焦区县"的工作方针，加强对区县慈善工作的调研和指导。这一阶段还明确了区县分支机构依托上海市慈善基金会开展运作的总体目标思路，做出各家分会独立运作的选择。长期在代表处工作的相关人员透露："2007 年会里领导提出了要不要实施代表处独立的探索，大家都反对，一致认为市慈善基金会的运作模板很规范，成立分会就觉得有依托，需要有'婆婆'来管，代表处也好分会也好不能分开，提出依附民政的人不知道怎么操作、政府放开也不知道方向。"（20230801JM）在市区两级机构的密切关注和精心安排下，地区慈善工作得以顺利开展。

慈善宣传是慈善组织工作的重要内容之一。对慈善组织所做的工作进行及时报道，对慈善组织的先进理念进行及时宣传，使得其他人能够借鉴和学习，是慈善宣传的意义所在。十年间，上海市慈善基金会积极宣传慈善理念，把慈善宣传贯穿慈善工作全过程。2004 年，上海市慈善基金会创办中文版会刊《至爱》杂志，2005 年创办英文版《至爱》（Caring）杂志。作为推进慈善理论队伍建设、提升慈善理论研究水平的重要举措，2004 年，上海市慈善基金会与上海社会科学院社会发展研究院共同成立了上海慈善事业发展研究中心。该研究中心以探索中国特色慈善事业发展规律为目标，积极制定慈善理论研讨会议制度，合力推进上海本土化的慈善理论研究，共谋现代慈善理论与实践的融合发展之路。此外，慈善宣传的方式还包括设立荣誉表彰奖项和打造互联网平台。前者的代表性事件是 2004 年启动评选上海市"慈善之星"，该奖项每两年评选一次。至 2023 年，该活动已举办十一届。后者以 2010 年开通的上海慈善网为代表。时任上海市主要领导纷纷莅临"上海慈善网"启动仪式，见证网站的开通，上海慈善网由此成为上海市传播慈善理念的重要渠道。

组织机构日益发展壮大，善款筹募成效显著，活动形式多样，慈善实体建设稳步推进，上海慈善文化氛围逐步形成，有效促进了上海社会保障事业的高质量发展。

十年间，上海市慈善基金会密切结合上海实际，在"更加规范、更加透明、更加专业、更加高效"的追求下不断前行，内部治理进一步优化，区代表机构建设越来越规范。一批专项基金正式设立，募捐形式和慈善活动日益创新，公益项目全面升级，辐射范围进一步扩大，应急救灾等领域的慈善救助取得突出成效，并通过《至爱》杂志、上海慈善网、上海市"慈善之星"评选活动、上海慈善论坛等多种渠道传播慈善理念。

三　第三阶段：蓬勃发展

2014～2023 年是上海市慈善基金会的蓬勃发展阶段。党的十九大报告指出："经过长期努力，中国特色社会主义进入了新时代，这是我国发展新的历史方位……中国特色社会主义进入新时代，在中华人民共和国发展史上、中华民族发展史上具有重大意义，在世界社会主义发展史上、人类社会发展史上也具有重大意义。"进入新时代的主要依据是：从 1978年中央实行改革开放起，党和国家事业发展取得了全方位、开创性的成就，我国发展站在了新的历史起点上，中国特色社会主义进入新的发展阶段，我国社会的主要矛盾发生了变化，已经由人民日益增长的物质文化需要和落后社会生产之间的矛盾转化为人民日益增长的美好生活需要和不平衡不充分的发展之间的矛盾。

进入新时代以来，党和国家对慈善事业的重视程度日益提升，颁布实施以《中华人民共和国慈善法》为代表的一系列基础性、综合性法律，我国慈善事业迎来高质量发展新阶段。2014 年 12 月，国务院发布《关于促进慈善事业健康发展的指导意见》。2016 年 3 月，我国慈善事业第一部综合性法律——《中华人民共和国慈善法》颁布，慈善事业沿着法制化轨道进一步发展。同时，党的历次会议都对慈善事业发展做出重要指示。2017 年 10 月，党的十九大报告在论述"加强社会保障体系建设"时提出"完善社会救助、社会福利、慈善事业、优抚安置等制度"。2019 年 10 月，党的十九届四中全会指出"完善覆盖全民的社会保障体系……统筹完善社会救助、社会福利、慈善事业、优抚安置等制度"

"重视发挥第三次分配作用，发展慈善等社会公益事业"。2022 年 10 月，党的二十大报告提出"引导、支持有意愿有能力的企业、社会组织和个人积极参与公益慈善事业"。2023 年 12 月 29 日，全国人大常委会通过了《关于修改〈中华人民共和国慈善法〉的决定》，确保法律符合人们的实际需求。这一系列法律政策文件的相关规定，为上海市慈善基金会指明了发展方向、提供了发展动力。在良好制度环境的支持下，上海市慈善基金会进入蓬勃发展阶段。

这一时期，上海市慈善基金会不再仅仅将关注点放在项目运行方面，而是逐步进入项目运作和项目资助相结合的发展阶段。在党和政府强有力的领导下，上海市慈善基金会发挥策略性能动的积极作用（程坤鹏、徐家良，2018）。除了延续既有品牌项目，2017 年，基金会在既有公益项目资助的基础上，升级打造"蓝天至爱计划"资助品牌；通过公益创投和公益招投标的方式资助社会慈善公益项目和慈善组织，以陪伴式服务、陪伴式联手等方式保障相关社会组织健康可持续发展。"蓝天至爱计划"实施至今，共出资 1.23 亿元资助了 865 个社会慈善公益项目。计划资助了天使知音沙龙、爱传递再生电脑教室、做你的眼睛视障者赋能计划、兴家兴希望等项目。这些项目涉及议题包括孤独症诊疗、义教助残和乡村振兴等，对上海慈善事业可持续发展和地方对口支援产生了积极作用和深远影响。

上海市慈善基金会在服务乡村振兴、推动长三角慈善一体化等工作中挑大梁、显身手，充分发挥自身在行业生态建设方面的引领作用。在市、区两级政府的支持和引导下，基金会精准施策、集中攻坚，落实"携手兴乡村"政策，联合各区代表处、专项基金、爱心企业、其他社会组织等开展了一批涉及基础设施、扶志教育、社区治理、科技指导、产业帮扶等乡村振兴项目。比如，金山区代表处因地制宜开展"喜羊羊送小羊"慈善项目，通过代养代售方式，调动困难农户对养殖的积极性；奉贤区代表处的"四间堂"特色项目解决了老人不愿意住养老机构的实际问题，探索出农村居家养老模式；松江区代表处以创业帮扶为突破口，设立"益行创业帮扶基金"，通过"一次援建、创收还本、循环资助"的方式推动"食用菌创业帮扶项目"在云南省勐海县落地，帮助困难农户从劳动脱贫走向创业致富。

十年间，上海市慈善基金会致力于凝聚慈善力量，切实推动基层网络和区域网络建设。基层网络方面，各区代表处在上海市慈善基金会的支持下形成蓬勃发展之势。区域网络方面，上海市慈善基金会充分发挥自身资源优势和行业引领作用，积极响应并落实国家战略，率先提出将慈善事业纳入长三角一体化战略，增强长三角社会组织的联动性，提升发展水平（徐家良、张煜婕，2021）。自 2020 年明确长三角慈善一体化运作机制和重点领域以来，上海市慈善基金会设立长三角慈善一体化发展专项基金，建立长三角慈善专家库和媒体联盟，落实长三角区域一体化国家战略，推动地区慈善生态系统发展。

在这一阶段，数字化建设成为上海市慈善基金会重点关注的事务。为了顺应互联网公益的发展趋势，上海市慈善基金会逐步搭建互联网众筹部门组织架构，打造信息化综合管理平台。2018 年，上海市慈善基金会信息化综合管理平台初步建成并投入试运行。当年 4 月，办公自动化（Office Automation，OA）系统在上海市慈善基金会运行；8 月，在线业务管理系统在上海市慈善基金会运行，同时上海市慈善基金会完成 NC（New Century Financial System）财务核算系统新账套设置和老账套向新账套转换的初始化，三个系统的集成工作也顺利实现；12 月底，OA 系统在上海市慈善基金会各区代表机构上线运行，信息化建设取得了质的突破。

上海市慈善基金会注重把建章立制贯穿慈善资金管理、专项基金、内部质量等各环节，并将其作为检验慈善工作开展情况的重要指标。截至 2023 年底，基金会已有序推进 63 项制度修订清单内容的实施，着力建立慈善标准化体系，制订了新一轮制度建设的整体方案，形成治理、业务、财务与资产管理、人力资源管理、综合管理和行政管理六个层面的制度修订清单（见表 2-1）。

表 2-1　上海市慈善基金会 63 项制度修订清单

	上海市慈善基金会章程
治理（5 项）	理事会议事规则
	理事长办公会议事规则
	秘书处工作会议管理办法
	各专业委员会工作和议事规则

业务（8项）	专项基金管理办法 资助项目管理办法 募捐管理办法 活动项目管理办法 慈善信托管理办法 合作方管理办法 募捐物资管理办法 志愿者服务管理办法
财务与资产管理（10项）	会计制度 预算管理办法 信息公开实施办法 资金管理办法 保值增值投资活动管理办法 费用管理办法 票据使用管理办法 年度财务报告编制规范 固定资产和低值易耗品管理办法 消耗品管理办法
人力资源管理（8项）	编制管理办法 薪酬福利管理办法 员工入/离职管理办法 员工考勤管理办法 员工培训管理办法 绩效考核管理办法 退休人员聘用管理办法 重要岗位交接管理办法
综合管理（16项）	制度管理办法 内部审计监督管理办法. 审计整改管理办法 合同管理办法 采购管理办法 档案管理办法 新闻发言人管理办法 信息系统管理办法 互联网自媒体管理办法 审批管理办法 对外宣传管理办法 重大事项报告制度 突发事件应急管理办法 关联交易管理办法 代表机构管理办法 保密管理办法

续表

行政管理（7 项）	工作会议管理办法
	收发文管理办法
	印章、证件管理办法
	公务用车管理办法
	来信来访管理办法
	后勤保障管理办法
	消防安全管理办法

资料来源：根据档案资料整理而成。

这十年间上海市慈善基金会初步完成员工职业发展、薪酬待遇、绩效考核、业务培训等方案设计，科学合理的人力资源管理机制和制度框架得以建立。这些制度的实施，有助于激发员工活力，提升员工专业素养，打造有核心竞争力的人才队伍。

中国社会科学院-上海市人民政府上海研究院（以下简称"上海研究院"）是由中国社会科学院与上海市人民政府共同创建的新型智库，于2015 年 6 月 5 日正式成立。2017 年，面对传统慈善业态转型升级的新局面，上海市慈善基金会加大慈善文化研学力度，开展理论支持和引领工作，上海研究院现代慈善研究中心宣告成立。中心依托上海的区位优势和上海研究院的学术实力，致力于打造一个具有持久影响力的现代慈善事业研究智库，服务于中国特色社会主义慈善理论研究和学科体系建设。此举整合了全国的社会资源和学术资源，共同探索新形势下上海慈善事业发展遇到的新情况、新问题，持续推进上海慈善事业在法制框架内健康发展。

2013～2023 年，上海市慈善基金会作为上海慈善事业高质量发展的灯塔，在慈善事业的探索中不断前行，积石成路、聚沙成塔，走出了一条可持续发展之路。

第二节 三十年发展亮点

三十年来，上海市慈善基金会以系统性、创新性、开放性的战略思维，构建起"立足本地、连结周边、辐射全国、沟通世界"的慈善格局，成为中国现代慈善事业的标杆。立足本地体现在基金会自 1994 年起率先在各个区设立代表处，扎根社区开展助老扶弱、济困救孤等民生项目，将基金会的立足点深深扎根在基层，第一时间精准了解和掌握社区居民对于慈善的各类需求，同时将慈善的种子播撒在全市每个角落。连结周边体现在基金会响应长三角一体化发展战略，2020年设立长三角慈善一体化发展专项基金，实现跨区域资源精准对接，建立长三角慈善专家库和媒体联盟，形成覆盖三省一市的立体化协作网络。辐射全国体现在基金会深度参与不同地区的脱贫攻坚与乡村振兴事业，仅2018～2022年就在上海的对口援建地区实施2675个项目，投入资金8.84亿元惠及334万人次，疫情期间动员社会力量筹集12.91亿元抗疫款物支援全国，展现超大城市的慈善枢纽功能。沟通世界体现在基金会长期致力于"引进来"和"走出去"，不仅通过搭建国际交流平台、引进国际慈善项目等方式，学习其他国家和地区在解决慈善问题方面的先进理念和方法；同时积极跨出国境，开展与各类海外慈善力量的交流，为全球慈善事业的发展贡献中国智慧和方案。

三十年来，上海市慈善基金会始终扮演着社会资源汇集者、共治平台搭建者和慈善文化传播者三重角色。首先，基金会通过线上线下募捐、企业合作等方式高效整合与汇聚社会资源，三十年筹集慈善款物189亿元，惠及困难群众超5050万人次。尤其是在各项重大突发事件中，基金会迅速响应，为受灾地区筹集和拨付款物，展现出较强的应急响应能力。其次，基金会以创新机制推动多方协作，构建政府、企业、社会组织与公众共治的慈善生态机制。以专项基金为载体，基金会定向引导企业资源精准对接社会需求，将企业资源嵌入基层治理场景；同时，牵头设立长三角慈善一体化合作机制与发展专项基金，形成跨区域慈善合作网络，推动区域共治。最后，基金会深耕慈善理念宣传，以品牌活动与教育项目推动"人人慈善"的社会风尚。通过"慈善之星"评选、"慈善箴言"征集、公益微电影节等形式，基金会将慈善理念融入社会主流价值观，依托影像艺术展现凡人善举，以情感共鸣推动文化浸润。

作为全国首个地方性慈善基金会，上海市慈善基金会不仅是上海慈善事业的动力引擎，而且在全国慈善领域树立了组织建设标杆；不仅成为社会救助体系的重要力量，而且通过实践验证了慈善事业在促进社会公平、凝聚城市精神、助力国家战略实施中的独特价值，为中国特色慈善事业的高质量发展提供了"上海样本"。具体来看，上海市慈善基金会的三十年发展亮点可概括为如下六个方面。

一 坚持党的领导，把握慈善事业发展正确方向

作为上海市党政部门共同发起成立的慈善组织，上海市慈善基金会三十年来坚持马克思列宁主义、毛泽东思想、邓小平理论、"三个代表"重要思想、科学发展观，全面贯彻习近平新时代中国特色社会主义思想，特别是深入学习贯彻习近平总书记关于公益慈善事业的重要指示批示精神。在上海市委市政府的正确领导和强有力支持下，基金会所有工作都坚持党性和人民性相统一，一方面站稳政治立场，同党中央保持高度一致，坚定执行党的路线方针政策；另一方面坚持以人民为中心的发展思想，走群众路线，发挥统一战线强大法宝作用，精准对接民生需求。

基金会始终坚持以党的创新理论武装头脑、指导实践。一方面，历任领导集体不断传承红色基因，高度重视理论学习。基金会历届理事长都由上海市委市政府相关退休领导担任，他们作为"掌舵人"，确保慈善事业发展的正确方向。基金会长期高度重视政治学习，在日常工作中通过建立"第一议题"学习制度，增强自身的政治性和先进性。另一方面，基金会以"政治三力"筑牢思想根基，在实践中坚持守正创新。当国家遭遇各类重大突发事件时，基金会总能第一时间响应党中央和上海市委的号召，募集赈灾善款，积极支持灾后恢复，展现出极强的政治判断力；在上海市委接受中央嘱托全面践行人民城市理念的过程中，基金会努力引导支持有意愿有能力的社会力量参与慈善事业，共同谱写新时代"城市，让生活更美好"的新篇章，体现出高度的政治领悟力；当党中央提出脱贫攻坚、东西部协作等重大战略时，基金会充分解读中央战略意图，精心设计项目，适时推进对口援助，以非凡的政治执行力将工作落实到位。

基金会始终将加强党的建设作为根本保障。基金会较早完成党的组织机构设置，1995年即成立党支部，2003年经批准设立党委建制，2023年完成党委换届后共有党员34名。基金会党委充分发挥"把方向、管大局、保落实"作用，在"蓝天下的至爱"等重大慈善活动中建立"党建+业务"双融机制，形成各方齐抓共管、协同配合的工作局面。同时，基金会还动员一批优秀党员干部投身慈善事业，发挥先锋模范和示范带头作用。在党的坚强领导下，上海市慈善基金会三十年来以大爱凝聚群众，以初心服务群众，确保党中央关于民生保障的决策部署在慈善领域落地生根。

二 服务国家战略，紧贴民生需求与发展大局

成立之初，上海市慈善基金会就以"安老、扶幼、助学、济困"为宗旨，紧贴民生需求开展活动，在共同富裕道路上创新保障机制。基金会投入大量精力与资金，构建起覆盖不同类型困难群体的立体化帮困体系，成为政府社会保障体系的重要补充。在安老领域，基金会设立"孝亲敬老"系列项目，通过市、区、街镇三级联动，举办"一区一品"、义拍义卖、网络众筹、定向募捐等多种形式活动，累计筹集资金1亿余元，实施12大类50余个为老服务慈善公益项目，帮助解决20余万人次低保、高龄、失独、失能老年群体的实际困难。在扶幼领域，基金会打造"点亮心愿"等品牌项目，联合儿童专科医院提供专业治疗，救助患儿生命，帮助患儿健康成长，从2023年起累计资助超4200名患儿。在助学领域，基金会通过设立奖学金、资助教育项目、改善教育设施等方式，为上海本地的困难青少年群体提供教育机会，推动教育公平和教育质量的提升。仅"千人助学"一个项目，捐赠资金就达5300万元以上，受益对象接近3万人次。在济困领域，基金会通过"姐妹情"项目，资助上海家境贫困且患有乳腺癌、卵巢癌、宫颈癌和宫体癌的妇女接受手术治疗，点燃她们对生活的希望，累计资助约500人。

上海市慈善基金会响应国家号召，在乡村振兴、区域协调发展、人类命运共同体建设等领域布局，支持国家战略实施。数据显示，上海市慈善基金会2018~2022年共实施乡村振兴类项目2675个，涉及金额8.84亿元，辐射新疆、西藏、云南、甘肃等地，使334万人次农村人口受益。[①] 基金会通过教育和医疗领域资助、金融帮扶、就业培训等方式，帮助西部相对落后地区改善基础设施、提高教育水平和医疗水平，助力相对贫困人口脱贫致富。在开展乡村振兴等领域项目过程中，上海市慈善基金会坚持多类型帮扶，从简单的资金和物质帮扶拓展到产业帮扶、智力帮扶。比如，在云南，上海市慈善基金会制订"双千人计划"，对千名乡村教师、乡村医生进行培训，对接上海最好的教育医疗资源，提高当地人员的业务水平。又如，在西藏对口支援项目中，上海市慈善基金会通过开展公益保险项目为农牧民家庭送上关爱，有效降低了意外伤害给

---

① 数据来源于基金会内部资料。

这些家庭带来的经济风险。与此同时，基金会立足构建人类命运共同体，与多个国家和地区的慈善组织开展合作，在学习海外先进慈善事业运作经验的同时，成为对外传播中国慈善理念的重要窗口。

三 探索创新发展，动态优化运营模式与治理形态

上海市慈善基金会以创新驱动发展，动态调整运营模式，不断实现结构、机制与方法层面的创新。结构层面，基金会根据不同时代的现实需求，对基金会的工作委员会和职能部门设置进行调整完善。比如，在 2017 年根据捐赠人社群维护和互联网募捐工作的需求，设立项目发展与客户服务部、互联网众筹部，推动业务部门运作效率的提升。机制层面，基金会根据发展战略的需要，在不同时期建立不同的项目运作和员工激励机制，吸纳社会专业人士进入理事会，使治理团队始终朝着专业化方向发展。方法层面，基金会把握时代脉搏，创新慈善活动参与路径，创造性开展"慈善+流行文化"实践。比如，早在 2005 年就携手"超女"总决赛选手进行善款募集和开展贫困学生结对活动，为慈善事业注入时尚气息与新鲜活力。

在数字中国建设背景下，上海市慈善基金会逐步重视开展数字化建设，探索智慧慈善发展路径。早在 2000 年，基金会就在国内率先开通慈善捐赠网站和义拍网站。2010 年，基金会正式开通"上海慈善网"，网站集信息与服务于一体，供社会公众了解基金会的各类慈善活动，同时快速办理各项业务，后续该网站的功能得到持续优化。自 2019 年起，基金会建立财务系统、业务系统、OA 行政审批系统高度集成的上海市慈善基金会综合管理系统，实现了每一分钱从进到出、每个项目从立项到变更再到结项全过程记录，形成了全流程、全业务数据库，为后续的数字化建设奠定了良好基础。

四 注重文化先行，打造品牌项目弘扬慈善精神

上海市慈善基金会始终将慈善文化培育作为事业发展的先导工程，以品牌化建设推动慈善理念在街头巷尾落地生根。基金会所倡导的慈善文化积淀了多元合作、勇于创新的海派文化特色和乐善好施、守望相助的中华传统美德，散发出崇德向善的光辉。自 1995 年起，基金会倾力打造"蓝天下的至爱"这一具有全国知名度的慈善品牌项目。通过连续举办 28 届新年慈善音乐会、万人上街募捐等活动，基金会不仅创造了近

200 亿元的累计筹款总额，而且在上海打造出"岁末慈善季"的城市文化传统。每年"蓝天下的至爱"慈善项目开展期间，平面媒体、广播电台、电视台集中宣传，上海广播电视台都市频道全天 24 小时进行"爱心大放送"直播，营造了浓厚的慈善文化氛围。

上海市慈善基金会构建了"全媒体+全场景"的慈善文化传播矩阵，通过多种方式弘扬慈善精神。"慈善箴言"全民征集活动举办七届，吸引大量市民参与。它以沪语俚语为载体，创作出"侬帮我，我帮侬，阿拉上海情最浓"等脍炙人口的公益金句，生动展现了海派慈善的温情底色。基金会和上海研究院联合成立现代慈善研究中心，创办中文版和英文版的《至爱》杂志，还与主流媒体深度合作打造品牌栏目，包括与东方广播电台合办《792 为您解忧》节目，与《新民晚报》开办"慈善热线"，与上海市精神文明建设委员会办公室、上海市文广传媒集团联合开办明星真人秀和慈善演唱会相结合的《闪电星感动》大型慈善节目等。通过这些节目，基金会构建起"传统媒体发声、新兴媒体互动、品牌活动引流"的立体化传播格局，使慈善理念深入人心。

五　实现规范运作，完善规章制度强化公信力建设

上海市慈善基金会始终将制度建设作为全面依法依规治会的基础工程，认识到其对组织规范化发展起到至关重要的作用。成立之初，基金会便以业务为基础，注重实用性和可操作性，审议并通过《上海市慈善基金会章程》，出台《上海市慈善基金会财务管理制度》《关于在区设立代表处的暂行规定》等，为自身规范开展慈善活动奠定良好基础。其中，1995 年 5 月出台的《上海市慈善基金会财务管理制度》对各区代表处募捐资金管理、资金活动明细、账册管理等予以明确规定，充分保障基金会资产的科学、规范、专业化运营。近年来，基金会根据时代形势和内部需求变化，及时修改章程及各项具体制度，对筹资费用、管理成本、项目分类、项目管理、业务活动成本支出、审计规定和评估规定等一系列业务操作标准进行调整。截至 2023 年底，基金会已建立涵盖内部治理、业务管理、财务和资产管理、人力资源管理、综合管理、行政管理等方面的 63 项制度，逐步形成了一套符合现实客观需要、体系完备、科学有效的制度体系，对自身的长期可持续规范发展具有重要意义。

上海市慈善基金会始终秉持公开透明原则，将公信力建设视为组织

生命线，践行阳光慈善理念。基金会不仅在内部针对各部门实施信息公开责任制，还定期对各区代表处的信息公开工作进行检查。同时，基金会通过公共媒体、自建信息公开平台和慈善信息公开平台履行信息公开义务。1996 年，基金会开创性地建立"媒体公示＋社会监督"机制，通过《解放日报》连续 28 年公布审计报告，自觉接受社会各界的监督。上海慈善网作为基金会的自建信息公开平台，实现对每一分善款从进到出、每一个项目从立项到结项的全流程信息公开。基金会微信公众号作为 web 2.0 时代的新平台，具有捐赠记录和查询功能。而在慈善中国网、上海社会组织公共服务平台等政府慈善信息公开平台，基金会同样按照要求上传全套材料，定期公布募捐进展情况和项目实施情况。

六　倡导凡人善举，发挥志愿者作用推动人人慈善

上海市慈善基金会始终将人民性作为核心立场，强调人民群众在慈善事业中的主体地位，倡导凡人善举。在组织使命愿景设定、项目设计及实践路径中，基金会始终坚守"依靠社会办慈善，办好慈善为社会"的初心使命。志愿服务是基金会践行人民性、推动人人慈善的重要抓手。截至 2024 年，基金会已吸纳 7 万余名注册志愿者，打造多个专业志愿项目，促进志愿服务的有序与创新开展，使一大批热爱公益事业、无私奉献的志愿者投身于基金会和各区代表处组织的活动中，促进慈善工作的有序开展。在实践过程中培育出的宝山区"宝公惠"、徐汇区张志勇志愿服务队等团队，成为所在区的代表性志愿队伍，它们通过专业化项目推动志愿文化传播。

上海市慈善基金会设立的各类专项基金是其践行人人慈善理念的重要形式。基金会鼓励和支持社会各界人士发起专项基金，开展帮困助学、医疗救助等行动，协助发起人解决其遇到的困难。而针对专项基金的潜在受助对象，基金会建立主动排摸机制，依托村委会收集群众需求，精准开展帮困助学、医疗救助等行动。正如崇明区代表处所述："日常工作开展中，基金会高度重视群众的慈善需求。对困难群众的慈善需求已经从原来的被动接受化为主动排摸，除了平时通过村委会排摸，日常老百姓还会反映发现需要帮扶的慈善对象，并及时和慈善基金会联系，尽可能做到把困难情况排摸清楚，有针对性地为慈善救助提供便利。"（20230801ZR）这种想民所想、急民所急的工作模式，正是基金会发挥志愿者力量、构建人人慈善生态的生动写照。

第二章

发展站位：服务国家战略与举措特征

作为上海慈善事业的重要推动者和实施者，上海市慈善基金会三十年来牢牢立足发展站位，从服务国家战略的高度谋划慈善工作，发挥自身优势，主动担当、积极作为，在服务区域协调发展、乡村振兴、科教兴国与人才强国、可持续发展等国家重大战略方面做出积极贡献。在响应党和政府号召、服务国家发展大局的过程中，服务整体布局、推动创新发展、加强合作协调是上海市慈善基金会工作的显著特征。

第一节　服务国家战略的必要性

作为社会慈善事业的重要组成部分，上海市慈善基金会承担为困难群体提供帮助、推动社会公平正义、促进社会发展的使命。然而，随着经济的发展以及社会结构的不断调整和变化，社会问题日益复杂化，基金会所面临的挑战变得更加严峻。置身变革的时代，基金会不得不思考一个重要的问题：慈善组织如何将自身业务与国家战略相结合，更好地满足国家和社会的需求？过去，慈善组织通常被视为主要依靠私人捐赠和志愿者支持运作的社会主体。慈善组织在社会救助、教育培训、医疗卫生等领域发挥了重要作用，填补了政府福利体系的空白。然而，随着服务对象规模的不断扩大，单靠慈善组织的力量已经难以应对这些挑战。在这样的背景下，慈善组织与国家战略的结合变得越发迫切。

上海市慈善基金会在时代发展中成长，与国家同行，也以自己的力量为国家建设和社会发展提供重要支持。同时，上海市慈善基金会在社会服务领域拥有丰富的经验和专业知识，能够提供切实有效的解决方案。与国家战略结合后，基金会能够更好地对接国家发展的需求，发挥自身专长，为国家建设和社会进步提供有力支持。上海市慈善基金会拥有广泛的社会网络和资源渠道，能够动员社会各界力量参与慈善事业，通过与国家战略的协同，实现资源的整合、优化与有效配置，避免资源的浪费和分散，最大限度地提高资源利用效率。上海市慈善基金会服务国家战略的必要性还在于能够促进社会的参与和共建。作为慈善事业的重要推动者，上海市慈善基金会不断增强社会公众的参与意识，激发公众的责任感，发挥桥梁和纽带作用，营造了广泛参与的社会氛围。

一　提供社会服务，承担社会责任

在国家治理现代化背景下，由社会力量提供社会服务和承担社会责任变得越发重要。慈善组织提供社会所需的服务是发挥自身专长、支持现代慈善事业发展的体现。上海市慈善基金会通过持续提供社会服务，积极承担社会责任，推动国家战略的实施。总体而言，上海市慈善基金会有资源有能力在政府之外提供社会所需的安老、扶幼、助学、济困等服务，为人民生活的全方位改善做出贡献。同时，上海市慈善基金会具有灵活性和创新性，能够及时根据社会变革和群众需求的变化提供有针对性的解决方案，在推动社会进步的过程中发挥桥梁和纽带作用。正如上海市慈善基金会副理事长 ZH 所言，"过去政府大包大揽，未来是政府、企业、社会三足鼎立。慈善组织具有拾遗补阙的作用。应急状态下，社会组织在赈灾方面也更加灵活便捷"。（20230227ZH）

上海市慈善基金会以慈善之力履行社会责任，促进了社会创新和创业，鼓励社会各界积极参与社会事务，推动社会治理的多元化和可持续化。积极动员企事业单位、政府、其他慈善组织等多主体实施与国家战略相关的乡村振兴、科教兴国等社会公益项目便是上海市慈善基金会勇于承担社会责任的重要体现。

二　借助资源禀赋，促进资源整合

通过服务国家战略，慈善组织能够借助来自政府、企业、个人的资源禀赋，实现资源的最优配置，从而提高服务国家战略的执行效率。慈善组织通过与政府机构合作，参与制定实施国家战略的具体措施；通过与企业建立合作伙伴关系，实施社会责任项目，推动国家战略的顺利执行；通过公开募捐等方式，动员多元主体，扩大资金来源，进一步加大对国家战略的支持力度。比如，"阳光下展翅"——社区青年就业教育培训项目便是上海市慈善基金会与共青团上海市委员会、中国移动、中国联通等合作，以响应国家政策号召、支持失业群体就业为目的，为具有初中及以上受教育程度的家庭贫困的失业、失学青年免费提供就业培训的公益项目。该项目通过有效的政社合作、动员企业力量、积极为失业青年提供实习和就业机会等方式，提升青年的就业率。

在推动国家战略实施过程中，慈善组织具有整合多方资源的天然优势，借由资源禀赋将资源投入需要支持的领域，形成合力。慈善资金可以资助与国家战略相关的项目和活动，包括社会创新、科技研发、教育培训等，为国家战略的实施提供实际支持和保障。在具体实践中，专业人才、志愿者等慈善领域的人才资源被充分调动起来参与国家战略的执行和推进。此外，信息交流平台建设也是基金会社会影响力与资源整合能力的体现。在具体实践中，上海市慈善基金会通过举办国际慈善论坛、参与国际慈善项目等方式持续促进对外开放，助力多元主体开展信息交流和进行资源共享。

三　聚焦社会问题，回应群众需求

国家战略的制定和执行常常面临各种多元的社会需求和复杂的挑战，这就要求慈善组织聚焦社会问题，及时有效地回应群众需求。

上海市慈善基金会专注于特定的社会问题，提供有针对性的解决方案，以满足人民群众的需求，推动社会的可持续发展。上海市慈善基金会敏锐地关注到社会中存在的一些被忽视或未得到充分关注的问题，通过调查研究，提供具体的解决方案。1997年，为了让生活在儿童福利院的孤残儿童与其他同龄孩子一样享有父母之爱，上海市慈善基金会发挥其社会网络优势，与《新民晚报》、上海市民政局联合发起了"让孤残儿童拥有温馨之家"慈善项目。此举填补了20世纪末中国儿童福利事业的空白，推动政府相关政策的出台。而且，在解决社会问题时，上海市慈善基金会通常能够采用创新性的方法和策略。由于具有非营利性和自主性，上海市慈善基金会可以更加灵活地运用资源，尝试新的方法和模式，以慈善治理推动社会问题路径解决的创新。

上海市慈善基金会倾听群众诉求，真心为群众办事。上海市慈善基金会成立之初，上海面临着严峻的失业危机。在此背景下，上海市慈善基金会通过发放粮油帮困卡、建立勤工俭学基金等方式化解社会矛盾，为群众提供所需的物资、资金，缓解群众的生活压力，使群众感受到来自社会的温暖。

四　凝聚社会共识，建立合作关系

慈善组织与政府、企事业单位、社会组织等的行动能够通过慈善共识的达成得以统一。这种共识的达成不仅有助于实现国家战略目标，还能够促进社会的多方共治，增强社会凝聚力和稳定性，共同应对各种挑战和风险。

通过与企事业单位、社会组织等各方达成共识，建立合作关系，上海市慈善基金会得以不断获得前行的力量，吸引企业家、专家学者以不同方式参与慈善活动，并且可以充分利用各方的专业知识和资源，制订更加全面和有效的解决方案。

与企事业单位、社会组织建立合作关系，能够切实提高慈善组织解决社会问题的能力，扩大慈善组织的影响力。上海市慈善基金会与事业单位建立合作关系，可以更好地利用事业单位的资源，实现慈善事业的规模化和可持续发展。同时，事业单位也可以通过与慈善组织的合作，更好地了解社会的实际情况和需求，制订更加精准和有效的项目计划。

上海市慈善基金会与企业的合作可以形成一种社会责任共担机制。企业作为社会经济的重要参与者，拥有丰富的经济资源和较强的专业能力。上海市慈善基金会与企业建立合作关系，共同实施社会慈善项目，实现社会责任的履行和企业形象的提升。通过合作，企业可以积极参与社会问题解决的过程，增强与社会的互动和共融，促进可持续发展。

上海市慈善基金会与社会组织的合作呈现多元协同局面。社会组织代表着不同的利益群体和社会力量，具有广泛的社会网络和较强的专业能力。上海市慈善基金会与社会组织建立合作伙伴关系，可以共同推动社会问题的解决和社会变革的实现。通过合作，上海市慈善基金会得以汇集各方智慧和资源，形成多元主体参与社会治理的协同效应，提升解决社会问题的能力，扩大社会影响力。

五　维护公共利益，促进国家善治

慈善组织作为追求公共利益最大化的机构，承担着重要的社会使命，在积极参与并服务国家战略的过程中，能够实现推动经济发展、社会进步、环境保护等多个目标，为社会创造更大的公共价值，成为推动国家善治的重要动力。

上海市慈善基金会通过筹集和管理资金，助力社会公共利益的实现和公共福祉的增进；通过开展慈善项目、组织社会服务活动，解决社会问题、改善公共福利。上海市慈善基金会关注教育、医疗、文化、社区发展等领域，为困难群体提供帮助和支持，推动社会的公平正义和人的全面发展。同时，上海市慈善基金会通过对扶贫、教育和培训等领域的投入，提升人力资源的素质和能力，为国家建设提供有力的人才支持，使资源由更广泛的群体共享。

在促进国家善治方面，上海市慈善基金会和各区代表处通过设立社区慈善基金、发起政策倡议等方式提高国家治理的有效性。例如，为响应国家加装电梯号召、化解基层纠纷，上海市慈善基金会松江区代表处推出了既有多层住宅慈善帮扶项目，有效解决了由加装电梯导致的冲突难题，提高了基层社会治理的稳定性。上海市慈善基金会通过一系列措施促进社会的和谐稳定及人民幸福感的提升，推动良序善治的实现。

第二节　服务国家战略的举措

服务国家战略作为党和国家交托的重要任务，在推动现代化进程中具有不可取代的地位，上海肩负着不可推卸的历史使命。作为中国改革开放的前沿城市和国际金融中心，上海在经济发展、科技创新、文化交流等方面具有显著的优势。以国家战略为引领，聚焦民生改善和社会发展的重点领域，积极参与乡村振兴、教育科研、医疗卫生、环境保护等领域的慈善项目，凝聚社会各界力量共同参与慈善事业，体现了上海慈善组织的担当。

上海市慈善基金会积极发挥上海的区位优势和资源优势，引导社会力量参与国家重大战略项目，推动创新驱动发展、科教兴国战略的实施，为国家经济和社会高质量发展贡献力量。同时，上海市慈善基金会积极探索慈善事业的创新发展模式，充分发挥慈善组织的桥梁纽带作用，致力于促进社会资源的整合与优化配置，鼓励企业、其他社会组织和个人等多元主体参与慈善事业，促进慈善资金的规范管理和有效利用。具体来说，上海市慈善基金会在区域协调发展、乡村振兴、科教兴国与人才强国、可持续发展等国家重大战略领域产生积极影响。

一　区域协调发展战略

区域协调发展战略是指在一定地域范围内，通过提升区域间协调与平衡发展能力，实现区域间的互利共赢和可持续发展。区域协调发展战略包括经济、社会和环境协调发展三个方面。党的十九大报告指出，要实施区域协调发展战略。这强调发挥各个地区的优势，通过建立更加有效的区域协调发展新机制，促进不同地区之间的均衡发展，缩小区域间的发展差距，实现经济社会的协调发展。

慈善事业为区域协调发展提供了重要的支持和推动力。慈善组织通过资金、资源和项目支持等方式，直接参与区域协调发展过程，关注社会基层，帮扶困难群体，解决区域之间发展不均衡问题。区域协调发展的首要目标在于尽可能实现不同地区财富和资源分配的公平，这是慈善组织在缩小贫富差距、促进社会公共福利水平提升方面的特有优势，它能够缩小区域之间的差距，让不同地区尽量享有平等发展的机会。

上海市慈善基金会服务区域协调发展战略的主要方式是加强精准扶贫、对口支援等，解决区域内的发展不平衡问题，推动地区的协同发展。基金会积极响应国家的精准扶贫政策号召，通过资助教育、医疗、金融帮扶、就业培训等项目，帮助相对贫困地区改善基础设施和医疗条件、提高教育水平，助力相对贫困人口脱贫致富。在对口支援过程中，上海市慈善基金会始终坚持多领域参与，从单一的慈善救助领域拓展到文化、卫生教育、基层治理、培训服务、创业就业、科技科普、生态保护等多领域；坚持多类型帮扶，从简单的资金和物质帮扶拓展到产业帮扶、智力帮扶。在青海果洛对口支援项目中，上海市慈善基金会精准帮扶藏族牧民，在政府托底、低保保障的基础上，让他们的生活得到更好改善。基金会依靠青海果洛政协志愿者队伍，深入每个乡村，去发现那些最贫困的、最需要帮助的家庭，自 2016 年起每年为 1000 户家庭送去帮困金200 万元。除了资金援助，上海市慈善基金会还积极策划开展智力援助，帮助欠发达地区培养紧缺人才，助推欠发达地区实现教育脱贫。在云南，上海市慈善基金会制订了"双千人计划"，对千名云南乡村教师、乡村医生进行培训，对接上海最好的教育医疗资源，如上海市徐汇区教育学会、上海市静安区教育学会、复旦大学全科医学系等，采取远程函授、上门授课、来沪实训的方式，提高当地稀缺人才的业务水平。上海市慈善基金会积极响应东西部协作和对口支援工作部署，发动爱心企业参与"携手兴乡村"行动，扶持勐海县、昭通市"一区三县"试点打造乡村振兴示范点，因地制宜促进乡村交通出行、供水保障、"两污"治理、人居环境的全面改善。在西藏的对口支援项目中，上海市慈善基金会通过开展公益保险项目为贫困地区送上关爱。2017年，上海农商银行通过上海市慈善基金会捐资200万元，设立"吉祥安康"西藏日喀则五县农牧民意外伤害保险公益项目，并选定中国人民财产保险股份有限公司西藏自治区分公司，为上海援建的日喀则市五县超过23万名农牧民提供意外伤害保障保险。此次公益项目实现了政府、慈善组织、银行、保险公司的共同参与、优势互补，开创了金融扶贫的新模式，也是社会力量参与援藏的一种创新。项目开展前两年就受理案件400余起，赔付金额超过400万元，缓解了农牧民家庭因主要劳动力身故、失能等情况造成的家庭生活困难乃至返贫现象，有效降低了这些家庭的经济风险，使当地农牧民在从事生产劳动时减少后顾之忧，为拉动贫困地区经济发展、提高当地人民生活水平贡献力量。

社会人员的参与不仅为区域协调发展提供了重要的支持和推动力，而且体现了社会责任和关爱精神。通过上海市慈善基金会的诸多努力，偏远地区和先发展地区的社会发展差距逐渐缩小，相对贫困地区群众享受到改革开放带来的发展成果。

二 乡村振兴战略

乡村振兴战略是一项旨在促进农村经济发展，提高农民收入水平，以推动城乡一体化发展、实现农业农村现代化为整体目标的国家战略。党的十九大报告指出，农业、农村、农民问题是关系国计民生的根本性问题，必须始终把解决好"三农"问题作为全党工作的重中之重，实施乡村振兴战略。党的二十大报告进一步阐明，全面建设社会主义现代化国家，最艰巨、最繁重的任务仍然在农村，要坚持农业农村优先发展，坚持城乡融合发展，畅通城乡要素流动。

上海市慈善基金会积极赋能乡村，开展乡村振兴实践，帮助偏远地区乡村和上海本地乡村改善生活。数据显示，上海市慈善基金会 2018～2022 年共实施乡村振兴类项目 2675 个，涉及金额 8.84 亿元，辐射新疆、西藏、甘肃、广东等地，共有 334 万人次受益，在全国产生了深远影响。通过教育扶贫、发展产业、社区营造等一系列措施，农村的各种要素资源逐步被激活，广大乡村逐步跟上时代发展的步伐。

在对偏远地区乡村的支持方面，上海市慈善基金会坚持多措并举，以全面、有效、持久的组合拳助力偏远地区乡村攻坚克难，促进农业农村现代化。上海市慈善基金会最早实施的乡村振兴类项目源于灾后援建。四川汶川地震、雅安地震及云南昭通地震发生后，上海各界积极捐款。刚开始，上海市慈善基金会将善款直接交给欠发达地区。后来，上海市慈善基金会和当地基金会一同监管援助项目的过程，把钱用到硬件援建项目上，产生了更大的效益。在推动乡村教育振兴方面，上海市慈善基金会和各区代表处引导企业家面向乡村地区进行教育捐赠。访谈中企业家 QL 指出："在嘉定区代表处刘老师的介绍下，我们公司向偏远地区提供支持。比如，帮助有需要的孩子走出大山，资助 10 名高一学生入学；为江西的学生提供学费资助，2022 年前往云南为学生捐赠 750 套校服。"（20230714QL）上海市慈善基金会注重以时下流行的方式汇聚乡村振兴力量。2023 年 9 月，在上海慈善周到来之际，上海市慈善基金会专门组织开展"山海情深，乡村振兴"公开募捐活动，公益二维码在上海地铁车厢内上线，在一位位热心人士的指尖下，点滴爱心聚沙成塔、汇流成江。

在对上海本地乡村的支持方面，上海市慈善基金会积极革新工作方法，开辟出有特色、有规划、有成效的乡村发展新路径。其中，村企合作与社区营造是代表。

在村企合作方面，上海市慈善基金会率先推进"村企结对"工作，将城市企业与农村贫困地区的村庄结对，使其建立长期合作关系，通过企业的帮扶支持促进农村贫困地区的经济发展和乡村振兴工作的实施。上海市慈善基金会金山区代表处在充分调研金山传统"羊肉文化"和市场需求的基础上，本着由"输血型"帮困转为"造血型"救助的原则，联手现代农业企业，因地制宜、因人而异开展"喜洋洋·送小羊"慈善项目，通过代养代售方式，调动困难农户的养殖积极性，逐步实现增收致富。上海金山区强丰畜禽养殖研究所总经理、"喜洋洋·送小羊"慈善项目承接方代表 LQ 谈及"喜洋洋·送小羊"慈善项目对扶贫的意义时说道："靠着精心科学的饲养，该项目为特困家庭带来了可观的收入。更为重要的是，不少家庭通过'喜洋洋'掌握了养羊技巧，有了固定的经济来源，拿着劳动所得，这些家庭感觉到喜气洋洋。"（20230721LQ）

在社区营造方面，上海市慈善基金会注重上海本地困难群体的居住体验。除村企携手建设乡村之外，农村的适老设施改造也是上海市慈善基金会促进农村建设的重点，考虑到上海老龄化群体的背景，建设老年友好型乡村意义重大。例如，上海市慈善基金会松江区代表处在叶榭幸福老人村开创了"家门口"的养老新模式，让农村老年人实现"原居养老"，即通过在松江叶榭幸福老人村引入各类公益资源，设计并实施一批以"孝"为主题的农村公益养老项目，探索"幸福田园养老"综合体。在港镇黄桥村，上海市慈善基金会通过整体规划设计，传承乡村文化，推动乡村振兴，建立村民大食堂、幸福老人村等公共服务设施，将慈善"益"站嵌入幸福老人村，支持"乡年大学"、微"孝"家宴、乡村咖啡屋等公益项目。此外，上海市慈善基金会金山区代表处连续 7 年实施住房改造工程，累计支出 1000 万元，对 420 户困难老年家庭的环境进行改造，增强家居的养老功能，减少老年人的实际困难，成为金山区乡村振兴帮扶工程的一个亮点。

三 科教兴国与人才强国战略

科教兴国战略是一项旨在提升国家的科技创新能力和教育水平，推动科技进步和人才培养，从而实现国家的长期发展目标的国家战略。人才强国战略则着眼于培养高素质人才，以提升国家在创新领域的竞争力和综合国力为目标。党的二十大报告强调，教育、科技、人才是全面建设社会主义现代化国家的基础性、战略性支撑，要"深入实施科教兴国战略、人才强国战略、创新驱动发展战略""加快建设教育强国、科技强国、人才强国"。慈善事业与科教兴国、人才强国战略之间的关系是相辅相成的。科教兴国、人才强国深深植根于慈善事业的土壤之中。慈善事业通过资金支持、资源投入和社会慈善行动等方式，为科教兴国、人才强国战略实施提供有力支持，共同促进国家的发展和进步。

在支持科教兴国战略实施方面，上海市慈善基金会通过助力科技竞赛、鼓励科技创新等方式推进科普教育，推动科普资源进入中小学，鼓励学生在校外时间了解科普知识，并完善科普教育效果评价机制，让广大青少年走近科学、爱上科学，继承和发扬老一辈科学家科技报国的优秀品质，为我国科技事业挥洒青春、贡献智慧。例如，2020 年 5 月，上海市慈善基金会主办"2020 全国青少年航空·无人机科普大赛"。大赛以无人机科普教育和无人机比赛为切入点，以普及科学知识、弘扬科学精神、传播科学思想、倡导科学方法为目标，在青少年中形成讲科学、爱科学、学科学、用科学的良好氛围，使青少年充分释放创新智慧，为实施科教兴国战略做出贡献。

在支持人才强国战略实施方面，上海市慈善基金会通过设立教育基金、捐助学校、建立科研机构等方式，为人才培养提供必要的资源和条件。科技竞争的本质是全球性竞争，拥有高素质科技人才的国家和组织更具优势。上海市慈善基金会致力于保障各年龄段、各层次群众的受教育权，直接参与人才培养过程，主动服务和融入国家发展战略。上海市慈善基金会发起的"千人助学"项目旨在资助上海家境贫困、品学兼优的中小学生及来沪就读的贫困大学生完成学业，按照小学生 1500 元/年、初中生 2000 元/年、高中生 2500 元/年、大学生 3000 元/年的标准给予补贴。助学项目联合社会各界爱心人士、爱心单位，一对一或一对多进行结对资助。自 1995 年发起该项目至 2021 年，上海市慈善基金会共出资 5306.04 万元，使 28831 人次受益。

在各区代表处层面，上海市慈善基金会也有支持人才强国战略实施的典型项目。上海市慈善基金会静安区代表处发起的郫伯专项基金通过为云南省砚山县小学捐助教学楼、图书馆、浴室、大门及体育场等方式，为欠发达地区的人才培养提供后备保障。该专项基金成立于 2018 年，由汤老夫妇出资 68 万元、其两名子女各出资 100 万元共同设立。该专项基金成立至今已累计收到善款 625.92 万元。谈起该基金，创始人充满关怀地说："（云南省砚山县）县委书记觉得财政没有钱，我非常同情，我觉得生活在上海是很幸运的。现在说乡村振兴，边远地区需要资金是解决迫切问题的，我们怀着朴素的感情，我们发达企业单位和政府发挥作用是应该的，为学校新建教学楼，为贫困生和优秀师生发放补助金。都说'教育是改变命运、发展轨迹的事情。希望（我们的捐赠）使得他们有知识有品德'。"（20230721FX）同样专注于支持人才培养的还有上海市慈善基金会嘉定区代表处"心安家定"专项基金。该专项基金于 2023 年由上海市嘉定区佛教协会、上海十方福德公益基金会捐资 1000 万元设立，助力嘉定区职业技能培训服务。"心安家定"专项基金旨在为社会培养高素质劳动者和技术技能人才，助力嘉定区经济社会高质量发展，建设人人乐业、奋发有为的和谐社会。捐款用于支持嘉定区江桥镇、南翔镇职业技能培训服务，根据经济社会发展要求和市场需求，助力基层健全专业技术人才培养、使用、评价、激励制度，发展技工教育，提供职业技能培训和创业指导服务。

上海市慈善基金会及各区代表处不问人才出处、珍惜人才、重视人才，乡村教育、本地教育协同推进，以人才赋能推动新时代强国战略全面实施。一系列措施使人才的发展环境得到改善，一批人才得以造就，产生了深远的社会影响。上海市慈善基金会通过向欠发达地区提供教育援助、改善教育资源分配不均等方式，帮助更多的人得到接受良好教育的机会，提升落后地区的整体人力资源素质，从而为科教兴国和人才强国战略的实施提供有力支持。以"博爱·新纪元"专项基金为例，该专项基金成立于 2016 年，由上海市慈善基金会、中国国民党革命委员会上海市委员会（以下简称"民革市委"）与上海新纪元教育集团共同发起成立。项目自启动以来，已帮助纳雍县 650 名高中学生完成学业，已毕业的学生一本上线率 100%，99% 的学生被重点大学录取。一批又一批贫困学子经由该项目改变命运，获得前往高等院校深造的机会。该项目在使个体获得成长的同时，也筑牢了乡村振兴的根基。

四 可持续发展战略

可持续发展战略是一项以保护资源和自然环境为前提，实现经济进一步发展，强调人与自然和谐相处的国家战略。在贯彻落实可持续发展战略的基础上，党的十九大将坚持人与自然和谐共生作为新时代坚持和发展中国特色社会主义的基本方略之一。可持续发展战略要求将眼前利益和长远利益统一起来。人与自然和谐共生是可持续发展的核心原则，要求在尊重自然规律的前提下，实现人与自然的共存共荣、协调发展（张云飞，2019）。可持续发展战略的核心思想是经济发展、保护资源和保护生态环境协调一致，通过先辈的努力，使后一辈享受到更为丰富的资源。慈善事业致力于帮助困难群体、改善社会福利状况和促进社会公平；可持续发展战略强调实现经济、社会和环境的协调发展，确保每个人都能享有公平的机会和福利。慈善事业与可持续发展战略两项事业的目标存在高度契合之处。

慈善组织通过开展医疗健康项目，保障人的可持续发展。上海市慈善基金会和国家儿童医学中心、上海交通大学医学院附属上海儿童医学中心共同启动"心启航"少儿先天性心脏病关爱行动。该公益项目致力于帮助偏远地区的先天性心脏病患儿获得其所需的优质医疗服务、健康教育和社会支持，促进先天性心脏病患儿康复，为其家庭注入希望。以"早发现、早诊断"为原则，项目包含义诊筛查、医疗救助及基层医务人员公益培训，通过前沿科技帮助患儿重获"心"生，拥抱健康生活。

慈善组织通过资助环保组织、参与环保项目，推动环境保护与资源的可持续利用。可持续发展战略重视环境保护与资源的可持续利用，在保持经济增长的同时减少对环境的负面影响。慈善事业的支持可以推动环境保护项目的实施，促进可持续的环境管理和资源利用。所以说，慈善事业的发展能够为可持续发展目标的实现提供更大的可能性。2012 年，党中央站在全局和战略高度，将生态文明建设置于"关系中华民族永续发展的根本大计"的特殊地位，并由此开展了一系列开创性工作。2020 年 9 月，国家主席习近平在联合国大会上正式提出中国碳排放目标，即 2030 年碳达峰、2060 年前后实现碳中和。[①] 上海市慈善基金会紧跟政策步伐，将生态文明建设的要求化为一种自觉的行动。2023 年 2 月，上海市慈善基金会与上海善衣网络科技有限公司合作设立"飞蚂蚁"专项基金，定向用于公益环保领域。该项目的优势在于，通过"旧衣回收"这一公益活动引导社会公众自觉参与低碳环保事业，进而为碳达峰、碳中和目标的实现贡献个人力量。据统计，自"飞蚂蚁"专项基金启动以来，累计超过 1200 万人参与旧衣物回收活动，超过 15 万吨废旧衣物得以回收，超过 80.25 万吨碳排放得以减少。

第三节　服务国家战略的特征

作为我国慈善的先行者，上海市慈善基金会承担着服务国家战略的

---

① 《持续推动低碳转型——"双碳"目标提出 3 年来取得积极成效》，www. xinhua-net. com/2023-09/22/c-1129877403. htm，最后访问日期：2025 年 3 月 5 日。

重要使命，并在具体实践过程中展现出独特优势，为中国慈善事业的可持续发展树立了典范。基金会充分认识到资源整合的重要性，以服务国家整体战略布局为导向，积极与企事业单位、其他社会组织等开展合作，实现资源的优势互补和共享。

随着科技的不断进步和社会的不断变革，慈善事业需要不断创新和适应新的社会需求。上海市慈善基金会在服务国家战略的过程中注重创新实践，积极引入新技术、新理念和新模式，探索慈善创新的路径。同时，上海市慈善基金会积极与企事业单位、其他社会组织等多方建立合作关系，共同开展公益项目、共享资源和经验，通过合作充分发挥各方优势并形成合力，为国家战略的实施提供更全面、更有效的支持。

总体而言，上海市慈善基金会在服务国家战略方面的行动呈现服务整体布局、推动创新发展和加强合作协调三个特征。

一　服务整体布局

上海市慈善基金会致力于贯彻落实各项国家重点战略，与国家政策保持紧密联系，根据国家的发展方向和政策导向设计慈善项目、制订工作计划，从整体层面支持国家战略的实施。近年来，上海市慈善基金会在社会发展、扶贫济困、教育、环境保护等领域谋篇布局，积极开展慈善事业，为国家发展和民生福祉做出贡献。

在社会发展领域，致力于解决社会问题和推动社会进步。上海市慈善基金会通过资金投入和资源整合支持社会创新和公益创业，培育推动社会发展的新模式和新思路，促进社会和谐进步，提高社会福利水平。

在扶贫济困领域，长期积极参与欠发达地区的建设发展工作。上海市慈善基金会通过资金援助、项目支持和社会资源整合等方式，帮助欠发达地区改善基础设施、提升教育水平、促进就业和增加收入，助力贫困人口实现生活环境改善和增收致富。

在教育领域，高度重视教育的发展和优质教育资源的均衡分配。上海市慈善基金会通过设立奖学金、资助教育项目、改善教育设施等方式，为欠发达地区和困难群体提供教育支持，推动教育公平和教育质量的提升。上海市慈善基金会的慈善助学类项目不仅仅是传统意义上的济困项目。随着助学对象、助学类别的增多，当前的助学项目已走向以人的全面发展为目标的发展型慈善道路，与新时代党和国家对青年发展的期

望——"青年一代有理想、有本领、有担当，国家就有前途，民族就有
希望"高度契合。

在环境保护领域，积极响应国家的环境保护政策号召，支持推进环
境保护项目和环境保护倡导。上海市慈善基金会投入资金和资源，推动
可持续发展和绿色生态建设，促进环境保护和生态平衡的实现。

上海市慈善基金会通过与国家政策的紧密衔接，专注于社会发展、
扶贫济困、教育、环境保护等领域的慈善事业，为国家的发展和民生福
祉的增进做出积极贡献。

二　推动创新发展

积极寻求慈善模式和方法创新，以适应国家战略的要求，是推动慈
善组织行稳致远的重要路径。上海市慈善基金会鼓励社会创新和公益创
业，支持具有前瞻性和可持续性的项目，促进社会创新和进步。

作为开放和包容的公益平台，上海市慈善基金会积极引入先进的理
念和技术，与各界合作，共同探索解决社会问题的新途径。上海市慈善
基金会鼓励社会创新者和公益创业者提出具有创造性和实践价值的项目，
为他们链接资源，提供资金支持和专业指导，助力他们实现慈善创业的
梦想。以"蓝天至爱计划"为例，作为上海市慈善基金会的集群式资助
品牌，该计划自成立以来，资助有志于公益实践的人士持续深入探索公
益领域，项目类别包括孤独症人士创业就业、残疾儿童陶艺康复、涉毒
家庭未成年人成长支持、特殊青少年公益课程输送等。上海市慈善基金
会特别注重具有前瞻性和可持续性的项目，积极关注新兴领域，如科技
创新、环境保护、影响力投资等，并通过资金投入、项目合作和社会影
响力的发挥，推动这些领域的创新和发展。推进项目的可持续发展，可
以培养和支持那些能够长期对社会产生影响的慈善项目，为社会发展注
入持久力量。借助积极探索创新的慈善模式和方法，上海市慈善基金会
不断提升自身能力和影响力，致力于培育社会创新的土壤，激发公益创
业活力，为社会事务注入新的动力。

三　加强合作协调

积极与企业、其他社会组织等各方建立合作伙伴关系，加强资源整
合和协同效应，是慈善组织得以提升服务效能的关键。上海市慈善基金

会通过多方合作，实现慈善事业与国家战略的有机结合，实现慈善与时代发展同频共振。

上海市慈善基金会与政府部门保持密切联系，共同推动慈善事业与国家战略的有机结合。基金会与相关政府部门建立定期沟通机制，协调资源配置，优化服务体系。基金会与上海市民政局、上海市精神文明建设办公室、上海市政协、上海市人民政府合作交流办公室等进行沟通交流，能够更好地了解国家战略的需求和重点，将慈善项目与国家战略相结合，提高服务的针对性和实效性。

积极与企业建立合作伙伴关系，充分发挥企业的作用，实现资源的共享和优势互补，是慈善组织拓展资源渠道的重要方式。上海市慈善基金会与企业开展慈善捐赠、项目合作，辅助企业履行社会责任，共同推动上海慈善事业的深入发展。通过与企业的合作，上海市慈善基金会能够获得更多的资金支持和专业技术支持，拓展慈善事业发展的渠道，提高影响力。

重视与其他社会组织建立合作伙伴关系，共同推动慈善事业的发展。上海市慈善基金会采用与社会组织合力开展公益项目、整合慈善资源和积极推动行业经验分享等方式，旨在提高社会组织的专业效能，推动项目的可持续性运作，共同为上海市乃至全国慈善事业的发展做出贡献。通过与其他社会组织合作，上海市慈善基金会能够汇聚更多的专业力量和社会资源，形成合力，推动慈善事业的创新发展。

通过与政府部门的密切联系，以及与企业和其他社会组织的合作，上海市慈善基金会实现了资源的整合和协同。多种合作关系的建立使慈善事业能够与国家战略紧密结合，发挥更大的作用。多元合作体系为上海市慈善基金会提供了更多的发展机遇和更大的创新空间，大大提升了上海市慈善基金会的慈善服务效能，探索出一条上海特色慈善事业高质量发展的新路径。

第三章

资源渠道：募捐来源与募捐形式

资源渠道的建立与拓展是慈善组织业务板块中的重要方面，是关乎慈善组织生存和发展的关键性问题。积极拓展资源渠道、开发多样化的慈善资源、动员社会各界人士献爱心捐善款是慈善组织提升专业能力和扩大影响力的重要方式。

作为一家兼具规模和社会影响力的本土慈善组织，上海市慈善基金会在慈善募捐方面形成了一套独特的方式，对推动慈善事业的健康有序发展起到了重要的示范作用，对国内其他慈善组织募集慈善资金、拓展多样化的资源渠道具有借鉴意义。本章以收入来源构成、募捐形式和募捐特色为线索，考察上海市慈善基金会的募捐行动。以品牌活动为动员手段、以线下募捐为主要渠道、构筑系统性募捐动员体系、以多元主体协同为核心优势、募集善款实现规范化管理是上海市慈善基金会募捐的主要特征。

第一节　基金会的钱袋子：主要收入来源

中国特色慈善事业产生于中国的社会结构和历史文化中，在借鉴吸收西方优秀慈善成果的基础上，形成了具有自身特点的独特发展模式，主要呈现两个特征：一是政府主导和民间参与双向互动，二是慈善工作重点始终对标困难群体、国家重大发展战略和突发事件应对。这两点集中体现了社会主义集中力量办大事的制度优越性。观察上海市慈善基金会的主要收入来源和募捐渠道，有助于深入分析上海市慈善基金会的资源获取状况及其对上海市慈善基金会发展的促进作用。根据 2010~2022 年的财报年检报告书，上海市慈善基金会的主要收入来源可以分为募集资金、募集物资、保值增值及政府项目补贴和购买服务四种类型。其中，募集资金是上海市慈善基金会最主要的收入来源。在保值增值方面，随着相关法律法规对慈善组织开展保值增值活动规范的调整，上海市慈善基金会顺势而为，在原有保值增值委员会的基础上成立资产管理委员会，2007 年还曾独资成立一家投资公司，帮助本组织进行资产的保值增值。在政府资金方面，上海市慈善基金会主要通过政府项目补贴和购买服务获得资助。

一　现金捐赠收入

现金捐献收入是指慈善组织接受组织或个人所捐赠的现金善款。以现金方式对慈善组织进行捐赠是最常见的捐赠形式。上海市慈善基金会作为一家兼具行政合法性和社会影响力的慈善组织，其运作离不开多元主体的慷慨捐赠和支持。基金会作为国家治理和政权建设的有力补充，具有较强的资源动员能力（刘威，2010）。从表 4-1 中可以看到，上海市慈善基金会自 2010 年以来的年度资金收入金额从未低于 6 亿元，占整体收入的比例均在 70% 以上。上海市慈善基金会获取现金捐赠主要有两种途径：一是组织捐赠，二是个体捐赠。

组织捐赠一般是以企业、其他基金会、宗教团体等为主的捐赠。多年来，爱心企业和机构始终鼎力支持上海市慈善基金会，对推进慈善事业的健康稳步发展做出了重要贡献。自 2003 年起，上海 QC 集团股份有限公司持续捐赠 11 年，累计捐款约 1500 万元；上海 GM 食品（集团）有限公司近三年累计捐款 2998.81 万元；自 1997 年起，上海工商界 AGJS 特种基金会持续捐赠 17 年，累计捐款 888.51 万元；自 2002 年起，上海 YF 禅寺持续捐赠 12 年，累计捐款捐物 620 万元；2007 年以来，上海城隍庙持续捐赠 7 年，累计捐物 251.8 万元。①

个体捐赠是以公众个人为主的捐赠。公众个人的慈善捐赠是慈善事业发展的基石（邓国胜，2007）。上海市慈善基金会具有独立的、较完善的组织架构和健全的运行机制，同时有长效的慈善信息公开机制和在地

---

①　以上数据统计至 2023 年 2 月。

公信力，这使社会公众能够直观观察到其所做的社会贡献和对上海慈善事业产生的广泛影响。因此，上海居民愿意通过不同渠道向上海市慈善基金会进行捐赠。上海市慈善基金会自成立之日起就设立"爱心窗口"接受个人的慈善捐赠；以蒋孔悌、杨建中、胡雷鸣为代表的爱心人士连续二十余年结对资助贫困学生。此外，上海市慈善基金会还曾在2011年接到来自爱心人士郭林的1000万元大额捐赠。仅以2019~2023年为例，"凡人善举"爱心窗口共接收捐款3590余万元，其中手拉手结对助学项目每年出资200余万元，每年资助700~800名困难大、中、小学生。

二 物资捐赠收入

物资捐赠通常是指捐赠者将物品（如衣物、书籍等）捐赠给机构或组织。上海市慈善基金会的物资捐赠呈现多元主体参与的趋势，个人、企业及其他组织可作为物资捐赠的供给方。物资捐赠来源的多样性为上海市慈善基金会提供了强有力的物资保障，推动上海慈善事业可持续发展。如表4-1所示，2015~2022年上海市慈善基金会的物资捐赠收入规模每年都在6000万元以上，其中2019年、2020年和2022年所得物资捐赠收入超过1亿元。上海市慈善基金会收到的捐赠物资种类多样，以2022年的抗疫物资捐赠为例，接收到的物资包括食品、药品等。企业物资捐赠频繁出现在地震、疫情等突发事件中，体现了企业的责任和担当。2022年5月10日，上海挺佳门窗加工厂捐赠给松江区代表处一次性医用口罩40000只、一次性医用外科口罩10000只、医用防护服1000套、医用丁腈手套20000只，用于疫情防控；5月14日，上海农夫山泉饮用水有限公司定向捐赠给浦东新区卫生健康委、医疗机构4126箱饮料。

2022年，上海市慈善基金会的物资捐赠收入为3.46亿元，占年度总收入的23.00%，是统计以来的最高点。这一数字源于对抗疫物资的针对性采集，体现出物资募捐的随机性特征。这在其他突发事件中同样有所体现。2023年夏季华北地区发生水灾，上海慈善物资管理中心同样接收到大量社会捐赠物资，但它并没有选择将所有物资照单全收，而是将并非灾区急需的或不适合捐赠的物资当场退回，并向捐赠人进行充分的说明解释，保证紧急需求的物资能够优先运往灾区。上海慈善物资管理中心不断创新工作思路，打造出"高校爱心屋""温暖送三岛""慈善流动大篷车""学雷锋志愿者服务"等社会慈善公益活动项目品牌，通过中心慈善公益服务窗口平台，惠及和造福社会各类群体。物资管理中心相关代表 LN 在接受访谈时总结了机构募集物资的先进经验："上海慈善物资管理中心募集物资还是得益于上海市慈善基金会对于社会的影响力。2018 年上海市慈善基金会设立项目发展与客户服务部，我们也在与时俱进进行项目化募捐，项目劝募书给企业，企业愿意参加的，与我们达成合作。我们还有很多线下推广会，网上筹募物资，目前通过公众号发布信息。和客户的反馈一定是及时的，东西送到需要的人手中一定有反馈。"（20230719LN）上海慈善物资管理中心 ISO9000 管理体系的持续优化为上海慈善物资的有效利用打下了坚实的组织基础，推动了上海物资捐赠朝着可持续化方向发展。

（三）其他捐赠收入

除了现金捐赠收入和物资捐赠收入，慈善组织还收到来自其他组织或者个人无偿给予的资产，包括股权、房产等。2014 年国务院印发的《关于促进慈善事业健康发展的指导意见》明确提出探索捐赠知识产权收益、技术、股权、有价证券等新型捐赠方式。上海市慈善基金会紧跟国家政策导向和慈善事业发展需求，持续创新优化捐赠类型。2014 年 9 月 14 日，毕原鸿、毛怡两位老人请上海市闵行公证处进行上门遗嘱公证，将在闵行区上海春城的房产（价值 600 万元）、全部存款和家具电器等在逝世后无偿捐赠给上海市慈善基金会闵行区代表处，这开启了遗嘱房产捐赠新模式的探索。2017 年 4 月，上海市慈善基金会收到来自上海欧擎欣锦创业投资公司赠与的 5%"贝格数据"股权。这笔捐赠为国内其他基金会探索股权捐赠提供了经验借鉴。书画捐赠是上海市慈善基金会在"点亮心愿"慈善义拍活动中获得捐赠的重要来源之一。著名艺术家通过书画捐赠的方式表达对社会的关爱，同时促进慈善事业的发展，实现了社会效益和艺术效益的兼顾。

第二节　基金会资源汇集路径：募捐形式分类

募捐是指慈善组织基于慈善目的募集捐款或捐物。上海市慈善基金会采取多种途径进行募捐。根据《中华人民共和国慈善法》对慈善募捐的规定，慈善募捐包括面向社会公众的公开募捐和面向特定对象的定向募捐。开展公开募捐，可以采取下列方式：（1）在公共场所设置募捐箱；（2）举办面向社会公众的义演、义赛、义卖、义展、义拍、慈善晚会等；（3）通过广播、电视、报刊、互联网等媒体发布募捐信息；（4）其他公开募捐方式。定向募捐则应当在发起人、理事会成员和会员等特定对象的范围内进行。上海市慈善基金会的募捐渠道既包括公开募捐也包括定向募捐，主要表现为线下募捐活动和线上募捐平台两种形式。

一　线下募捐活动

线下募捐作为一种传统的募捐形式，是指在实体场所或现场进行的募捐行为。与线上募捐相比，线下募捐更注重面对面的互动和直接的人际联系，从而为捐赠者提供亲身参与和体验的机会。通过现场活动，捐赠者可以直接感受到慈善事业的实际影响和意义，增强对项目的信任和认同。这种亲身体验能够激发人们的情感共鸣，引导更广泛的慈善捐赠行为。上海市慈善基金会秉承对社会的关怀和责任，积极开展线下募捐活动，为公众提供了一个亲身参与的平台，让每个人都能感受到慈善事业的温暖和意义，为社会慈善事业贡献力量。具体而言，上海市慈善基金会的线下募捐包括一年一度的"蓝天下的至爱——万人上街慈善募捐"、"点亮心愿"慈善义拍、"千店义卖"、各区代表处"慈善联合捐"等系列活动以及常设的"凡人善举·爱心窗口"、慈善超市等形式。

每年年末都会举办的"蓝天下的至爱"慈善活动，几乎已经成为上海人在冬季的"保留节目"。历届"蓝天下的至爱"慈善活动都得到了上海市委、上海市政府和社会各界的大力支持。通过年复一年的"爱心全天大放送""慈善晚会"和线下募捐活动，"蓝天下的至爱"把全社会的爱心传递给最困难、最需要帮助的群体，已成为上海城市慈善温度最直观的体现方式。

每年"蓝天下的至爱"慈善活动期间，上海市慈善基金会及各区代表处都会在线下开展"万人上街"慈善募捐活动，筹集善款定向用于帮扶上海困难家庭过年。劝募志愿者冒着严寒，在全市相关路段手持慈善募捐袋，头戴印有慈善标志的遮阳帽，引导路人捐赠。以第三十届"蓝天下的至爱"万人上街慈善募捐活动为例，志愿者积极引导市民群众为慈善活动奉献爱心。本次活动线上线下合计筹集善款100.45万元，筹集善款定向用于帮扶上海困难家庭温暖过年。

"凡人善举·爱心窗口"是上海市慈善基金会在非活动期间开放的募

捐窗口，由基金会开通的慈善热线演变而来。1995 年 1 月 12 日，上海市慈善基金会与《新民晚报》合作的慈善热线正式签约，《新民晚报》定期刊登通过慈善热线求助的困难群众的情况，热线号码为 2584343。其后，慈善热线逐渐演变为接受捐赠的爱心窗口。上海市慈善基金会负责爱心窗口工作的退休老干部 HM 回忆道："基金会刚成立的时候条件较为艰苦。做好爱心窗口的工作需要有四颗'心'：一是爱心，二是热心，三是耐心，四是事业心。我们非常耐心地听求助者讲述他到底要什么，为什么来我们这里求助。在基金会，我们每天都会听到很多爱心故事，我会把好心人的故事写成一段段文字，把点点滴滴写出来。"（20230607HM）近年来，上海市慈善基金会对爱心窗口进一步提能升级，打造出全年无休的"凡人善举"服务品牌，推出"主题捐赠日""明星志愿者日"等特色活动，邀请劳动模范、曲艺明星等各界优秀代表作为窗口志愿者参与服务。同时，"爱心窗口"也逐步向各区延伸。截至 2024 年，已有嘉定、长宁、浦东、奉贤、青浦、松江、闵行、崇明、金山、宝山、黄浦、虹口、静安等区代表处先后设立"爱心窗口"，实现了人群覆盖面的迅速扩大，正式完成了线下募捐窗口的区级覆盖。

以社区慈善平台为载体进行慈善募捐是上海市慈善基金会的另一尝试。社区作为慈善事业发展的重要场域，是社区治理的重要内容（杨荣，2015）。为此，上海市慈善基金会创新性地建立了各类社区慈善平台，为慈善募捐等活动扎根基层提供了重要抓手。2000 年，上海市慈善基金会在各区县开设 20 多家慈善超市，并将"爱心直通车""慈善大篷车"开进社区进行流动义卖，兼顾流动性与稳定性，发挥社区慈善平台的作用。截至 2023 年底，全市共有 232 家慈善超市，在街镇的管理下顺利运作，实现了镇、街、乡全覆盖。经过二十年的发展变迁，从最初以物资仓库的形式向困难群体发放物资，到探索"政府+市场"模式，向所有市民开放，慈善超市不仅有爱，还变得有趣。如今，上海大街小巷涌现出越来越多有特色的慈善超市。以上海市慈善基金会青浦区代表处的特色慈善超市为例，2020 年 9 月青浦区慈善超市开设成功。一开始，超市的规划便融入了新潮流、新设计的慈善理念，搭建起集款物募集、困难救助、公益活动、便民服务、文化传播五大功能于一体的综合性社区慈善平台。青浦区代表处的慈善超市创新性地采取"市场化+募捐"的运作形式，即客户购买慈善超市饮品这一行为，便是自发进行公益品认购的行动。每卖出一杯饮品便会捐出 1 元至青浦区代表处，为青浦区的环卫工人、交/辅警、快递小哥等提供爱心服务。

除了线下募捐活动，依托品牌项目实施募捐是吸引捐赠人进行捐赠的重要举措。正如上海市慈善基金会原秘书长 GP 所言："要以项目为导向去募捐，以项目为导向去用钱。现在大家都理性参与慈善了，有好的项目，捐赠人才愿意掏钱。"（20230623GP）上海市慈善基金会依托团队优势，通过自主研发和创新设计形成了"点亮心愿"慈善救助系列项目、"放飞希望"项目、"姐妹情"妇女肿瘤手术治疗项目、"花儿绽放"儿童救助项目、"多彩晚霞"安老项目等。这些项目依托专业化的设计打动捐赠人，促进慈善事业的深入开展。比如，"姐妹情"妇女肿瘤手术治疗项目面向贫困家庭妇女，通过提供资金和设备的方式促进女性身心健康。该项目内容包括为城乡贫困低收入妇女提供免费妇科体检、出资向农村配置流动健康检查车、对检查出患有重病的妇女给予手术救助或资金援助、为新疆喀什地区的妇女提供体检服务。仅捐款 18 元，就能帮助一名妇女进行妇科体检。在项目的影响下，众多企业家、演艺界人士参与捐赠，形成了受助方、基金会和捐赠人三方基于项目的有机联结，体现出上海市慈善基金会项目创新的特点。

除了线下募捐老品牌，上海市慈善基金会和各区代表处依然保持创造力，推陈出新，积极开发新的线下募捐形式。其中，最具代表性的就是浦东新区代表处的"慈善公益联合捐"。"慈善公益联合捐"是指慈善组织联合多主体一起开展募捐活动。自 2003 年起，为避免重复募捐、多头募捐的现象，浦东新区在借鉴国外联合劝募形式的基础上，整合慈善活动、慈善队伍、慈善机构等慈善资源，探索形成了一种系统慈善劝募模式——"慈善公益联合捐"。"慈善公益联合捐"有两大特点：一是由政府搭台，吸引大量社会组织参与活动，同时联合有社会影响力的公募慈善组织为活动提供公信力保证；二是集中劝募，在每年岁末年初的特定时间段内，各参与单位借助"联合捐"活动平台，充分发挥各自的资源优势，采用项目化募捐形式向社会开展劝募活动。截至 2023 年 2 月，浦东新区"慈善公益联合捐"活动已举办 21 届，累计募款金额达到19.87 亿元，累计帮扶困难群体 660 多万人次。参与 2023 年初第 21 届"慈善公益联合捐"活动的社会组织达 140 多家，吸引了数千余家企事业单位慷慨捐赠、几十万社区居民积极参与。"慈善公益联合捐"这一富有创新性的资金募集形式充分体现出上海市慈善基金会敢于突破的勇气以及募捐过程中倡导多主体共同协作形成合力的慈善思维。

慈善捐赠需要充分考虑不同群体的物质利益、精神利益和社会利益动机，注重群体差异，以实现慈善捐赠精准激励（李喜燕、张东，2022）。上海市慈善基金会考虑到捐赠人的客观需求，因地制宜开展募捐活动，包括"蓝天下的至爱"系列慈善活动以及常设的"凡人善举·爱心窗口"、各区代表处的慈善超市及"慈善公益联合捐"等，形式丰富多样。

二 线上募捐平台

线上募捐是指通过网络这一媒介募集款项或物品。随着互联网的发展和普及，线上募捐平台在中国的慈善领域扮演着日益重要的角色。国外慈善事业历史悠久且互联网发展水平较高，因此对网络慈善的研究起步也较早。进入 21 世纪，我国的互联网公益事业蓬勃发展。上海市慈善基金会积极顺应时代的变革浪潮，借鉴国际经验，秉持创新精神，推出了线上募捐平台，为广大爱心人士提供了更加便捷、高效参与慈善事业的途径。

互联网公益在慈善领域的普及催生了慈善组织的募捐形式创新。上海市慈善基金会开通了上海慈善网，并在腾讯公益、支付宝公益平台、联劝网、易宝公益、帮帮公益等线上募捐平台开展募捐活动。在特殊场景下，线上募捐可发挥重要作用。2018 年，上海市慈善基金会为进一步拓展互联网捐赠渠道，专门成立了互联网众筹部。当年，该部门通过互联网众筹的方式为 45 个慈善项目筹集 400 余万元善款。2019 年 11 月，澎湃新闻（www.thepaper.cn）、《大公报》、香港大公文汇传媒集团全媒体新闻中心联合上海市慈善基金会发起了"香港李伯罗伯专项救助基金"项目，旨在帮助在香港受害的李伯和罗伯及其家属渡过难关。短短几小时，200 万元人民币的筹款在 8 小时内便顺利完成。上海市慈善基金会的线上募捐在推动慈善事业的数字化转型和高质量发展方面产生了深远影响。无论是个人还是企业，都可以通过腾讯公益、支付宝公益平台、联劝网、易宝公益、帮帮公益等线上募捐平台参与慈善事业。这种方式不仅降低了参与门槛，而且提供了更加多样化的捐款模式，如一次性捐款、月捐、运动捐、游戏捐等，满足了不同人群的慈善需求。同时，上海慈善网还提供全程捐款跟踪和公开透明的账目公示，让捐款人可以实时了解捐款去向，提高捐款人对慈善基金会的信任度。

与慈善组织的线下募捐相比，社交媒体、网络平台的快速传播更容易触及群众，"额小量大、灵活迅速"——指尖慈善跨越了地区、行业的界限，放大了共享效应（徐家良，2018b）。特别是应对重大突发公共事件时，网络慈善利用大数据精准匹配，使用直观画面激发公众的爱心，借助传播效应在社会迅速得到反响，从而实现人人做慈善、行行可慈善。

第三节　基金会的指向：募捐特色梳理

我国基金会有三种运行模式，即政府主导型、企业主导型和民众主导型（徐家良、刘春帅，2016）。无论何种模式的基金会，都对政府存在一定程度的依赖，主要表现在其对于政府财政资助和完成组织目标所需资源的需求上。有研究表明，我国慈善组织始终在自身合法性、生存空间、利益表达与各类制度、资金和物质资源上对政府展现出很强的依赖性。因此，我们可以从合法性、资源获取方式及募捐动员方式三个方面对慈善组织的募捐行动进行分析。上海市慈善基金会的募捐活动在推动社会公益事业发展、凝聚社会力量、促进社会和谐等方面发挥着重要作用。整体而言，上海市慈善基金会呈现以品牌活动为动员手段、以线下募捐为主要渠道、构建系统性募捐动员体系、以多元主体协同为核心优势、募集善款实现规范化管理的募捐特色。

一　以品牌活动为动员手段

品牌活动是慈善组织为了树立品牌形象、传播品牌理念而策划开展的一系列活动。品牌活动作为一种重要的筹款手段，对慈善组织的发展具有重要意义。精心策划的品牌活动能够有效地传达自身的价值观，获得更多的关注和支持，同时也能够为社会公众提供一个参与公益的机会，提高公众对慈善事业的认同感和参与度。以品牌活动为动员手段是上海市慈善基金会开展募捐行动的重要特征。上海市慈善基金会通过品牌活动将慈善事业与社会大众联系起来，传递正能量，激发社会公众的爱心和慷慨之心。同时，品牌活动有效提高了基金会的知名度，增强了公众对基金会的信任和认可，进而吸引更多的捐赠者和合作伙伴。

"蓝天下的至爱"是上海慈善文化的重要传统，上海市慈善基金会的募捐也围绕这一极具影响力的品牌活动开展。"蓝天下的至爱"慈善活动获评2007年"中华慈善事业突出贡献奖"、2008年"中华慈善奖""上海市综合系统精神文明创建活动品牌"、2015年"上海市第三届优秀公共案例特别奖"，2018年被列入上海150个"上海文化"品牌建设重点项目之一、年度"十佳公益项目"等。上海市慈善基金会的募捐项目包括各种长期性项目，如"放飞希望""点亮心愿""姐妹情""花儿绽放""多彩晚霞"等9大类62个项目。此外，上海市慈善基金会还积极推动"互联网+慈善"的发展，通过互联网平台筹集资金，支持各种慈善项目。从2017年开始，上海市慈善基金会在每年的"99公益日"都会上线多个慈善项目进行募捐。募捐项目具有很强的持久性和稳定性，能够满足社会的各种需求，并通过不断创新和发展提高服务质量、扩大影响力。

二　以线下募捐为主要渠道

线下募捐是慈善组织的重要捐赠来源。以线下募捐为主要渠道也是上海市慈善基金会开展慈善行动的典型特征。近年来，上海市慈善基金会接受的捐赠数量和金额不断创新高，但是从参与人数和渠道、捐赠金额来看，上海市慈善基金会的募捐主要通过线下渠道完成。这不仅体现出上海市慈善基金会对传统慈善模式的坚持，而且凸显了上海市慈善基金会对社会资源的整合和有效利用。线下募捐帮助上海市慈善基金会拉近了与捐赠者和受助者之间的距离，提高了社会公众的参与感和获得感及社会公众对上海慈善事业的认知度和参与度，推动了上海慈善事业的整体发展。

活动的品牌化运作是上海市慈善基金会线下募捐得以有效开展的重要因素。大量品牌化的线下募捐活动在上海全维度、大范围地推出，形成了具有上海特色的系列化募捐方式，如万人上街募捐、慈善长跑、慈善义赛、慈善义拍、慈善义卖、慈善一日捐等。这些品牌活动符合上海市民对公益的普遍认知，也培养了上海市民的慈善行为习惯。它们已经举办十几年乃至数十年，至今仍是市民参与慈善捐赠的首选。

通过卓有成效的线下募捐活动，上海市慈善基金会及各区代表处开发了一批富有影响力的品牌项目。普陀区代表处的慈善品牌项目"慈善四送"正是得益于上海市慈善基金会普陀代表处的劝募行动及爱心人士的慷慨解囊。该项目由上海月星集团认领并举办捐赠活动，从2004年至今已经坚持近二十年。多年来，普陀区各街镇慈善超市的工作人员按四季节令为社区困难群众、高龄老人、残疾人等送上节日礼品、中秋月饼、夏凉物品、暖心棉被等，向社会传递真诚心意。另外，上海市慈善基金会黄浦区代表处每年开展"爱心年夜饭"活动，让区内的困难、孤寡、独居老人感受到温暖，在黄浦区营造了浓厚的慈善氛围。

三 构建系统性募捐动员体系

构建系统性募捐体系是上海市慈善基金会开展募捐行动的特征之一。上海市慈善基金会在募捐过程中探索出覆盖市、区、乡镇、村民的系统性体系。该体系通过多层次、多渠道的动员方式将募捐范围扩大到更广泛的社会群体，实现慈善事业的全民参与。这种体系的建立和运作对慈善事业的发展具有重要意义和深远影响。上海市慈善基金会募捐动员体系已经从市、区两级向下延伸至街道、乡镇，甚至下沉到社区、村民层面，形成以上海市慈善基金会为主体、16个区代表处为平台、街镇工作站为依托的遍布城乡的基层慈善组织网络，较好解决了服务困难群众和全民参与慈善的"最后一公里"问题，构成了一个完整的募捐动员体系。

在"蓝天下的至爱"慈善活动中，在上海市慈善基金会的统筹下，各区代表处发起慈善总动员，联合党政机关、其他慈善组织、街镇工作站，借助体制优势开展慈善活动，体现出政府主导、社会参与、充分发挥慈善组织链接政府行政资源的特点。随着中国经济的迅速发展和社会治理结构的转型，具有较强政府背景的慈善组织也将适应时代发展，在完善治理结构、增强组织活力、提高业务能力中实现转型升级和创新发展，为中国慈善事业做出新的更大的贡献（宫蒲光，2022）。

上海市慈善基金会的系统性募捐动员体系能够最大限度地发挥社会资源的优势。通过多层次的动员方式，上海市慈善基金会能够将募捐的信息传递给更多的人群，吸引更多的捐赠者参与其中。不同层次的动员可以覆盖不同的社会群体，实现资源的最大化利用，提高募捐效率。

四 以多元主体协同为核心优势

多元主体协同可以为慈善募捐提供资源和人力支撑，推动募捐卓有成效地开展。多元主体协同是上海市慈善基金会开展募捐行动的核心特征。上海市政府、区政府的行政推动对上海市慈善基金会的筹款行动产生了重要且深远的影响。上海市慈善基金会依托上海市政府赋予的合法性优势，谨记党的嘱托，切实担负起自身的政治任务和使命担当，实现"依靠社会办慈善、办好慈善为社会"的工作方针，全心全意为困难群众服务。行政合法性理论认为，慈善组织的合法性源于某一级单位领导以某种方式（允许、同意、支持和帮助）将自己的权力让渡或传递。如果慈善组织本身就是一定级别的行政领导，那么这种慈善组织就具有天然的行政合法性（高丙中，2000）。得益于党政领导的助力，上海市慈善基金会在短期内快速发展，公信力不断提升，在募款行动中获得了企业和社会成员的信任。上海市慈善基金会 QZ 谈道："一开始'蓝天下的至爱'只有上海市慈善基金会和文明办，后来老年基金会等各单位与我们基金会联合，合力是很要紧的。另外，上海市慈善基金会得到了各级政府的支持，更加有利于开展活动，尤其是 16 个区民政部门的支持。依靠有关政府部门，对上海市慈善基金会既是鞭策又是推动，反映了上海慈善事业的高度。"（20231027QZ）但这并不意味着上海市慈善基金会仅与政府保持良好的沟通。随着上海市慈善基金会的不断发展，行政领导在慈善项目中的影响力逐渐减弱，同时基金会服务捐赠人的市场化思维逐步形成。上海市慈善基金会下属的慈善教育培训中心的相关人员指出："随着时代的变化，中心完全依靠基金会提供资金支持的方式发生了改变，通过市场的方式开展是我们走的路，形成机制募集来源，更好开展慈善教育。牵手艺术彩虹项目最初只有 5 万元资金，之后得到晨光文具等企业的稳定支持，获得了几百万元资金，形成了多方联结互动的支持体系和机制。"（20230719ZRPL）与社会力量的合作不断加强，使上海市慈善基金会的多元协同体系日渐完善。

五　募集善款实现规范化管理

募集善款的使用一直都是捐赠人乃至群众关注的问题。组织公开募捐的善款如何在第一时间得到高效精准发放经常面临挑战。组织架构、协调能力等成为制约善款有效管理的关键因素。怎样做才是负责任的行动？善款支出规范化管理关系着慈善组织的公信力建设，关系着慈善组织后续筹款工作的健康有序开展。为了妥善维护捐赠人、受赠人、受益人的合法权益，提高慈善救助质量，上海市慈善基金会的善款使用针对善款类型形成了差异化的管理逻辑。无论是非定向捐赠的还是定向捐赠的、专项基金捐赠的善款，上海市慈善基金会都会开具捐赠票据和发放证书，并通过上海慈善网、新闻报道等进行公示。企业、社会组织、个人通过非定向捐款的资金将会进入非定向资金池中，由上海市慈善基金会统筹符合宗旨的救助类项目。企业、社会组织、个人通过定向捐款捐赠的资金将会进入定向资金池中，得到专款专用；企业、社会组织、个人在上海市慈善会设立专项基金的，资金将会进入专项基金资金池中，结合捐赠人的意愿合理合法使用。上海市慈善基金会通过多种形式将善款用到实处，不辜负捐赠人的爱心，通过流程化和规范化的善款管理回报社会的信任。

第四章

———————❦———————

打造生命线：信息公开与公信力建设

　　信息公开是提升慈善组织透明度、增强社会信任的关键。信息公开可以提高慈善组织的公信力和服务效能，促进公众了解慈善组织。随着近几年政府对慈善事业支持力度的不断加大，我国公民的慈善意识逐渐增强，这对慈善组织的公信力提出了更高要求。信息公开是慈善组织建立公信力的根本途径（何国科，2018），直接影响着公众的参与程度，也反映出公众对慈善组织的满意度和评价水平。上海市慈善基金会充分认识到公信力是慈善事业的生命线，只有高度重视信息公开，才能有效增强慈善事业的公信力，满足人民群众对慈善组织的期待，打造可持续的慈善生态。三十年来，上海市慈善基金会一直致力于探索以制度化、科学化、规范化、多渠道信息公开建设为抓手，构建阳光慈善支持体系，在信息公开与公信力建设方面积累了丰富的经验，即程序规范、及时高效、社会广泛参与、自律与他律相结合，对行业内其他慈善组织的公信力建设具有借鉴意义。

第一节　信息公开与公信力建设的内涵及必要性

　　加强慈善组织信息公开，提升慈善组织的透明度和公信力，是保障公众参与权的体现，也是实现慈善组织可持续发展的重要前提。开展信息公开与公信力建设研究需要进一步明确信息公开与公信力建设的内涵。从总体上看，信息公开与公信力建设是相辅相成的关系：一方面，信息公开是慈善组织公信力建设的重要突破口；另一方面，信息公开可以提高社会各界对慈善组织的信任程度，成为慈善组织公信力建设的必要保障。

一　信息公开与公信力建设的内涵

讨论这组概念时，首先需要明确信息公开与公信力的内涵。在慈善事业发展的道路上，为达成公信力建设目标，慈善组织负有信息公开的义务。有人将慈善组织信息公开理解为慈善组织基于维护社会公众知情权与促进慈善组织健康发展的目的，在自身运作过程中以规范的格式及程序将主要信息真实、准确、完整、及时地向社会公众公开或依申请向特定对象公开（党生翠，2015）。亦有研究关注慈善组织信息公开的具体内容，包括成立申请、决策制定、财务信息、治理信息等及与组织相关的其他信息，并认为信息公开是慈善组织获得信任的关键所在（张天真、费梅苹，2023）。慈善组织信息公开过程需要形成多元主体合作监管（马贵侠、潘琳，2020）。《中华人民共和国慈善法》设专章规范慈善组织的信息公开事项，其中第七十八条规定慈善组织应当向社会公开组织章程和决策、执行、监督机构成员信息以及国务院民政部门公开要求的其他信息；慈善组织应当每年向社会公开其年度工作报告和财务会计报告；具有公开募捐资格的慈善组织财务会计报告须经审计。第七十九条规定具有公开募捐资格的慈善组织应当定期向社会公开其募捐情况和慈善项目的实施情况、募得款物的管理使用情况。第八十一条规定慈善组织、慈善信托的受托人应当向受益人告知资助标准、工作流程和工作规范等信息。本书结合上述研究发现和法律法规，将慈善组织信息公开的内涵定义为慈善组织将涉及自身发展状况和运作流程的各项信息通过多种渠道向相关方和社会公众予以披露的行为和过程。

"公信力"一词来自英文单词 accountability 或 credibility，也可以被翻译为"问责制""公众信任""信誉"等。在慈善领域，公信力被简化为"政府和公众对慈善组织的认可及信任程度"（曾永和，2013），反映出慈善组织对外界的影响力和号召力，以及公众对慈善组织的评价程度（康晓光等，2011）。公信力对于慈善组织来说非常重要，它是慈善组织存续正当性的重要来源，是慈善组织在长期发展过程中经过日积月累形成的社会影响力的表现形式，直接影响到慈善组织的募款能力。慈善组织的公信力来自机构在运作过程中获得的社会认可和信任。慈善组织要提升自身公信力，必须做好信息披露工作，同时加强日常工作中与公众的互动。

就慈善组织信息公开与公信力的关系而言，有学者指出，信息公开是慈善组织获得公信力的突破口，认为"信息公开是公众监督的前提条件"（孙发锋，2012）。只有通过信息公开，慈善组织才能抵制流言和谣言，获取社会信任。慈善组织信息公开与公信力建设是相辅相成的。一方面，信息公开让优秀项目脱颖而出，让政府部门监管有力，让社会公众有据可依，提高了社会各界对慈善组织的信任程度，从而为公信力建设提供保障；另一方面，通过公信力建设，慈善组织可以避免负面舆情对组织造成的影响，督促组织加强自身建设，将以一定形式记录、保存的信息及时、准确地公开发布。

二　信息公开与公信力建设的必要性

慈善组织信息公开是公信力建设的重要内容，是慈善事业长期健康发展的核心驱动力（何华兵，2017）。阐释信息公开与公信力建设的必要性，整体分析信息公开对上海市慈善基金会开展慈善事业的价值和意义，可进一步深化对上海市慈善基金会推进信息公开行为的重要性和价值的认识。

（一）履行上海市慈善基金会作为慈善组织的法定义务

慈善组织信息公开受到法律规制，为慈善组织应负有的职责。做好信息公开是慈善组织依法行善必须遵循的要求，《中华人民共和国慈善法》和《慈善组织信息公开办法》对此都有十分细致的规定。《中华人民共和国慈善法》第七十七条规定："慈善组织、慈善信托的受托人应当依法履行信息公开义务。信息公开应当真实、完整、及时。"慈善组织未依法履行信息公开义务的，民政部门将根据《中华人民共和国慈善法》第一百一十条的规定对慈善组织给予责令限期改正、予以警告的行政处罚；逾期不改正的，责令限期停止活动并进行整改。《慈善组织信息公开办法》第二条规定："慈善组织应当依法履行信息公开义务，信息公开应当真实、完整、及时。慈善组织应当建立信息公开制度，明确信息公开的范围、方式和责任。慈善组织应当对信息的真实性负责，不得有虚假记载、误导性陈述或者重大遗漏，不得以新闻发布、广告推广等形式代替应当履行的信息公开义务。"同时，《慈善组织信息公开办法》第二十四条规定："慈善组织在信息公开中违反有关法律法规规章和本办法规定的，民政部门应当进行记录，并将相关情况通报有关部门，根据有关规定实施联合惩戒。"（见表 5—1）从上述法律及部门规章规定中可知，慈善组织进行信息公开是其法定的义务。慈善组织违反慈善信息公开规定将承担相应的法律责任。做好信息公开，是上海市慈善基金会履行法定义务的现实需要，也是上海市慈善基金会严守法律红线的重要体现。

表 5—1 《中华人民共和国慈善法》和《慈善组织信息公开办法》关于慈善组织信息公开的规定

法律名称	相关规定
《中华人民共和国慈善法》第七十七条	慈善组织、慈善信托的受托人应当依法履行信息公开义务。信息公开应当真实、完整、及时。慈善组织未依法履行信息公开义务的，县级以上人民政府民政部门根据《中华人民共和国慈善法》第一百一十条规定对慈善组织责令限期改正，予以警告，并没收违法所得；逾期不改正的，责令限期停止活动并进行整改
《慈善组织信息公开办法》第二条	慈善组织应当依法履行信息公开义务，信息公开应当真实、完整、及时。慈善组织应当建立信息公开制度，明确信息公开的范围、方式和责任。慈善组织应当对信息的真实性负责，不得有虚假记载、误导性陈述或者重大遗漏，不得以新闻发布、广告推广等形式代替应当履行的信息公开义务
《慈善组织信息公开办法》第二十四条	慈善组织在信息公开中违反有关法律法规规章和本办法规定的，民政部门应当进行记录，并将相关情况通报有关部门，根据有关规定实施联合惩戒

资料来源：根据相关法律政策整理而成。

（二）保障上海市慈善基金会维护捐赠者的合法权益

捐赠者、受益者和慈善组织通常被定义为慈善组织的核心信息需求者（党生翠，2015）。在传统慈善进程中，慈善组织、捐赠人、受助人之间普遍存在信息不对称现象，即不同利益相关者对信息的了解是有差异的。而慈善组织掌握的信息往往比较充分，在其中处于有利地位。获得捐赠人的信任、保障捐赠人的合法权益是慈善组织获得源源不断的捐赠收入的基础。信息公开是上海市慈善基金会主动共享信息、减少与捐赠人信息不对称现象的重要举措，有助于捐赠人了解其捐赠物资的流向，保障他们的知情权、监督权等合法权益，进一步提高他们对基金会的信任程度，巩固长期合作关系。

（三） 推动上海市慈善基金会获取捐赠资源

信息公开作为慈善组织对外传播的方式，能够对捐赠人的决策行为产生影响，进而决定慈善组织接受捐赠的情况。做好信息公开工作是上海市慈善基金会获取捐赠资源的重要途径之一。一般来讲，慈善组织的捐赠资源来自捐赠人提供的社会捐赠。虽然影响捐赠收入的因素很多，但信息公开是其中一个非常重要的变量。信息公开能向人们传递慈善组织内部的财务信息，反馈捐款来源及流向。公众通过这些信息了解和判断慈善组织的效率、效果和稳定性，进而做出是否捐赠的决策。实证研究表明，慈善组织财务信息透明度对捐赠收入具有重要影响：慈善组织的财务信息透明度越高，获得较高捐赠收入的可能性越大（游春晖、厉国威，2015）。公开的信息是捐赠人进行决策的依据，进而影响上海市慈善基金会的资源获取和可持续发展能力。

（四） 提高上海市慈善基金会对慈善资源的使用效率

做好信息公开工作，通过各种方式向社会公开慈善资源的使用情况，是促使慈善组织持续提高慈善资源使用效率的重要途径。信息公开有助于提高上海市慈善基金会对慈善资源的使用效率。慈善信息的不对称性，造成信息在不同参与者之间的分布不一致，使慈善资源的分配很难达到帕累托最优。尤其是捐赠人和受助人的信息不对称，容易出现多头募捐、重复救助等问题，导致慈善资源分配不平衡。在信息公开的情况下，捐赠人能够及时了解上海市慈善基金会的现有项目存量及捐赠款物的总体分布情况，使捐赠人在捐赠对象和救助领域方面做出有效选择，避免单一领域出现"一方有难，扎堆而上"的过度救助状况，从而使慈善资源的流动更加合理。

（五） 确保上海市慈善基金会建立社会信任

信息公开是提高慈善组织社会信任程度的基础。这里的社会信任指的是群众对组织具有的信任感和依赖程度。信息公开是展示上海市慈善基金会品牌效果的窗口，由此可以获取社会公众的信任。信息公开能使社会各界详细了解基金会的内部运作情况及资金的来源和流向，有利于群众了解基金会职责的履行情况，展示组织绩效。通过对外展示工作成果，更多群众知晓上海市慈善基金会在服务民生方面发挥的重要作用，有助于推动更多社会成员的参与。一部分关注者将观察到的基金会运作状况对外传播，能提高基金会的影响力、知名度和美誉度。

第二节 信息公开主要模式

信息公开体现了慈善组织的使命与担当。上海市慈善基金会成立至今一直秉承公开透明的原则。基金会三十年如一日，根据《中华人民共和国慈善法》《基金会管理条例》《慈善组织信息公开办法》《上海市慈善条例》等法律政策的要求动态调整组织的信息公开制度，积极回应相关方及社会公众的期待，持续开展公信力建设工作，不断强化自身信息公开的时效性、准确性，打造公开透明的分工模式和构建制度体系，拓展公开信息的传播渠道，打造阳光慈善。

一 部门责任制是信息公开的内部分工模式

部门责任制是指组织针对各职能部门的职责与权力进行划分和确定而形成的制度规则，其重要性在于通过科学合理的配置使人力资源得到有效利用。良好的内部治理结构是慈善组织信息公开的基础。上海市慈善基金会通过明确部门责任分工，为做好信息公开提供人力保障，实现了信息公开的科学性和有效性。

明确的部门职责能够使慈善组织更好地完成任务。上海市慈善基金会秘书处涉及信息公开工作的部门包括办公室（法务部）①、项目发展与客户服务部（筹物部、募捐部、项目部）、资产管理部（财务部）、品牌传播部（宣传部）。各部门的公开职责如下。（1）办公室（法务部）是信息公开工作的牵头部门，负责制度建设、拟定计划、组织培训、优化流程、审核督查、协调工作中的具体问题。各业务部门按职责完成办公室（法务部）的信息公开的要求。品牌传播部（宣传部）负责及时发布、更新各类信息，并分析、研究国内外慈善组织信息公开的动态。（2）办公室（法务部）负责基本信息、人事信息、规章制度等信息的公开。（3）募捐部负责募捐方案、募捐结果、专项基金、募捐箱等信息的公开。（4）项目发展与客户服务部（2017年之前为筹物部）负责义卖、义拍等信息的公开。（5）项目发展与客户服务部（2017年之前为项目部）负责项目管理等信息的公开。（6）资产管理部（2017年之前为财务部）负责财务和

---

① 2017年上海市慈善基金会将法务部作为单独部门，2017年之后并入办公室。

财产管理信息、捐赠榜等信息的公开。（7）宣传部（2017年之后改为品牌传播部）负责与新闻媒体保持联络，确保信息能够多渠道、多形式公开，各区代表处也参与信息公开工作。在与区代表处的关系建立方面，上海市慈善基金会采取网络化管理。上海市慈善基金会秘书处定期对各区代表处的信息公开工作进行检查，并公布结果。各区代表处设专人负责信息公开的具体工作。办公室（法务部）负责联系各区代表处，做好信息公开的各项工作，由此各区代表处之间的信息共享得以生成，达到上海市慈善基金会统筹协调、各区代表处协同共进的目标。在上海市慈善基金会的领导下，各区代表处在信息公开方面进行了一些有益的尝试。比如，浦东区代表处、松江区代表处、青浦区代表处实现了慈善项目网上动态公示全覆盖和常态化，主动接受捐赠人和群众的监督。

部门责任制的建立对上海市慈善基金会的公信力建设起到了重要作用。它不仅加强了信息公开工作的及时性，构建了慈善自律机制，还在部门间相互监督方面起到了他律作用。

二　建立信息公开成文制度是信息公开的规范模式

信息公开成文制度是指慈善组织将信息公开的要求写成文字的规章制度，此类制度能够确保慈善组织的信息公开工作真正做到规范。依法行善始终是上海市慈善基金会公信力建设的核心。基金会高度重视制度规范建设，通过建立和完善一系列务实管用的制度规定，为做好信息公开工作提供科学的行为指引和严密的制度保障。1994年，上海市慈善基金会制定了《基金管理办法》，规范内部财产的运作。随后，基金会又制定了《接受捐赠实施细则》，为组织早期开展募捐活动提供了行为遵循。2005年，上海市慈善基金会推出内审和预算管理制度，实行全面预算管理。通过内审，上海市慈善基金会定期不定期对所属各区代表处和中心进行基金收支及项目执行情况的跟踪调查。2009年，上海市慈善基金会把公信力纳入机构发展战略，"进一步推进诚信建设，提高本会的社会公信力"被写入五年规划中，在实际工作中增强信息公开的规范性被高度重视。进入新时代，上海市慈善基金会仍然不断加强信息公开制度建设。2012年，民政部和上海市分别出台了《公益慈善捐助信息公开指引》《关于规范基金会行为的若干规定（试行）》和《上海市募捐条例》，对慈善组织的信息公开提出了新的要求。为了更好地贯彻落实法律法规和规范性文件的要求，完善上海市慈善基金会的信息公开制度，提高基金会的透明度和社会公信力，根据《上海市慈善基金会信息公开办法》，基金会秘书处制定了《上海市慈善基金会关于实施〈信息公开办法〉的意见》，并于 2013 年 5 月 7 日由理事长办公会议审议通过。这一实施办法的出台意味着上海市慈善基金会的信息公开有了制度保证，为信息披露工作提供了参考。2019 年，上海市慈善基金会根据《中华人民共和国慈善法》《慈善组织信息公开办法》的有关规定修订出台了《上海市慈善基金会信息公开实施办法》，具体的信息公开实施目录如表 5-2 所示。

三　多渠道传播是信息公开的对外披露模式

慈善组织通过使用和整合各种资源推动自身影响力的提升。上海市慈善基金会的信息公开渠道主要包括公共媒体、自建信息公开平台、自媒体信息平台、慈善信息公开平台。公信力建设的要求促使上海市慈善基金会采用多渠道、多形式的信息公开方式，以使基金会更好地与多元主体建立联系。

第一，公共媒体。上海市慈善基金会长期与报纸、电视台等公共媒体合作，利用不同平台公开信息并对外宣传。1996 年以来，上海市慈善基金会每年都会通过《解放日报》等公共媒体对外公开审计报告，自觉接受政府与社会各界的监督和审查（见图 5-1），努力做到预算科学、执行公正、监督公开。在审计报告中，上海市慈善基金会提供了资产负债表、业务活动表、现金流量表、慈善业务财务收支汇总表、慈善业务收入明细表、慈善业务基金支出明细表、慈善业务物资支出明细表、慈善业务管理费用明细表、慈善业务筹资费用明细表等材料。

1994 年 12 月，上海市慈善基金会与《新民晚报》共同主办的、以"人间自有真情在"为主题的慈善热线举行了开通仪式，并公开接受市民捐赠，对需要帮助的典型案例进行整理和发布。这一举措是上海市慈善基金会在探索和完善信息公开机制方面的重大创新。慈善热线的开通对上海市慈善基金会拓展资金募集渠道、加强慈善文化传播、促进扶贫济困工作起到了很好的宣传作用。事后来看，此举取得了良好的社会效果，大大提高了上海市慈善基金会的公信力，扩大了品牌影响力。

上海市慈善基金会公布 1995 年度财务审计报告

（1995年5月—1996年4月）

各界的大力支持，已募集慈善基金 70，442，775.67 元（其中包括捐赠实物折价631，465
扶幼、助学、济困"八字方针，圆满完成了94年度"111慈善工程"和95年度"4个1000"
象沐浴了慈善甘霖。本市慈善事业的重要窗口—众仁老人公寓年内将正式动工兴建，众仁
老人入住。借此机会，我们向热情支持本市慈善事业的各界人士表示衷心的感谢，并希望

声明予以公布，热忱欢迎社会各界监督。

7、资助徐汇区办跨里慈善用车	80，000.00
四、其他	
1、会办慈善热线节目	57，481.00
2、千店义卖支出	2，802.45
三、各区办事处慈善项目支出	825，138.07
基金总支出	11，875，101.70

附表II：

1995年5月—1996年4月经费支出明细表

1、人员经费支出	221，347.41
2、办公费用支出	254，501.03
3、办公房补贴及管理费	56，300.00
4、设备购置费	47，017.00
5、各区办事处费用支出	274，213.34
经费支出合计	853，378.78

注：95工作年度另有九项资助项目在96年5月份列支，
具体资助费用如下：

1、资助长宁区老年病果医院购置医疗器械	80，000.00
2、资助卢湾区朝读学校建儿童乐园	40，000.00
3、资助徐汇区建造老人公寓	200，000.00
4、资助上海市盲健康复俱乐部	80，000.00
5、资助奉贤头桥镇敬老院	50，000.00
6、资助嘉定区陈纪文推拿诊所	80，000.00
7、资助市盲协有声读物图书馆购设备	100，000.00
8、资助闵行区纪王镇敬老院	150，000.00
9、资助上海市麻疯病防治协会	60，000.00
合计支出	840，000.00

受 权 声 明

上海市慈善基金会常年法律顾问、上海市联合律师事务所
执业律师马仲器、沈国明、徐晓青受权发表声明如下：

一、上海市慈善基金会自一九九四年五月七日依法核准登
记至今所制订的基金会章程、基金管理办法、接受捐赠实施细
则、财务管理制度、设立区（县）办事处暂行规定等规章制度
与我国现行宪法、法律、法规无抵触。

二、上海市慈善基金会依法募集的国内外捐款、捐物、基
金会增值部分、其他合法收入以及依法取得的土地使用权、房
屋使用权将全部用于社会慈善公益事业，其合法权益受我国法
律保护。

三、上海市慈善基金会标志已于一九九五年十月九日申请
服务商标注册。

四、至本声明日前，上海市慈善基金会未涉及任何诉讼、
仲裁及行政纠纷事项。

五、至本声明日前，未发现上海市慈善基金会在职工作人员
受到行政处罚或刑事处罚的记录。

特此声明。

一九九六年六月八日

上海市慈善基金会

地　　址：陕西北路80号

捐款电话：62534343

邮　　编：200041

联 系 人：金重愉

《解放日报》　96.6.26

图 5-1　1996 年《解放日报》公示的上海市慈善基金会 1995 年度财务审计报告

　　此外，上海市慈善基金会还与公共媒体合作，通过专栏节目等群众喜闻乐见的宣传方式增强宣传效果。比如，与东方电视台合办《迎着阳光》专栏；与《解放日报》"手拉手"栏目合作，不断登载有关慈善的内容；与《新闻晚报》合作，每两周出版一次《慈善》专版。

　　第二，自建信息公开平台。上海市慈善基金会除按相关法律法规、制度要求定期通过纸质媒体通报财务审计报告之外，还建立了以信息化技术为助力，以自主建设的信息公开平台为主、自媒体信息平台和其他信息公开平台为辅的信息公开分享机制，保障公众第一时间获取重要的慈善信息。自建信息公开平台是上海市慈善基金会最为倚重的公开渠道。从 2010 年开始，上海市慈善基金会通过多年探索，建成了上海慈善网（www.scf.org.cn）信息公开平台，实现了每一分善款从进到出、每一个项目从立项到结项全过程的"有迹可循"，并根据形势发展和工作需要，先后进行多次改版，在主动向社会公开相关工作动态和信息方面进行探索，坚持服务大众、互联互通、公开透明。在上海慈善网网站上，募款信息、财务信息、项目信息等得到了披露，实现了信息公示的规范化和常态化。通过列选网站内容，公众不仅可以看到基金会正在实施的项目的概况、内容与成立资助标准等，还可以查看财务和审计报告，以专业、可持续性发展思路衡量基金会的资金管理水平。2011 年，上海慈善网获得了上海市互联网舆论宣传小组办公室、上海市精神文明建设委员会办公室授予的"优秀慈善网站"称号。

　　第三，自媒体信息平台。自媒体是个人和小团体通过互联网进行创作和发布与传播信息的方式。上海市慈善基金会开通了一系列自媒体账号，包括微信公众号、抖音账号、微博账号，对善款善物的捐赠、拨付情况，慈善救助情况和慈善募捐项目进展等信息进行及时公示。随着新媒体时代的到来，尽管上海市慈善基金会信息公开的自我要求始终没有改变，但是信息生产、传播和接收的方式发生了深刻变革，这促使上海市慈善基金会与时俱进，信息公开的载体与形式日趋多元化。各种新媒体 App 客户端都成为上海市慈善基金会信息公开的平台，文字、图片、影像、音频、AR 等多种信息公开形式被上海市慈善基金会采纳。以 2022 年为例，当年基金会全年在各类新媒体视频平台共推送视频 210 次，其中，单以原创类视频统计，上海市慈善基金会有 70 个，上海市慈善基金会各区代表处有 20 个，充分体现了基金会在拓展信息渠道方面与时俱进和从容专业的特点。

第四，慈善信息公开平台。全国慈善信息公开平台是民政部根据《中华人民共和国慈善法》的要求建设的统一信息平台。2017年9月正式投入使用的全国慈善信息公开平台"慈善中国"可供全国各级民政部门和所有的慈善组织免费使用。上海市慈善基金会也会在慈善信息公开平台（如"慈善中国""上海社会组织公共服务平台"等）上及时发布信息，包括公开募捐主体、方案等，并定期公开募捐情况和项目实施情况。

只有实现多渠道的信息传播，获得广泛的群众认同，慈善组织才能建立起坚实的信息基础。上海市慈善基金会自成立伊始，就主动披露财务报告及拓展慈善信息公开渠道，值得慈善行业学习借鉴。

四 直面诚信考验、主动应对公信力质疑是信息公开的行动模式

在网络媒体极度发达的环境下，面对舆情，慈善组织的危机应对和处置能力显得尤为重要。2011年，"郭美美事件"导致社会对基金会的公信力产生怀疑。同年，由于静安区"11·15"重大火灾捐赠款项使用不明等事件，上海市慈善基金会也曾被社会公众关注。2023年，一则闲鱼平台上加拿大鹅羽绒服被倒卖的不实信息在社交媒体上广泛传播，引发社会各界争议。谣言和质疑给上海市慈善基金会的公信力带来严峻考验。

积极回应质疑，站在公众的立场理解公众的质疑，是慈善组织提升公信力的有效途径。静安区"11·15"重大火灾捐赠款项使用不明事件发生后，面对公众的质疑，上海市慈善基金会立即作出回应，通过梳理和分析捐款数额、委托第三方审计、公开财务审计报告等方式打消公众疑虑，向公众交出了一份令人信服的答卷。在捐款数额核实过程中，上海市慈善基金会仔细梳理了社会各界和各区代表处的捐款数额，确保专项捐赠物资统计不出错。第三方审计结果显示，"11·15"火灾专项捐赠资金及专项捐赠物资的募集及使用，账目清晰、管理规范、手续完备，未发现套取、隐瞒、挤占、挪用等异常情况。① 此外，基金会还主动通过上海慈善网和《解放日报》等媒体将审计结果向社会公示。加拿大鹅羽绒服被倒卖的舆论出现后，上海市慈善基金会立即发声，抢在舆论发酵前进

---

① 《"11·15"专项捐赠款物审计无异常》，http://gongyi.sina.com.cn/gyzx/2011-11-21/101530944.html。

行信息公开和有效引导，公开物资接收、运输和分配全过程，并协同闲鱼平台对诽谤者的账号进行封号处理，全面、准确、及时，快速打消了公众心中的疑虑。面对诚信考验，上海市慈善基金会主动回应质疑，对事件起因、处置过程、涉及主体等进行了全方位的公开，得到了社会的广泛认可。上海市慈善基金会坚实的公信力基础正是从一件件小事中积累起来的，它以实际行动维护了自身的信誉，扩大了自身影响力。

第三节　信息公开与公信力建设的经验及特征

信息公开需要高度注重细节，强调用数据说话，确保工作的质量和效果。在实现自身规范化发展的同时，提升社会公众的信任程度，是上海市慈善基金会面临的最大经验。具体而言，上海市慈善基金会一方面通过规范公开程序、提升公开效率促进公开过程的规范化运作，另一方面通过扩大社会参与、坚持自律与他律相结合原则与社会公众建立信任关系。

一　信息公开与公信力建设的经验

上海市慈善基金会信息公开与公信力建设的经验包括程序规范、及时高效、社会广泛参与、自律与他律相结合四个方面。

（一）程序规范

程序规范是指慈善组织将信息公开的操作步骤和要求以固定的规章制度呈现出来，用来指导和规范日常的信息公开工作。上海市慈善基金会作为上海市最具影响力的慈善组织，在信息公开方面堪称业界典范。上海市慈善基金会采取部门责任制的信息公开模式，信息公开遵循既定的流程。具体流程为：基本信息、人事信息、规章制度信息由办公室书面提出，经办公室审核和秘书长审批后，再通过上海慈善网公开（见图5-2）；其他信息由有关业务部门书面提出，经法务部审核及分管副理事长或者副秘书长审批后，再通过上海慈善网公开。基本信息、人事信息、规章制度信息、财务信息分门别类地在网站上进行展示，结构简明，一目了然。清晰的业务流程和透明化的材料公示，不仅体现出上海市慈善基金会开展工作的专业性，而且体现出上海市慈善基金会依法办会、诚信慈善的价值追求。

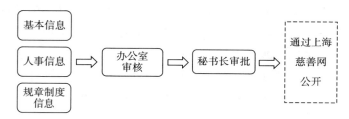

图 5-2　上海市慈善基金会信息公开流程

（二）及时高效

及时高效是指慈善组织在信息公开过程中提高效率，减少工作拖延。上海市慈善基金会应对舆论危机、突发事件的快速响应机制，力求募集款物数据清晰具体的专业追求，使信息公开得及时、准确和高效。常态情况下，上海市慈善基金会及各区代表处会对募捐信息、公益项目等材料进行及时公开。应急状态下，面对突发公共事件，无论是 2003 年的"非典"、2004 年的东南亚海啸、2008 年的汶川大地震和低温雨雪冰冻灾害、2010 年的玉树地震、2014 年的鲁甸地震，还是新冠疫情、河南和山西水灾等，上海市慈善基金会都第一时间启动应急预案，积极主动开展募捐工作，实施各类援助项目。上海市慈善基金会格外重视及时对重大救灾赈灾慈善活动进行专题公示，并接受社会监督。新冠疫情期间，上海市慈善基金会努力提高工作效率，及时调整日常工作机构和工作制度，组建抗疫专班工作团队，增强一线工作部门的自主性、机动性、灵活性。在这个过程中，团队精准计算募集款物数量并及时在上海慈善网对款物信息进行公示，充分利用基金会媒体宣传阵地对先进事迹和感人故事进行传播，体现出基金会应对突发公共事件时的使命和担当。在日常工作中，上海市慈善基金会对资助社会公益项目的办法、流程及评审结果及"慈善之星"的评选办法、程序和候选人情况等进行及时公示。以 2021 年举办的第十届"上海市慈善之星"当选集体和个人信息公示为例，博世（中国）投资有限公司、上海市慈善教育培训中心、上海长寿慈善超市等相关获奖企事业单位以及董瑞、汤海英、季庆英等获奖个人的简介、慈善活动经历在上海慈善网进行了展示，想了解相关信息的公众可以浏览网页进行查询。

（三）社会广泛参与

社会广泛参与是指慈善组织在信息公开过程中把公众参与纳入其中，

加强慈善组织和公众的互动。上海市慈善基金会秉持人民性原则，将"依靠社会办慈善、办好慈善为社会"作为自身的价值追求，注重各项活动的社会参与，在信息公开层面也不例外。上海市慈善基金会信息公开的社会参与主要包括公众参与和媒体参与两个方面。

公众参与是指公众的意见得到倾听和考虑，并最终以公开和透明的方式达成决议（蔡定剑，2009）。在公众参与方面，上海市慈善基金会通过上海慈善网滚动发布公众捐款金额，介绍基金会的热点信息，公众可以寻找自己需要的信息。在公众参与信息咨询方面，上海市慈善基金会面向公众实行首问负责制度，即工作人员接待来电、来访的查询或者咨询，第一接待人不能回答不知道，若不知道，应找到相关的工作人员，直到知情人开始应答为止。同时，上海市慈善基金会把信息公开的责任落实到各个部门。面向公众垂询，上海市慈善基金会有明确的制度规定：信息公开内容在信息公开范围内的，以及可以在网上查询的，引导公众上网查询；已归档或者不予公开的，由办公室（法务部）答复；内容不在信息公开范围内的，由各业务部门答复。

媒体参与是指报纸、电视、网站、广播、微博、微信、抖音等媒体通过一定的渠道和方式参与慈善组织信息公开过程，影响慈善组织的信息公开效果。媒体参与包括传统媒体参与和新媒体参与两种形式。在传统媒体参与方面，上海市慈善基金会借助《解放日报》《新民晚报》披露财务和审计、救助项目、宣传案例等信息。新媒体出现后，一些新兴线上互联网平台依托流量优势成为新时代上海市慈善基金会信息公开的重要阵地，同时这也对机构信息公开提出了更高要求。腾讯公益平台要求慈善组织在上线项目的同时公开项目实施情况以及资金使用情况。2018年以来，上海市慈善基金会于"99公益日"期间在腾讯公益平台上线了"大龄孤独症关爱家园""边境线上的电脑教室"等项目，并按照平台要求及时进行预算计划、捐赠票据、执行计划等信息的披露，在实际绩效方面推动信息披露。以"边境线上的电脑教室"项目为例，爱心人士通过捐赠善款帮助云南省麻栗坡县的乡村学校建立电脑教室，腾讯公益平台在系统内设置了项目进度条，用户可以清晰地了解到项目实施的进度，所有募集款项全部使用完毕后，项目才算结项。项目负责人上传现场照片，作为公示与反馈，捐赠人由此知悉项目的落实情况，同时获得从捐赠到结项的全程参与感。看似简单的公示工作，实际上也是上海市慈善基金会不断累积信用值、打造阳光慈善的过程。比如，上海市慈善基金会在每个网络募捐项目的详情页中都设置了捐赠明细和项目进展导航。爱心人士完成捐赠后，捐赠动态将实时更新在捐赠明细下。在机构执行阶段，相关动态也会在项目进展中更新。

（四）自律与他律相结合

慈善事业的蓬勃发展，必须坚持自律与他律相统一（赵丽宏，2013）。自律与他律往往以道德和法律的形式表现出来。自律是指慈善组织通过制度、自省等手段进行自我约束，他律是指慈善组织接受法律、行政机关、媒体、社会等主体的约束，接受他人的检查和监督。自身力量和外部力量相结合实现组织信息公开能力的提升，是上海市慈善基金会信息公开的重要途径。上海市慈善基金会始终把内部规范管理和外部监督提升组织公信力作为一项重要任务来抓，逐步形成加强机构内部规范的自律和社会监督的他律相结合的机制。

在自律方面，上海市慈善基金会设立监事会、内审室，对基金会的运作及日常工作进行监督检查，每年都出具书面监督检查报告。从成立之初，上海市慈善基金会便聘请常年法律顾问负责法律事务，确保上海市慈善基金会包括信息公开在内的各项运作符合法律规范。

在他律方面，上海市慈善基金会在独立运作的同时自觉接受法律监督、行政监督、媒体监督和社会监督，完善第三方评估的他律机制。从2010年开始，上海市慈善基金会把第三方评估纳入项目评估体系之中，邀请第三方评估团队——上海正信方晟资信评估有限公司——开展"点亮心愿"、慈善医疗卡、唯爱天使等项目的评估工作，并进行资信等级评定，开启了基金会独立进行第三方评估的新阶段。第三方评估团队通过现场专业调查、数据统计和评价意见收集等具体操作事项实现对慈善项目的专业化考评，并将考评结果和调整建议反馈给基金会，有效提升了慈善项目的公信力。

二 信息公开与公信力建设的特征

信息公开对推动慈善组织优化内部治理、提升公信力具有重要意义。信息公开作为上海市慈善基金会专业化实践中的一个重要组成部分，具有完整性、主动性、透明性和易得性四个特征。

（一）完整性

完整性是指慈善组织公开的信息是全面的、完备的，且基本没有缺漏。上海市慈善基金会的信息公开呈现完整性特征。上海市慈善基金会在三十年的发展历程中，严格按照法律法规要求，在不触碰利益相关者隐私的前提下，将人事、财务、规章等信息全面、多渠道对外披露，做到应该公开的全部公开。上海市慈善基金会严格按照《中华人民共和国慈善法》及其配套政策的要求，做到将自身和各区代表处的基本信息、年度工作报告和财务报告、保值增值投资活动、业务项目信息等完整公开（见表5-2）。

完整并不意味着信息公开是毫无保留和"一刀切"的。按照公民隐私权和知情权的法律规定，对涉及个人隐私、知识产权、商业机密、国家机密等信息实行的是有限公开（夏利民，2003）。在信息公开过程中，上海市慈善基金会在坚持依法合规公开信息的前提下，重视对捐赠人权利的保护，对触及利益相关者隐私的信息做到理性化处理。比如，为保护月捐项目捐赠人的隐私，上海慈善网针对捐赠者信息披露的部分采用"×"等化名的方式。这一做法在不影响善款信息披露的同时，实现了对捐赠人个人信息的妥善保护。

（二）主动性

主动性是指慈善组织在没有外力的要求下，自发按照设置的信息公开目标开展行动。上海市慈善基金会的信息公开呈现主动性特征。三十年来，上海市慈善基金会不依赖行政机关、宏观制度等外部力量的强制性，自发地、毫无保留地将财务、审计、制度等信息予以公开。

财务、审计信息的公开方面。成立之初，在相关政策和主管部门还没有制定强制性信息披露制度的情况下，上海市慈善基金会便主动毫无保留地将财务报告、审计报告等发布在《解放日报》专版上，资产负债表、业务活动表、现金流量表、慈善业务财务收支汇总表等内容清晰可见。在民政部还没有对慈善组织募款数据、财务审计的公开程度进行明确规定的时候，上海市慈善基金会便主动、提前做到了这一点。这对基金会行业的信息公开与公信力建设发挥了重要的示范作用。

制度信息的公开方面。各区代表处和相关下属机构在上海市慈善基金会的指导下，也纷纷建立起主动公开信息①的工作制度。例如，上海市慈善基金会松江区代表处主动长期将项目计划书、募款计划书在《松江报》上予以公示；金山区众仁老年护理医院创办《金山众仁》院报，将医院的建设情况、服务内容主动向公众展示。这与目前大部分基金会仍然保留的被动信息公开方式有着较为明显的区别。

（三）透明性

透明性是指慈善组织所有的操作和决策都应该像玻璃一样透明（刘子倩、曹德旺，2011）。上海市慈善基金会的信息公开呈现透明性特征，其基础信息和核心竞争力能够为利益相关者知晓。三十年来，上海市慈善基金会始终秉承阳光透明的原则做慈善。慈善组织公信力建设不是建立在组织信息封闭的基础上，而是建立在"透明的玻璃口袋"上（周秋光、马少珍、肖利，2013）。1996 年 6 月 11 日，《青年报》明确指出，上海市慈善基金会是一家没有交际费的单位。即成立以来，上海市慈善基金会没有将 1 分钱用于交际应酬支出（见图 5-3）。这体现出上海市慈善基金会在规范性方面的卓越品质，其公信力经得起检验，其保持信息公开透明的品质值得行业学习。在上海福布斯关于慈善基金会的透明度榜单上，上海市慈善基金会表现突出。2011 年 11 月，在中国最透明的 25 家基金会中，上海市慈善基金会排在第 15 位。2012 年 11 月，上海市慈善基金会在榜单上排在第 13 位。2013 年 9 月，《2013 年度中国慈善透明报告》显示，上海市慈善基金会获得"2013 年度慈善透明卓越组织"称号。

强有力的信息公开使基金会的管理变得透明可见，此举不仅满足了公众的期望，而且产生了广泛的行业影响。

上海市慈善基金会透明度建设的经验在于，像阳光一样做慈善，即使收到 1 元或 2 元的善款也可以明明白白向公众展示。发展至今，上海市慈善基金会不仅在上海慈善网及时对募捐信息进行公示，而且能清楚地说明每一笔款项的数量、捐赠对象情况，尽可能做到公开透明。正是因为这份阳光一样的慈善初心，公众建立起对上海市慈善基金会的信任，

---

① 基金会行业内主动进行官网信息公开的机构数据显示，截至 2022 年底，在观测期内官网有效的基金会 2561 家，比上年增长了 6%，但是仍然不到基金会总数的 1/3。参见《中基透明指数 FTI2022 在线发布——公开透明是慈善事业发展的"生命线"》，https://www.scf.org.cn/csjjh/n3421/n3424/n3426/u 1 ai288688.html，最后访问日期：2024 年 3 月 14 日。

纷纷向基金会捐款。正如 2019 年“慈善之星”获得者 PQ 医生在访谈时所说：“民间慈善基金会被人说好话的不多，借助上海市慈善基金会，（资金）有保障，上海市慈善基金会值得信任。”（20230821PQ）

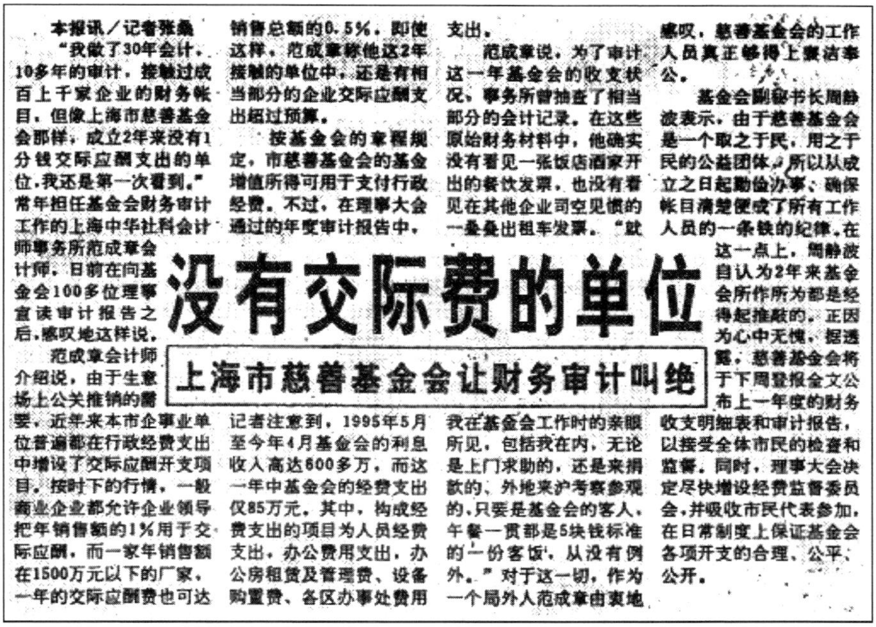

没有交际费的单位

上海市慈善基金会让财务审计叫绝

本报讯／记者张燊

“我做了30年会计，10多年的审计，接触过成百上千家企业的财务帐目，但像上海市慈善基金会那样，成立2年来没有1分钱交际应酬支出的单位，我还是第一次看到。”常年担任基金会财务审计工作的上海中华社科会计师事务所范成章会计师，日前在向基金会100多位理事宣读审计报告之后，感叹地这样说。

范成章会计师介绍说，由于生意场上公关推销的需要，近年来本市企事业单位普遍都在行政经费支出中增设了交际应酬开支项目。按时下的行情，一般商业企业都允许企业领导把年销售额的1%用于交际应酬，而一家年销售额在1500万元以下的厂家，一年的交际应酬费也可达销售总额的0.5%。即使这样，范成章称他这2年接触的单位中，还是有相当部分的企业交际应酬支出超过预算。

按基金会的章程规定，市慈善基金会的基金增值所得可用于支付行政经费。不过，在理事大会通过的年度审计报告中，记者注意到，1995年5月至今年4月基金会的利息收入高达600多万，而这一年中基金会的经费支出仅85万元。其中，构成经费支出的项目为人员经费支出，办公费用支出，办公房租赁及管理费、设备购置费、各区办事处费用支出。

范成章说，为了审计这一年基金会的收支状况，事务所曾抽查了相当部分的会计记录。在这些原始财务材料中，他确实没有看见一张饭店酒家开出的餐饮发票，也没有看见在其他企业司空见惯的一叠叠出租车发票。“就我在基金会工作时的亲眼所见，包括我在内，无论是上门求助的，还是来捐款的、外地来沪考察参观的，只要是基金会的客人，午餐一贯都是5块钱标准的一份客饭，从没有例外。”对于这一切，作为一个局外人范成章由衷地感叹，慈善基金会的工作人员真正够得上廉洁奉公。

基金会副秘书长周静波表示，由于慈善基金会是一个取之于民，用之于民的公益团体，所以从成立之日起勤俭办事，确保帐目清楚便成了所有工作人员的一条铁的纪律。在这一点上，周静波自认为2年来基金会所作所为都是经得起推敲的。正因为心中无愧，据透露，慈善基金会将于下周登报全文公布上一年度的财务收支明细表和审计报告，以接受全体市民的检查和监督。同时，理事大会决定尽快增设经费监督委员会，并吸收市民代表参加，在日常制度上保证基金会各项开支的合理、公平、公开。

《青年报》　96.6.11

图 5-3　《青年报》关于上海市慈善基金会没有交际费用开支的报道

（四）易得性

易得性是指外界能够较为便利地获得和使用慈善组织的信息资料，体现出慈善组织关注人民需求、满足人民期待的品质。上海市慈善基金会开展信息公开工作以切实为市民提供便利为出发点、落脚点，利用网站、微信等便捷渠道传播信息，供社会各界查询、阅览、复制，尽量避免潜在的质疑。三十年来，上海市慈善基金会协同各区代表处开通了慈善热线平台，建成了上海慈善网和各微信服务平台，有效保障了社会公众和以捐赠人为代表的特定对象快捷、方便地查询其所公开的信息资料。市民、捐赠人或其他组织除了可以向上海市慈善基金会提出信息资料查询申请，还可以通过上述渠道获取上海市慈善基金会的团队构成、筹款数量、项目运作、善款用途等信息，满足生活、科研等需要。

表5-2 上海市慈善基金会信息公开实施目录

信息分类

本会对所公开的信息实行分类管理，本会公开的信息分为基本信息、年度工作报告和财务报告、保值增值投资活动、慈善信托、业务项目信息、日常工作信息、重大信息、依查询信息、关联方及关联交易信息等。

基本信息

按照《慈善组织信息公开办法》规定，本会的基本信息包括名称、成立时间、宗旨和业务范围、组织机构、主要负责人简介、章程、本会及各代表机构的办公地址、联系方式、投诉方式等。具体包括以下内容：

1. 经民政部门核准的章程；

2. 理事长（会长）、副理事长（副会长）、秘书长、理事、监事的基本情况；

3. 本会组织机构、专项基金和其他机构的名称、设立时间、存续情况、业务范围或者主要职能；

4. 本会发起人、主要捐赠人、理事主要来源单位、管理人员、被投资方等与慈善组织存在控制、共同控制或者重大影响关系的个人或者组织（以下简称"重要关联方"）；

5. 本会的联系人、联系方式，以本组织名义开通的门户网站、官方微博、官方微信或者移动客户端等网络平台；

6. 信息公开、项目管理、财务和资产管理等规章制度，本会规章制度信息包括理事会决议、理事会审议通过的规章制度、理事长办公会议审议通过的规范性文件等；

7. 在本会领取薪酬最高前五位人员的职务和薪酬；

8. 本会因公出国（境）经费、公务用车购置及运行费用、公务招待费用、公务差旅费用的标准。

基本信息自形成之日起30日内在统一信息平台向社会公开。

基本信息发生变更的，应当在变更后30日内在统一信息平台公布变更的情况。

本会可以将基本信息制作纸质文本置于本会的住所，方便社会公众查阅、复制。

年度工作报告和财务报告

每年规定时间内，根据要求向登记管理机关报送上一年度的年度工作报告。年度工作报告的具体内容和基本格式由国务院民政部门统一制定。

年度财务报告应当经注册会计师事务所审计并出具。未经审计不得对外公布。

年度工作报告内容包括：

1. 登记事项、网址和联系电话等基本信息；

2. 接受捐赠以及大额捐赠情况、公开募捐情况、公益慈善活动支出和管理费用情况、实施慈善项目情况、财产管理情况、保值增值及慈善信托情况、关联方关系及其交易情况、承接政府购买服务情况、工作人员工资福利情况等业务活动情况；

3. 理事、监事、工作人员信息以及领取报酬的情况，理事会召开和决策情况，党组织建设情况，专项基金等机构建设情况；

4. 注册会计师审计报告；

5. 接受检查和评估的结果，受到表彰、处罚的情况，获得公益性捐赠税前扣除资格、有关税收优惠资格等情况；

6. 监事意见；

7. 履行信息公开义务的情况；

8. 登记管理机关要求的其他信息。

在登记管理机关审查通过后30日内，按照统一的格式要求，在登记管理机关指定的媒体上公布，建立相对独立的信息条目。

续表

保值增值投资活动

开展重大投资活动的，应当在发生后 30 日内在统一信息平台向社会公开具体投资内容和金额。

重大投资活动的定义参照本会章程。

慈善信托

担任慈善信托的受托人，应当根据信托文件和委托人的要求，及时向委托人报告信托事务处理情况、信托财产管理使用情况，并在统一信息平台按照有关规定公开信息。

慈善项目由慈善信托支持的，应当在该慈善项目信息条目下公开相关慈善信托的名称、慈善信托终止事项、对慈善信托检查、评估的结果等。

慈善信托的受托人应当向受益人告知其资助标准、工作流程和工作规范等信息。

业务项目信息

1. 募捐活动信息

1.1 募捐方案信息包括募捐活动的名称、区域、合作伙伴、起止时间、募捐方式、募捐财产的使用计划、募捐成本等。

1.2 接受捐赠信息包括接受捐赠款物时间、捐赠来源、接受捐赠款物性质（定向捐赠或非定向捐赠）、接受捐赠款物内容（捐赠类型、捐赠数额）、捐赠方式等。

1.3 捐赠款物使用信息包括受益对象、受益地区、捐赠款物拨付和使用的时间与数额、捐赠活动和项目的成本、捐助效果（图片、数字、文字说明）等。

1.4 募捐结果信息包括募捐活动实际的起始时间、募得财产的种类和数额、实际支出的情况等。

1.5 在开展公开募捐活动前，募捐方案在向政府备案后、活动开始前 10 个工作日内通过统一信息平台向社会公开；募捐结果在募捐活动结束后 15 个工作日内公开。

1.6 应当在募捐活动现场或者募捐活动载体的显著位置，公布募捐组织名称、公开募捐资格证书、备案的募捐方案、联系方式、募捐信息查询方法等。

1.7 组织开展募捐活动，应当在举办活动前与捐赠人签订捐赠协议，活动结束后按照捐赠协议履行捐赠义务，并将捐赠情况向社会公开。

1.8 开展公开募捐活动，应当在公开募捐活动结束后三个月内在统一信息平台公开下列信息：

1.8.1 募捐取得的款物等收入情况；

1.8.2 已经使用的募得款物的用途，包括用于慈善项目和其他用途的支出情况；

1.8.3 尚未使用的募捐款物的使用计划；

1.8.4 公开募捐周期超过六个月的，应当每三个月公布一次前款第 1.8.1 项、1.8.2 项所规定的信息。

1.9 义拍、义卖活动信息。

1.10 开展定向募捐的，应当及时向捐赠人告知募捐情况、捐赠款物管理使用情况。捐赠人要求将捐赠款物管理使用情况向社会公开的，应当向社会公开。

1.11 募捐活动如有变化的，变化情况也应当及时公开。

2. 项目管理信息

2.1 在设立项目时，应当在统一信息平台公开所开展的项目名称、种类和数量、资助项目实施组织和实施地点、项目资助金额和明细、受益人数等。

2.2 公布所开展的公益项目申请、评审程序。

2.3 评审结束后，应当公布评审结果并通知申请人。

2.4 项目完成后，应当公布有关的资金使用情况。

2.5 事后对项目进行评估的，应当同时公布评估结果。

续表

2.6 项目终止后三个月内，应当在统一信息平台上向社会公布慈善项目实施情况，包括：项目内容、实施地域、受益人群、来自公开募捐和其他来源的收入、项目的支出情况，项目结束后有剩余财产的还应当公布剩余财产的处理情况。项目实施周期超过六个月的，应当每三个月公开一次项目实施情况。

3. 专项基金信息

专项基金的设立背景、资助范围、管理规定、申请资助方式、总量、当年募捐财产的情况和资助项目的支出情况等。

日常工作信息

1. 财务和财产管理信息

1.1 日常财务会计报告、资产负债表、业务活动表、现金流量表等。

1.2 专项审计报告：包括本会理事会换届审计、法定代表人离任审计、重大公益项目专项审计的审计报告等。

1.3 年度工作报告在登记管理机关审查通过后 30 日内，按照统一的格式要求，在登记管理机关指定的媒体上公布（包括年度财务会计报告和注册会计师审计报告）。

2. 人事信息

理事会成员、秘书处负责人名单和担任职务等信息应在上海慈善网上长期公开，如有变化，应在 10 个工作日内更新。

职工人数和年平均工资等（纳入本会编制的分会在编工作人员的信息，由本会统一发布），以上信息每年 6 月底前在上海慈善网公开。

3. 募捐箱信息

募捐箱信息包括募捐箱的式样，编号、放置等管理情况和清点结果等。

募捐箱信息由市会统一公开。

4. 捐赠榜信息

本会捐赠榜信息包括个人捐赠榜和单位捐赠榜等。

捐赠榜单中，线上捐赠的信息是即时公开，捐赠完成后，榜单中随即显示；线下捐赠的信息，每周在榜单中公开。

重大信息

重大信息包括本会的重大决策、组织的重大活动、重大资产变动、重大投资活动、重大交易或者资金往来、开展重大社会募捐活动、自然灾害等重大事件的处置等。

重大信息具体标准，依据有关法律法规规章在本会章程中规定或者在财务和资产管理制度中规定。

在发生后 30 日内在统一信息平台向社会公开具体内容和金额。

依查询信息

捐赠人有权查询其捐赠财产的入账情况或者使用情况。

捐赠人提出查询要求后，可以当场答复的，应当场答复。捐赠人要求书面答复的，应在 5 个工作日内予以答复。可以上网查询的，应引导捐赠人上网查询。

向受益人告知其资助标准、工作流程和工作规范等信息。

招募志愿者参与慈善服务，应当公示与慈善服务有关的真实、准确、完整的全部信息以及在志愿服务过程中可能发生的风险。

关联方及关联交易信息

关联方包括发起人，主要捐赠人，理事主要来源单位，基金会投资的被投资方，其他与基金会存在控制、共同控制或者重大影响关系的个人或组织。

关联方发生下列关联交易，应当在交易发生后 30 日内在统一信息平台向社会公开交易内容和金额：

续表

1. 与重要关联方发生交易；
2. 接受重要关联方捐赠；
3. 对重要关联方进行资助；
4. 与重要关联方共同投资；
5. 委托重要关联方开展投资活动；
6. 与重要关联方发生资金往来。

资料来源：上海市慈善基金会内部制度文件，编号为沪慈基〔2019〕86号。

第五章

聚力慈善：内部治理体系与治理结构

不断健全治理体系、提高治理能力是慈善组织取得成功的关键要素，对慈善组织来说尤为重要。作为中国慈善事业的重要推动者和引领者，上海市慈善基金会深知内部治理对实现自身使命和目标的重要性。为了确保上海市慈善基金会的高效运作、透明管理和资金使用的合规性，基金会从成立之初便积极构建了一套健全的内部治理体系，并随着组织的发展与时俱进、不断优化。本章通过介绍上海市慈善基金会的内部治理情况，揭示内部治理要素在保障组织高效运行和聚焦慈善使命方面的重要作用。上海市慈善基金会的内部治理实践可为其他慈善组织完善内部治理体系与治理结构提供有益的借鉴和启示。

第一节　开展内部治理的必要性

良好的内部治理可以确保慈善组织的有效运作，推动组织透明度建设，增强组织责任感；同时可以确保慈善组织的财务和决策信息对捐助者和利益相关者可见，并建立起问责制度，使资源的合理使用和管理得以实现。慈善组织依赖捐款和其他资源实现其使命。通过构建有效的内部治理机制，慈善组织可以实现资源的合理分配和有效利用，以产生广泛的社会影响。从合规性的角度来看，慈善组织必须遵守适用的法律法规和道德标准。科学、合理的内部治理机制可以确保组织的运作符合法律要求，并且在道德和伦理方面保持高标准。同时，出于防范风险的考量，良好的内部治理有助于减少慈善组织存在的潜在风险，如财务的不当管理、腐败、利益冲突等。建立适当的控制和监督机制，可以减少风险并维护组织的声誉。上海市慈善基金会对上述内部治理难点的关注保障了自身的运作透明度、效率和合规性。高效的内部治理机制确保上海市慈善基金会的决策和资源分配符合法律和道德要求，建立有效的监督和问责制度。基于此，上海市慈善基金会可以更好地履行其使命，服务社会，并获得公众的信任和支持。

一　内部治理有助于明确权责定位

内部治理是慈善组织内部对权力、责任、决策和资源的管理与控制机制，涵盖一系列制度、规则和实践，旨在确保慈善组织的目标实现、利益保护和风险管理。内部治理关注权力和责任的合理分配，涉及确定组织中各个成员的权力与责任，包括指定执行机构与决策机构的角色和职责，确保他们履行职责并对其行为负责。内部治理强调优化组织中的决策和管理流程，以提高透明度和效率。从制定决策程序、建立决策层级和机构、确保信息传递和沟通畅通等维度实现组织的有效运行。内部治理要求上海市慈善基金会构建严格的监督和控制机制，以确保其各个层面的行为符合法律、道德和职业准则，包括内部审计、风险管理、合规性监督等措施。内部治理需要组织为内外部利益相关者提供相关信息，包括公开财务报表、组织政策、决策过程等，以提高透明度、建立信任关系和确保问责；需要切实考虑和维护各种利益相关者的权益，并鼓励包括员工、志愿者、捐赠者等在内的相关方参与决策和管理过程。

二　完善内部治理能提升公信力

完善的内部治理能够促使慈善组织按照规则行事，保障其公益性和透明度，提高公信力。慈善组织往往需要依赖公众捐款等资源生存，因此需要建立透明的内部治理机制，以确保捐款的正确使用和资源的有效管理（尤琳，2008）。透明度和信任是慈善组织与捐赠者、社会大众建立长期关系的基础。此外，慈善组织还需要提高组织效率和增强组织责任感。完善的内部治理有助于提高慈善组织的运营效率和管理水平，有效的内部治理体系有助于规避潜在风险。完善的内部治理可以提高捐赠者和其他利益相关者的参与度。通过信息披露、参与决策和管理过程，慈善组织能够更好地理解和回应捐赠者与利益相关者的需求，增强与他们之间的互动和合作（石国亮，2012）。遵守法律和道德要求也是优化内部治理的价值所在。上海市慈善基金会作为追求公信力和公益性的组织，有责任遵守相关的法律和道德规范。完善的内部治理可以帮助上海市慈善基金会确保其行为符合法律法规，遵循道德和职业准则。完善的内部治理是上海市慈善基金会管理和运营的基础，有助于维护组织利益、提高效率、增强公信力和社会信任感、规避风险，并提升组织的社会影响力（周秋光、彭顺勇，2014）。通过建立完善的治理结构，上海市慈善基金会能够更好地履行使命，实现社会公益目标。

第二节　内部治理体系的演变

通过不断调整建立适合时代发展的内部治理体系是慈善组织内部治理得以保持规范高效的关键。三十年来，上海市慈善基金会的内部治理体系经历了从简单到复杂、从不完善到成熟的转变，这些转变与成长离不开无数慈善人的探索。总体而言，上海市慈善基金会建立了一套完善的内部治理结构，以确保自身运作的透明度、规范性、效率和公正性。而置身于不断变化的时代，自我革新显得尤为必要。为顺应现代慈善的发展趋势，上海市慈善基金会在宗旨、理念和运营管理等方面不断进行自我完善，不断开展治理结构改革，寻求慈善运行的最优解。

一　成立之初上海市慈善基金会的内部治理体系构成

内部治理体系的建立和稳定离不开早期的制度设计和人才积累。建会之初，在陈铁迪理事长的带领下，上海市慈善基金会形成了理事会决策、工作委员会咨询、秘书处执行这一高效的治理模式。理事会是上海市慈善基金会的最高决策机构，负责制定和审议基金会的战略方向、政策和重要决策。理事会由一定数量的理事组成，理事的人数和选举方式根据上海市慈善基金会章程确定。理事会成员包括慈善领域的专业人士、捐赠企业代表、学者和社会活动家等，以确保慈善组织获得多元化的意见和建议。上海市慈善基金会的理事会在成立之初规模庞大，汇集了各界做慈善的热心人士。1994 年，上海市慈善基金会开展了首届理事会的选举工作，选举产生常务理事 25 名、理事 46 名。

工作委员会在上海市慈善基金会的内部治理体系中发挥指导及提供

专业意见的作用。早在 1994 年建会之初，上海市慈善基金会便成立了经费监督工作委员会、慈善宣传工作委员会、慈善募捐工作委员会、慈善教育工作委员会、慈善项目评估委员会五个专业委员会，并聘请常年法律顾问、常年会计顾问负责基金会的运作和财务管理，以及确保对法律法规的遵守。

　　秘书处是上海市慈善基金会的执行机构。在第一届理事会班子的领导下，上海市慈善基金会形成了由秘书处及其下设的办公室、联络部、基金部三个部门组成的治理架构。其中，办公室主要负责档案、人事、外事、日常经费财务管理等事宜；联络部主要负责宣传活动组织策划、新闻单位联络、实体项目建设管理、募捐活动策划与联络、海外联络等工作；基金部主要负责基金财务管理、基金本金增值、年度资助项目预算编制、资助项目预算审核、捐赠实物处理、年度审计安排等工作（见图 6-1）。三个部门的设置，使上海市慈善基金会总体实现了行政、宣传、运营的明确分工，形成了科学、规范、系统的内部治理模式，这为上海市慈善基金会的专业可持续发展奠定了良好的组织基础。

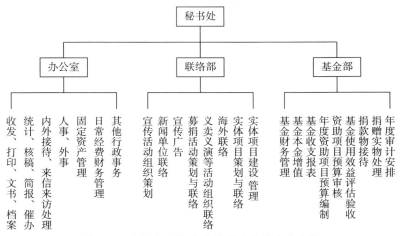

图 6-1　1994 年上海市慈善基金会秘书处架构

　　自 1994 年成立以来，上海市慈善基金会充分利用各区代表处、上海市众仁慈善服务中心、上海慈善物资管理中心、上海慈善义工站等机构贴近群众的优势，有效形成上下衔接、覆盖城乡的慈善工作网络，在提升慈善救助能力、扶贫济困、改善民生等方面发挥了积极作用。在实践中，上海市慈善基金会及其所属各类机构是提供公共物品、补充政府职能的重要行动主体。

二 新时代以来上海市慈善基金会的内部治理体系变化

2012 年 11 月，中国共产党第十八次全国代表大会在北京召开，中国特色社会主义进入新时代。新时代以来，随着自身的不断发展，上海市慈善基金会根据政策要求和实际工作情况对理事团队进行了调整。从 2013 年第四届理事会开始，在冯国勤理事长的有力领导下，上海市慈善基金会理事会的规模不断缩小——第四届理事会有理事 25 名，第五届换届时为 22 名，第六届为 22 名（届中人数有调整）。精减理事会人员可以提高决策的效率和运作的灵活性。较少的理事人数可以降低决策过程中的沟通和协调成本，使决策更加迅速和高效，确保理事会成员能够充分了解和关注基金会的核心事务，并提供更具针对性和专业性的指导与建议。同时，较少的理事人数也使理事会成员之间的交流和合作更加紧密，可以更好地评估和权衡各种决策方案，提高决策的质量和可行性。

随着时代的快速发展和互联网的兴起，慈善环境变得更为复杂，慈善事业既遭遇了不少挑战也迎来了更多机遇。秘书处的职能需要进一步调整。在 2013 年第四届理事会领导班子的指导下，上海市慈善基金会创新性地设立了审计部，推动基金会有效规范治理。秘书处的组织架构不断完善，拓展了更多类别的职能部门，具体包括办公室、募捐部、筹物部、项目部、宣传部、区县与义工联络部、财务部、法务部、内审室、上海慈善网 10 个职能部门。除了部门调整，工作委员会架构方面也有一些变化，形成了项目发展与筹资委员会、宣传信息与理论研究委员会、区代表机构与义工委员会、资产管理委员会、法务委员会五个工作委员会。

2016 年，《上海市慈善基金会第五届理事会工作报告（2016~2021）》明确提出了"四个更加"的工作要求，即更加规范、更加透明、更加专业、更加高效，为基金会的内部治理精细化提供了理论指导。同时，部门架构进一步发生了变化。从 2017 年开始，上海市慈善基金会对工作委员会和秘书处各职能部门进行了调整：项目发展与筹资委员会、资产管理委员会、法务委员会不变，将宣传信息与理论研究委员会调整为战略研究委员会，将区代表机构与义工委员会调整为互联网和信息委员会；与此同时，将秘书处的十个部门归并为六个部门（见图 6-2）。

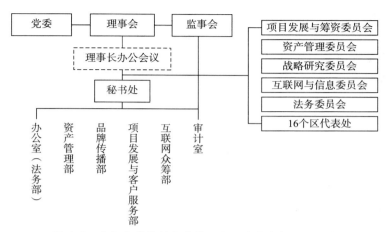

图 6-2　上海市慈善基金会第五届理事会内部组织架构

其一，将法务部归入办公室。

其二，将原项目发展部、募捐部和筹物部三个部门合并，新部门改名为项目发展与客户服务部。为了更专业地推动从项目筹款到项目执行的全过程管理，这一时期部门设置从分散走向聚合。针对这次内部治理变革，上海市慈善基金会项目部成员 YZ 表示："2017 年底领导进行机构内部调整，把项目部和募捐部合在一起，成立了项目发展与客户服务部。客户服务部秉持服务捐赠人和受助人的理念。部门合在一起的好处是，一个人可以同时承担募捐和救助工作，与爱心人士沟通起来比较方便，比较了解公众需求。"（20231116XX）实行项目募捐一体化模式，可以推动业务部门运作效率的提升。

其三，新设立了互联网众筹部，以顺应"人人慈善""随手慈善"时代的现实要求。将募捐活动与信息技术紧密结合，通过互联网众筹的模式为慈善项目筹集善款，体现出上海市慈善基金会与时俱进、勇于开拓创新的特点。

其四，撤销区县与义工联络部，将区县的指导和联络职能并入办公室（法务部），将志愿者管理与服务职能并入项目发展与客户服务部。

其五，将上海慈善网并入宣传部，改名为品牌传播部。

其六，将内审室改名为审计室。

其七，将财务部改名为资产管理部。在第五届领导班子的带领下，秘书处进行了一次较大规模的变动。具体来看，秘书处的变动主要分为职能扩展、岗位变动和人事安排三个方面。

在职能扩展方面，秘书处开展更广泛的行政管理工作，同时侧重于人力资源管理、财务管理、信息技术支持等方面，以满足基金会日益增长的需求。

在岗位变动方面，随着基金会规模的不断扩大，秘书处根据工作需要进行了专业分工，设立不同部门或岗位。相较于最初的设置，其增设了财务总监、传播与众筹总监和行政总监三个岗位，以进一步协调各专业咨询委员会对秘书处工作的指导；增设了首席投资顾问岗位，以增强基金会资金保值增值等投资活动的有效性和安全性，促进基金会持续、健康发展。

在人事安排方面，根据基金会的发展需要，秘书处的组织形式和人员配置发生了相应的变革和调整，包括人员数量的增减、职能调整、岗位设置的变化等，以适应基金会工作的变化。根据精简高效原则，在副秘书长安排上，保留了两名副秘书长，其他原任常务副秘书长、副秘书长不再担任，自然免职。秘书处与相关机构的精简重置主要在于调整和完善专业委员会与秘书处、秘书处各部门之间的职责、职权关系。在调整和完善专业委员会的同时，也相继调整和完善秘书处组织架构，在人员配置上向业务部门倾斜。此外，上海市慈善基金会还致力于完善员工职业发展体系和激励机制，推进秘书处员工队伍进一步朝着职业化、专业化团队发展。

这一阶段，上海市慈善基金会聘请了有关领域的知名专家、企业家等作为咨询顾问，强化各委员会的专业咨询功能。除了秘书处和工作委员会，上海市慈善基金会还拓展了互联网公众筹款渠道，打造了适应市场形势的系列慈善公益品牌；加强员工培训和制度化建设，提升自身的专业化、规范化运作水平。

2022年1月以来，上海市慈善基金会进行了第五届理事会换届。依照国务院颁布的《基金会管理条例》和《上海市慈善基金会章程》的有关规定，选举产生了21名第六届理事会成员（2023年经理事会选举增补了一名副理事长）。经理事会选举钟燕群任第六届理事会理事长，6名同志任副理事长。推举了7名监事会成员，经监事会选举顾国林任监事长。

换届之后，基金会再次对专业委员会进行了相应的调整，项目发展与筹资委员会、资产管理委员会保持不变，将战略研究委员会改名为慈善宣传和研究委员会，取消互联网和信息委员会、法务委员会。秘书处拓展审计室职能定位，调整为合规风控部，整合法务、合规、风控、审计等职能，进一步加强全业务流程、全生命周期的合规风控和监督管理。

除了上述实体机构和部门，在上海市慈善基金会的行政力量动员之下，各区 16 个代表处也形成了不同的发展运行模式。例如，奉贤区代表处基于本土居民需求形成农村养老特色慈善发展模式；金山区代表处创新性地以"授人以鱼，不如授人以渔"的理念帮助受助人树立自信；闵行区代表处依托政府孤独症援助关爱计划，建立了以关爱孤独症为主题的项目体系。此外，上海市慈善基金会还与慈善义工总队、上海慈善物资管理中心、上海市慈善教育培训中心、《至爱》杂志社、上海慈善事业发展研究中心、众仁花苑、众仁乐园、上海市金山区众仁老年护理医院和众仁儿童康复中心等机构保持紧密的工作协作关系。

第三节　内部治理结构分析

内部治理结构是指基金会内部各个层面的组织结构、权力分配和决策机制，它直接影响着基金会的运作效率、资金使用的合规性以及公众对基金会的信任度。内部治理结构是组织运作的关键。有效的内部治理结构不仅为资源管理和高效运营提供了保障，而且为组织在更广泛的领域发挥积极作用奠定了坚实的基础。上海市慈善基金会一直以来都致力于推动社会公益事业的发展以及促进慈善资源的合理利用。确保上海市慈善基金会的高效运作和透明管理，内部治理结构起着关键作用。深入探讨上海市慈善基金会的内部治理结构，包括组织架构、决策机制、监督机制等要素，是为了揭示治理结构在慈善事业发展中的重要性和运作特点。

一　党委

坚持党建引领，是慈善组织始终保持先进性、纯洁性的关键。党的领导让慈善组织始终走在正确的道路上，让慈善初心不变质，让慈善事业始终在路上。《中国共产党章程》第五章明确规定，党的基层组织根据工作需要和党员人数，经上级党组织批准，分别设立党的基层委员会、总支部委员会、支部委员会。上海市慈善基金会党委是经上海市社会工作党委批准的、对国计民生影响重大的党的支部委员会。上海市慈善基金会早在 1995 年 7 月就成立了秘书处党支部，2003 年 12 月经上级党组织中共上海市民政局机关党工委批准建立了中共上海市慈善基金会委员会党委。

成立伊始，党的组织便开始领导上海市慈善基金会全方位从事慈善事业。1995 年，为了更进一步加强党的基层组织建设，上海市慈善基金会在聚集了 7 名先进党员同志的基础上，在秘书处成立了党的支部委员会，组织关系挂靠在中共上海市民政局机关党委会，第一任党支部书记为周静波同志。上海市慈善基金会党委是中国共产党在基金会内部的领导核心。党委的主要职责是贯彻执行党的路线、方针、政策，加强党的全面领导，推动基金会工作的落实。党委由基金会的党组织书记领导，党委成员由党组织书记推荐并经党组织批准产生。党委是基金会党建工作的核心领导机构，对基金会的各项工作进行指导、协调和监督。2023 年 3 月选举产生新一届党委，下设 3 个支部，共有 34 名党员，秘书处党支部有 24 名党员，物资中心党支部有 4 名党员，退休党支部有 6 名党员。

上海市慈善基金会党委负责领导和组织基金会的党建工作，包括贯彻执行党的方针政策，确保基金会的工作符合党的要求；加强党组织建设，推动党员队伍的建设和发展；组织开展党员教育培训，提高党员的理论水平和工作能力；组织对党员的选拔、培养、考核和管理。加强党员队伍建设，有利于提高党员的素质和能力，进一步推动基金会的发展；加强党风廉政建设，有利于推动基金会的廉洁自律工作；推动基金会的思想政治工作，有利于加强党的意识形态工作。党委在推动基金会党建工作的同时，也与基金会的业务工作相结合，发挥领导作用，推动基金会慈善事业和公益事业的发展。

切实推进党建共建一体化，是基金会在先进性党组织教育活动中探索创新取得的成果。上海市慈善基金会党委定期召开组织生活会并开展民主评议工作，要求党员梳理问题清单，采用批评和自我批评等方式，将注意力集中在基金会业务工作上，打造以党建带队伍促业务的格局。2023 年 3 月，在党委组织生活会问题清单的梳理中，发现各区代表处对物资捐赠业务存有畏难心理，因为估价、仓储、物流等环节繁杂，各区代表处工作较为薄弱。为此，他积极倡议各区代表处在物资捐赠领域起到引领和指导工作，努力建立物资捐赠体系，提升物资捐赠的专业性，以党建活动为切入点推动上海市慈善基金会各区代表处的业务朝着专业化发展。例如，2023 年 7 月，上海市慈善基金会党委与曙光医院党委签署党建共建协议。该活动通过党建共建有效促进基金会"孝亲敬老"等系列慈善公益项目的开展，为基金会的业务拓展开辟了一条长期、可持续的途径。上海市慈善基金会党委作为基金会的党组织，发挥着领导核心作用，负责推动党的路线方针政策在基金会内部的贯彻落实，有效促进了党组织的先进性建设。

二 理事会

理事会是慈善组织的核心决策机构，负责制定慈善组织的长期发展战略。其定位在于提供战略层面的指导，促进慈善组织达成其使命和目标，同时维护慈善组织的长期利益和声誉。《基金会管理条例》第 21 条规定："理事会是基金会的决策机构，依法行使章程规定的职权。"其中，理事长是理事会的最高领导者。理事不超过 25 人。理事每届任期为五年，任期届满，连选可以连任。成员涵盖包括退休政府官员、捐赠企业代表、专家学者、公益人士等在内的热心慈善事业的社会各界人士，以代表不同利益相关方发声。上海市慈善基金会自成立以来就有一批优秀的理事会成员，以陈铁迪、冯国勤、钟燕群等为负责人的理事会领导班子在基金会内部治理过程中发挥着不可替代的作用。

慈善组织正确地履行职责对组织的可持续发展至关重要，对促进社会整体的公平正义具有关键意义。上海市慈善基金会理事会的职责包括四方面。一是制定发展战略和长远规划。理事会负责制定上海市慈善基金会的发展战略和长远规划，确保基金会在慈善事业中的定位和发展方向与社会需求相匹配。二是对重大事项作出决策。理事会对基金会的重大事项具有决策权，如制定和修改基金会章程、批准重要项目的启动和终止、决定资金分配等。三是监督基金会运作。理事会对基金会的运作进行监督，确保基金会按照法律法规和章程的要求开展工作，保障基金会的透明度、合规性和良好运营。四是代表基金会参与外部活动。理事会的成员通常作为基金会的代表参与各种社会活动、会议和公益项目，代表基金会与外部合作伙伴进行沟通和协调。理事会每年至少召开 2 次会议。会议的决策通常采取表决方式，根据多数原则或其他约定的决策规则来确定事项通过与否。

理事会在上海市慈善基金会的发展和运作中发挥着重要作用，通过多元化利益相关方的参与和决策，确保基金会的发展与社会需求相契合，并推动慈善事业的发展。

三 监事会

监事会是慈善组织的监督机构，履行监督职责。慈善组织的监事会负责监督组织管理层行为、确保资金使用合规、保障慈善使命达成，维护组织长期利益。上海市慈善基金会监事会的具体要求是，由不超过 11 名监事组成；监事推选监事长 1 名、副监事长若干名，监事会可聘任干事；监事任期与理事任期相同，期满可以连任；监事会成员通常包括社会各界知名人士、专业人士、会计师等，代表公众利益，监事会独立于理事会。上海市慈善基金会监事团队通过不收取劳动报酬的方式增强自身的独立性，推动监督职能的有效履行。GL 监事长指出："（作为监事长）我们想做有利于慈善事业发展的事情，面对老百姓捐的款，用良心想一想，我们是零报酬的。"（20230304GL）

监事会的存在可以提高慈善组织的透明度，增强社会对慈善组织的信任；同时确保捐赠资金得到有效使用，推动慈善事业的可持续发展。上海市慈善基金会的监事会架构主要是在第二届理事会期间形成的。第二届监事会的主要构成包括监事长、副监事长和监事，共九人，其中监事长是庄晓天，副监事长是徐志中和谢玲丽。第三届监事会时成员缩减至八人，监事长保持不变，副监事长由谢玲丽替换为方国平。第四届监事会，基金会的监事团体进行了全面改组，罗世谦担任监事长，副监事长由江小民、罗云芳、袁采担任。第五届监事会监事长为顾国林。上海市慈善基金会监事会的职责包括以下四个方面：一是监督基金会的财务管理，包括审核和监督财务报表的准确性、合规性，确保基金会的资金使用符合相关法律法规和捐赠人的意愿；二是监督基金会的运作情况，包括项目的实施和效果评估，确保基金会按照章程和政策规定的要求进行工作，合理高效地使用资源；三是监督基金会的行为是否合法合规，包括基金会的注册、慈善项目的开展、捐赠资金的使用等，确保基金会遵守相关法律法规和慈善事业的伦理规范；四是向理事会和捐赠人提交监督报告，汇报基金会的财务状况、运作情况和遵守法律法规的情况，提出建议和意见。

根据访谈得知，随着经济社会投资环境的变化，上海市慈善基金会的两届监事会都在考虑如何有效加强对资产资金的风险防控、银行账户的设置、现金资产和不动产管理等重要问题。监事会在监督基金会工作的过程中始终保持独立性和客观性，不受理事会和秘书处的干扰。监事会有权要求基金会提供必要的信息和文件，并对基金会的财务和运作状况进行审查与调查。监事会可以向有关部门或机构报告基金会的违法违规行为，并建议采取相应的纠正措施。监事会在保障上海市慈善基金会的透明度、合规性和良好运营方面起着重要作用。上海市慈善基金会的监事会每年都会出具年度监督检查报告，判断基金会财务资金使用等方面的合规性，并针对可改进的部分提出相关建议。例如，2019 年，以顾国林监事长为首的第五届监事会团队基于调研情况，对基金会提出了一些具体的建议。一是继续努力践行《中华人民共和国慈善法》，弘扬慈善法精神，落小落细落实，把慈善法贯彻在具体业务工作中；二是更加注重慈善文化建设，加强职业道德教育，增强合规意识，塑造良好社会形象；三是更加注重爱心窗口建设，让更多市民参与慈善；四是在推进制度建设与信息化建设的同时，重视工作机制的完善，确保权责一致。通过独立的监督和检查，并出具相应意见，监事会确保基金会的慈善事业得到有效管理和监督，从而增强公众对基金会的信任和支持。

四　秘书处

秘书处负责协助理事会、监事会开展工作，实现慈善组织的正常运转。作为提供管理支持的角色，秘书处为慈善组织提供决策所需的信息和支持，推动慈善使命的达成和组织目标的实现。上海市慈善基金会秘书处下辖办公室（法务部）、资产管理部、品牌传播部、项目发展与客户服务部、互联网众筹部、合规风控部等部门。秘书处由一名秘书长领导。秘书处具备较强的组织协调能力、沟通协商能力、项目管理能力和文件管理能力。其负责协助基金会高层管理人员开展决策和执行工作，同时也承担着保守基金会机密信息和维护机构声誉的重要责任。

从整体职责和功能来看，秘书处是上海市慈善基金会的执行机构，主要负责协助理事会和理事长履行基金会的各项职责与贯彻决策部署。作为执行机构，上海市慈善基金会秘书处在不同理事会领导班子的带领下履行不同的职能。比如，1994 年第一届理事会秘书处的职责偏向于行政、信息沟通和运营，2013 年第四届理事会秘书处的职责则增设了网站建设、物资筹集、法务工作、财务管理等。以 1994 年上海市慈善基金会秘书处的主要工作职责为例，早期秘书处工作包括如下三个方面。首先，全面承担理事会下达的工作任务，负责组织和协调基金会的日常运营工作，包括会议组织、文件管理、信息传递等；起草和执行基金会的工作计划、年度预算与项目方案。其次，负责管理基金会的文件和档案，包括法律文件、合同、报告等的保存和整理。最后，负责对外联络工作，协助处理基金会与外部合作伙伴、机构和个人的沟通与合作事宜。作为协调部门，秘书处需保持与基金会的其他部门和外部合作伙伴之间的密切协作关系，以确保工作高效进行。在与项目部门合作时，秘书处需协调项目的实施和监督。在与财务部门合作时，秘书处要适时发挥监督作用，确保资金的合理使用和财务报告的准确性。在与外部机构和个人合作时，秘书处着重进行项目合作和资源对接等，以组织和协调基金会的宣传推广活动，提升基金会的知名度和形象。

总体而言，秘书处在上海市慈善基金会的运营和管理过程中发挥着重要作用，通过高效协调和组织工作，确保基金会各项工作的顺利进行，并为慈善目标的达成做出贡献。2023 年 4 月，上海市慈善基金会秘书处荣获上海市"工人先锋号"称号。

第四节　内部治理体系的特征

内部治理体系是组织内部用于管理和决策的体系，对提高决策效率、控制管理风险、保障合规性和透明度、平衡利益、促进持续发展等具有重要意义。上海市慈善基金会建立的内部治理体系帮助其积极履行各项职能，推动社会公益事业蓬勃发展。上海市慈善基金会的内部治理体系具有四个特征：一是党建引领，政府监督；二是理事多元，海纳包容；三是精细管理，专业运营；四是规范运行，开放透明。

一　党建引领，政府监督

党建引领是共识凝聚的核心，是组织发展的灵魂（黄晓春，2021）。党组织是增强慈善组织凝聚力的核心，政府部门及其监督行为则是慈善组织平稳发展、规范运行的重要保障。故而，上海市慈善基金会始终坚持党建引领、政府监督，确保行动队伍不懈怠、慈善工作不变色。自成立以来，上海市慈善基金会与党和政府始终保持紧密联系，确保了基金会的合法性和透明度，并使自身能够更好地履行慈善责任。从上海市慈善基金会得到的支持来看，党和政府领导干部发挥了重要作用。上海市慈善基金会在国内慈善生态尚未形成和慈善组织认定制度比较模糊的情况下，凭借领导的人格魅力和爱心，动员体制内外资源，推动本地慈善事业稳步发展，为基金会的迅速成长奠定了坚实的基础。正如上海市慈善基金会领导 KR 所言："基金会的领导班子是最坚强的，政治上是一面旗帜，始终在各个领域高高飘扬，凝聚力量，素质相当高，非常有爱心，政治性强。困难群体过好生活是我们的奋斗目标。"（20230915KR）

上海市慈善基金会设立了党委，党委是党在基金会的核心领导机构，统一领导和指导基金会的工作。党组织通过制订党建工作计划、组织党员参加教育培训等方式，推动基金会党建工作的开展。基金会的领导班子设有党员领导，党员领导在决策和管理中发挥着重要作用，负责落实党的路线方针政策，推动基金会的发展。此外，基金会党委还日常性召开组织生活会和民主评议会，督促全体党员认真对照党员义务，全面查找自身在党员意识、理论学习、能力本领、作用发挥等方面的不足和问题，认真开展批评与自我批评，帮助慈善工作队伍始终保持先进性与纯洁性。基金会定期组织党员参加党组织的学习活动、主题教育等，加强党性修养和理论学习，提高政治素质和业务能力。

政府部门在基金会的重要决策中发挥指导和监督作用。政府通过参与基金会的决策制定、审批和评估等环节，确保基金会的工作与社会发展目标相一致，并对基金会的重大事项进行政策指导。上海市政府分管领导及民政局等对口业务单位也会定期赴基金会开展调研指导。政府为基金会提供政策支持和资源保障及经费、项目、税收优惠等，以推进基金会和慈善事业的发展。

通过党建引领和政府监督，上海市慈善基金会的内部治理结构能够确保基金会的运作符合党的方针政策和政府的要求，同时保障基金会的合法性、透明度和公益性。这种治理结构有助于提高基金会的管理效能，提升其在慈善事业中的影响力和公信力。

二　理事多元，海纳包容

海纳百川，是慈善的本源之意。包容的底色使慈善组织能够吸引更多的支持者和受益者，扩大影响范围，促进更广泛的社会参与和支持。上海市慈善基金会以多元包容的组织特色全面投入慈善事业，广泛吸纳来自政府部门、企业界、社会组织、学术界以及其他专业领域的代表进入理事会，使各个领域的需求被充分考虑。以第六届理事会的成员构成为例，有 9 名成员来自政府机关、11 名成员来自大型国有或私营企业。此外，还有来自高校与宗教界的代表人士（见图 6-4）。理事们丰富的从业经验使基金会的决策始终聚焦广泛的社会现实。突出的事业成就与扎实的专业基础也能帮助基金会链接多方资源，形成慈善合力。理事会成员的性别平衡是体现多元化的重要方面。上海市慈善基金会鼓励并确保在理事会中有足够的女性成员，以实现性别平等。在第六届理事会中，有四名女同志担任理事长与副理事长，占理事长与副理事长总数的一半。男女比例的平衡有助于不同性别的观点得到充分表达。

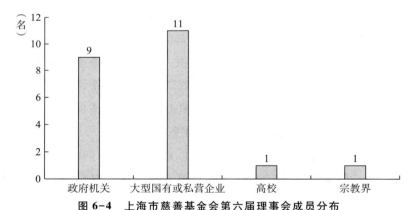

图 6-4　上海市慈善基金会第六届理事会成员分布

理事会以包容的态度对多元观点进行充分考量，有效综合不同背景、经验和视角，更好地服务基金会的整体战略规划。除了成员组成的多元化，理事会制定政策和决策的过程也使多元化的观点与意见得到充分考虑，包括鼓励成员提出不同的建议、设立专门的多元化委员会或工作组，以及开展多元化培训和意识提升活动。上海市慈善基金会的理事会可以充分利用不同背景的力量，为基金会的决策和战略规划提供更全面的考虑，以促进上海慈善事业的可持续发展。

三　精细管理，专业运营

组织内部进行精细化管理，并通过专业化的运营来提高效率，对降低风险、满足利益相关者的需求以及推动创新和发展具有重要意义。于慈善组织而言，精细管理、专业运营至关重要，这是资源调度的基础。而资源的有效配置和合理利用确保了慈善活动的顺利开展，并实现了预期的社会效益。上海市慈善基金会拥有一支专业的管理团队，他们在慈善领域拥有丰富的专业知识和经验。秘书处成员负责基金会的日常运营和项目管理，确保基金会的有效运作和慈善资金的有效利用。这些成员来自多个慈善领域，包括但不限于教育、医疗、环境、社会福利等。他们具备相关领域的专业知识和经验，了解该领域的最佳实践和创新方案。这样的多领域专业知识可以帮助管理团队更好地评估和选择慈善项目，并确保这些项目的可行性和影响力。

管理团队具备较强的项目管理能力，包括项目策划、执行和监测评估等方面的专业技能。团队成员能够制订详细的项目计划、预算和时间表，并有效地进行项目资源和利益相关者的合作。通过有效的项目管理，管理团队可以确保慈善项目按时、按预算、按要求完成，并产生预期的社会影响。同时，基金会的管理团队具备较强的财务管理和资金监管能力，以确保慈善资金的有效利用。秘书处成员制定了严格的财务制度和流程，确保慈善资金的使用符合法规和道德标准，并进行财务报告和公开信息披露。这有助于建立信任关系、提高透明度，吸引更多的捐赠者和合作伙伴参与慈善事业。此外，基金会的管理团队还具备较强的团队合作和领导能力，能够有效地协调和管理团队成员，鼓励团队成员树立创新思维，促进团队合作和知识共享。通过良好的团队合作，管理团队形成高效、协调和积极的工作氛围，这有助于推动基金会的发展。

秘书处内部的一批专业人才来自各区代表处，也能体现出上海市慈善基金会内部治理科学、系统、氛围好的特点。上海市慈善基金会现任副秘书长 ZX 就来自浦东新区代表处，其在浦东新区积累了丰富的慈善活动经验后调入上海市慈善基金会担任核心职务，充分体现出上海市慈善基金会重视人才队伍建设。此外，上海市慈善基金会各区代表处也在探索内部治理创新。就发展历程而言，上海市慈善基金会的 16 个区代表处正是在上海市、区两级民政部门的推动下得以产生的，并在发展到一定阶段时根据形势需要进行脱钩探索。目前16个区代表处中有2/3已完成与区民政局的脱钩。通过财务分离、吸纳专才、强化领导的方式，上海市慈善基金会进一步打造精细管理、专业运营的发展路径。金山区代表处相关工作人员接受访谈时表示，2022年7月金山区代表处完成了社会化转型，财务账户与民政分离，实行独立财务账户，并积极探索招聘退休返聘人员担任会长（20230802LY）。依赖于一支专业的项目管理团队，上海市慈善基金会可以更好地应对慈善领域的挑战和机遇，确保基金会可持续发展，并对社会做出更大的贡献。

四　规范运行，开放透明

建立标准化的运营程序、以开放和透明的方式与利益相关者沟通的重要性体现在提高组织的合规性、信任度，增强组织的社会责任感，以及促进良好治理和可持续发展等方面。慈善组织是募集款物、践行公益的重要主体，秉持服务国家、服务社会、服务群众、服务行业之理念，组织的运行只有切实做到管理完善、运作规范，方能不负各界之嘱托。

运行机制方面，上海市慈善基金会建立了一套运行规范、开放透明的慈善工作机制，实现了内部治理的有序运作。正如基金会创始人之一的HW理事所言："上海市慈善基金会的特征是，在争议中诞生，在规范中发展。"（20230710HW）

条文规范方面，上海市慈善基金会建立了包括财务与资产管理、人力资源管理、综合管理、行政管理等在内的六十多项管理制度。这些制度已形成了书面文件，并在基金会内部贯彻落实。上海市慈善基金会的内部治理结构建立在《中华人民共和国慈善法》等法律和规范的基础上，确保基金会的运作符合法律要求，并且遵守道德和职业操守。

执行检查方面，上海市慈善基金会建立了有效的监督机制，确保内部治理的透明性和廉洁性，包括设立独立的监事会以及秘书处下设合规风控部，负责对基金会的运作进行监督和审计。监事会每年都会对基金会的资产管理及执行机构、各区代表处主要负责人的业务工作进行监督检查，包括审核基金的募集、管理、使用以及资金的运作情况，推动基金会的合法、安全、规范管理。

公开透明方面，上海市慈善基金会建立了公开透明的财务管理制度，确保慈善资金的使用与管理符合法规和道德标准。上海市慈善基金会定期制定财务报告和预算，并向捐赠者和社会公众披露财务信息，由此提高自身的透明度，建立信任关系，并让捐赠者了解资金的使用情况和慈善项目的效果。上海市慈善基金会在决策过程中也充分保持了公开透明，确保捐赠者和社会公众了解基金会的决策依据和过程。例如，上海市慈善基金会从成立之初便以审计报告、新闻报道的形式及时向外界公开重要决策和活动的信息，并积极回应公众关切。在章程中，上海市慈善基金会建立了明确的道德和行为准则，要求管理团队和工作人员遵守职业操守与道德规范。章程包含禁止贪污、禁止产生利益冲突的规定，坚持诚信、公正和透明的原则。通过发挥陈铁迪理事长等一批老领导的榜样作用，上海市慈善基金会的道德和行为准则得以建立，形成了廉洁、正直的组织文化，这促使管理团队和工作人员按照榜样的标准履行职责。如此，上海市慈善基金会才能确保其内部治理结构体现奉公廉洁、开放透明的价值观，增强全社会对基金会的信任和支持，进一步推动慈善事业的规范化发展。

第六章

助力共同富裕与第三次分配：
专项基金的运作及功能特点

　　党的二十大报告把实现全体人民共同富裕摆在重要位置，将其作为中国式现代化的五大特征和本质要求之一。实现全体人民共同富裕既是中国式现代化发展的重要目标，也是构建和谐社会的关键所在。共同富裕是全体人民的富裕而不是少数人的富裕，是具有强烈人民性的富裕（张贤明，2021）。实现共同富裕，需要通过各种渠道和方式促进物质资源与精神财富的有效分配，其中包括第三次分配。第三次分配是由道德驱动、社会机制主导的资源配置活动。慈善事业作为一种志愿性分配机制，在共同富裕和第三次分配的时代命题下，承担着更为重要的责任和使命。上海市慈善基金会通过有效运作专项基金，积极参与共同富裕和第三次分配的实践，为慈善事业的发展和人民福祉的增进做出积极贡献。作为一种相对灵活便利的慈善资金处置形式，专项基金为有意向行善但因缺乏资金或时间精力而无法独立运作慈善组织的企业和个人提供了行善的平台。上海市慈善基金会是国内专项基金数量最多、规模最大的慈善组织之一，其运作和管理专项基金的经验值得借鉴。

第一节　专项基金的内涵、特征与设立
专项基金的必要性分析

　　在扎实推动全体人民共同富裕和第三次分配进程中，专项基金发挥了有效分配慈善资源的作用，我们理应更加深刻理解和把握专项基金的内涵、特征与设立专项基金的必要性。自 2004 年国务院颁布《基金会管理条例》

以来，专项基金模式已经为中国各大基金会所广泛采用，成为其资金筹募和公益运作的重要手段（王汝鹏，2021）。专项基金的运作与发展有其必然性。此处将对专项基金的内涵、特征与设立专项基金的必要性分别进行探讨。

一　专项基金的内涵与特征

设立专项基金是基金会动员企业、机构、慈善家乃至普通百姓参与公益慈善事业的重要方式（民政部民间组织管理局基金会管理处，2016）。从广义上理解，专项基金指的是某一组织除生产、经营资金来源以外的，从特定来源形成并具有专门用途的资金来源，组织类型包括企业和基金会。企业型专项基金投资项目少、资金数额小，因此募集周期和投资周期比较短，受到不少运营者的青睐。慈善领域的专项基金指的是专门为慈善事业设立的基金，由相应的慈善基金会托管，是动员企业、公众参与公益的重要方式。2004 年颁布的《基金会管理条例》对基金会的目的、性质、资金来源、主体等做出了明确规定，即"基金会是利用自然人、法人或者其他组织捐赠的财产从事公益活动的非营利组织"。专项基金则是指基金会根据捐赠人或发起人意愿设立的，具有一定自主性并接受基金会管理的分支机构。

专项基金的日常管理、名称使用、财产使用等一般有严格的规定，以保障企业和爱心人士的合法权益。专项基金接受基金会统一管理，不具备独立法人资格。专项基金的收支应当全部纳入相关基金会账户，不得使用其他单位、组织或个人账户，不得开设独立账户和刻制印章。专项基金使用带有基金会全称的规范名称。《民政部关于进一步加强基金会专项基金管理工作的通知》规定，基金会可以根据自己的管理能力合理适度发展专项基金。基金会应当明确专项基金设立和终止的条件和决策程序，并严格执行。基金会应当与发起人以签订协议的方式明确专项基金的设立目的、财产使用方式、各方的权责、终止条件和剩余财产的处理等。基金会应当根据专项基金的设立目的，按照捐赠协议的约定管理和使用捐赠财产，专款专用。专项基金的收入可以用于投资理财，在保证专项基金公益活动开展的前提下，遵循合法、安全、有效的原则，实现基金的保值增值。设立专项基金有一定门槛，具体参照各基金会自身的专项基金管理办法。在捐赠方面，专项基金的捐赠方向需符合基金会的宗旨和业务范围。专项基金列支管理成本时，捐赠协议有约定的，按照其约定；捐赠协议未约定的，除为实现专项基金公益目的确有必要之外，一般不超过该专项基金年度总支出的 10%。

专项基金具有非独立性、类基金会运作的特征。非独立性是指专项基金是非法人性质，没有刻制印章和签订劳动或劳务合同的资格。在对外名称使用方面，即便是捐赠人冠名的专项基金，也要把挂靠的机构放在前面。在管理模式上，专项基金参照基金会的治理架构进行管理。一般情况下，专项基金会设立专项基金管理委员会，它是专项基金的决策机构或议事协调机构。专项基金管理委员会以 5~7 人的规模居多，一般由基金会和专项基金的发起方共同组成。专项基金的重大事项管理决定由管理委员会做出，并报所属的基金会批准。

二 设立专项基金的必要性

专项基金的设立和管理将有效优化基金会的资源结构、改善资源的分配方式，推动慈善事业高质量发展。《中华人民共和国慈善法》规定，具有公开募捐资格的基金会开展慈善活动的年度支出，不得低于上一年总收入的 70% 或者前三年收入平均数额的 70%；年度管理费用不得超过当年总支出的 10%。特殊情况下，年度支出和年度管理费用难以符合前述规定的，应当报告办理其登记的民政部门并向社会公开说明情况。这意味着，基金会不仅要会筹善款，还要会用善款、用好善款。我国慈善事业存在捐赠主体不合理、善款接收单极化与分配失衡、非理性捐赠等问题，如何改善捐赠主体结构、调整善款结构分配、引导理性捐赠成为我国慈善事业亟须解决的重要问题，而专项基金所具备的制度优势恰恰能破解我国慈善事业现存的难题。

从专项基金的地位来分析，它是为了特定的慈善事业而设立的专项资金，是基金会的重要组成部分。在基金会内部，可以理解为专项基金是基金会的一个项目或者一个分支机构，但它仍然是该基金会的一部分，受到该基金会的管理和监督。专项基金是促进慈善事业发展的重要力量之一，能够为特定的慈善事业提供资金支持，帮助解决社会问题，促进社会和谐发展。同时，捐赠方也能够通过动员企业、群众参与的方式，提高专项基金的参与度和认知度，促进慈善事业的发展。总体而言，设立专项基金对于大型基金会来说是必要的，有助于资金筹集与管理、目标导向和成果评估以及项目的可持续性。通过设立专项基金，基金会可以更好地践行使命、实现目标，并在共同富裕和第三次分配方面产生更大的影响力。

（一）优化资金集中性

专项基金的设立和管理将有效激励捐赠人的捐赠行为，优化资金集中性。专项基金的设立可以帮助基金会更好地筹集和管理资金，从而吸引那些对特定领域或目标感兴趣的捐赠者，增强资金的筹集效果。这为捐赠者提供了一个明确的资金用途和目标。当捐赠者知道他们的捐款将被作为专项基金用于特定领域或项目时，捐赠的意愿将被激发，因为捐赠者可以看到自己的捐献被直接用于实施相关的项目或支持特定的受益人群。这种针对性的筹款方式可以吸引更多的捐赠者参与，并为基金会带来更多的资金资源。专项基金针对性的筹款不仅对捐赠人持续捐赠有益，而且有利于形成捐赠人反哺机制，即受助人获得稳定的资金支持后，发生从受助人到捐赠者的转变，增强资金的可持续性。此外，专项基金还可以帮助基金会更好地管理资金。对专项资金进行专项使用，可以保障资金的透明度。相应的监督机制也可以确保专项基金的资金使用符合既定的目标和规定，从而提高资金管理的效率和可靠性。

（二）赋予目标导向性

专项基金聚焦特定的服务目标，能够为特定的领域和目标群体提供支持。借由专项基金，基金会能够集中资源和精力，更加深入地投入特定领域中，扩大自身在其中的影响力。专项基金能够支持服务失业人群、失学等特定项目，化解潜在的社会冲突，维护社会良好秩序。这种灵活的特征有助于基金会在特定领域中扮演引领性角色，为社会带来积极的变革。此外，专项基金还可以为基金会提供更好的财务规划和管理。通过将特定领域的捐款和资金独立管理，基金会能更加透明地追踪和监控这些资金的使用情况。这种财务管理的专业性和透明度有助于建立信任关系，吸引更多的捐赠者和合作伙伴。

（三）强化项目持续性

专项基金的设立可以强化项目持续性，帮助项目获得持续稳定的支持，避免由资金不稳定导致的项目中断的情况发生。项目团队可以依靠专项基金来满足经费需求，不必过度依赖其他临时性的资金来源。这种稳定性为项目的顺利推进提供了保障，使项目能够更好地实现目标。此外，专项基金还保障了项目的可预测性。基金会相关团队可对项目的资金需求进行规划和预测，从而更好地安排不同阶段的资金支出。项目团队可以根据专项基金的资金支持计划，合理安排项目实施的时间和资源分配，提高项目执行的效率。

第二节　代表性专项基金概览

代表性专项基金能够彰显慈善组织的专业能力和品牌素养，展示慈善组织的风采。上海市慈善基金会作为中国慈善事业的重要推动者和引领者，一直致力于推动慈善事业的发展和慈善资源的合理利用。其中，专项基金扮演着重要角色。专项基金不仅在特定领域或项目中发挥着积极作用，而且展现了上海市慈善基金会在慈善领域的专业能力和影响力。截至2024年3月底，上海市慈善基金会及其各区代表处已有总计502个专项基金，其中市会345个，各区代表处157个。[①]

从总体上讲，上海市慈善基金会的专项基金呈现数量多、设立时间跨度长、发起人属性多元和项目资助范围广的特点。央企、国企、老领导、民主党派、企事业单位、社会团体、宗教团体等各类主体均在基金会发起设立专项基金。由专项基金资助的项目几乎覆盖全国所有行政省，资助内容涉及扶贫济困、基础建设、教育医疗、技能培训、公益服务等30多个服务领域。在上海市各基金会中，慈善基金会的专项基金在整体数量、捐资助体量上均名列前茅。尽管数量多，但整体运行情况良好，专项基金的工作基本处于平稳、健康的运作状态。可以说，专项基金筹款已成为上海市慈善基金会最主要的筹款模式之一。此节介绍上海市慈善基金会的代表性专项基金，探讨其在教育、医疗、环保等领域的具体运作模式和取得的显著成效。

一　倪天增慈善教育基金

倪天增慈善教育基金成立的目的是资助单亲、残疾、困难家庭的大中小学生。倪天增慈善教育基金设立于1994年，其名称是为纪念1992年因公务活动牺牲的上海市原副市长倪天增。倪天增的夫人郑礼贞女士将亲朋好友的慰问金51.49万元捐出，设立上海市慈善基金会的第一个慈善助学基金。自设立以来，经由倪天增同志的亲朋好友以及许多社会热心人士的不断捐赠，该基金得以不断增值。截至2024年4月，受助学生超

---

① 数据来自基金会内部。

过 4000 人。倪天增虽然离开了人世，但他重视教育的理念和高尚的品德以慈善的方式得到传承。该基金彰显出老一批共产党员及其家人朴素的慈善情怀和体恤人民的精神追求。

倪天增慈善教育基金呈现党员慈善精神传承、用途使用特定、社会影响力深远的特点。在党员慈善精神传承方面，虽然作为生命个体的倪天增副市长的生命是有限的，但是他朴素的慈善精神和教育理念是永恒的，这种精神能够通过专项基金得以传承；在用途使用特定方面，资金主要用于资助单亲、残疾、困难家庭的大中小学生；在社会影响力深远方面，倪天增慈善教育基金在上海市慈善基金会成立初期便得以设立，至 2023 年底已持续 29 年，在教育界产生了深远影响。

二　"爱我中华"慈善教育专项基金

"爱我中华"慈善教育专项基金成立的目的是帮助上海家境贫困、品学兼优的高中生或大学生顺利完成学业；关注受助学生的文化内涵发展。"爱我中华"慈善教育专项基金成立于 1995 年 4 月。该专项基金成立以来，每年资助 1000 名学生，激励学生励志成才；同时举行主题为"知识改变命运"的报告会，邀请各界优秀人士演讲，内容生动有趣。"爱我中华"慈善教育专项基金是上海市慈善基金会捐款最多、资助人数最多的专项基金。从 1995 年成立以来，该专项基金捐款已超 2.41 亿元，累计资助贫困学生逾 11 万人次。该专项基金的活动呈现创新性特点。该专项基金通过在云南、贵州、四川等地修建"希望小学"、捐赠"爱心校车""爱心救护车"等形式，资助特殊群体困难家庭子女就学，深受受助大学生的欢迎。

三　巾帼圆桌基金

巾帼圆桌基金成立的目的是在为爱心人士建立良好的社交网络的同时，为有需要的人提供服务，拯救重症儿童的生命。巾帼圆桌基金于 2005 年 11 月在周采茨女士及陈铁迪女士的牵头下，携手 14 位知名女性共同成立，是上海市慈善基金会旗下的一个汇集了多位有影响力的知名女性的基金，在上海乃至世界上具有一定的影响力。从 2006 年开始，巾帼圆桌基金通过举办"巾帼圆桌基金慈善舞会"募集资金。该舞会也是上海社交界的知名慈善舞会品牌，每次募集善款额均为 100 多万元，募集的善款大部分会用在来年的慈善救助之中。巾帼圆桌基金的本地会员必须是长期居住在上海、有一定社会关系或知名度的成功女性。此外，定居在外地但具有代表性的成功女性也可被吸纳为非沪会员。从 2006 年到 2018 年 12 月，巾帼圆桌基金一共救助了 513 名儿童，超 1150 万元用来资助患有严重疾病的儿童。在谈及巾帼圆桌基金与上海市慈善基金会合作的原因时，巾帼圆桌基金相关代表表示："上海市慈善基金会的信誉非常好。慈善基金会让志愿者参与项目，财务方面帮忙管理发票。此外，慈善基金会还会帮助举行筹款活动，为现场捐赠的人收款。"（20230726WM）

巾帼圆桌基金呈现女性主导、用途特定、社交性强的特点。巾帼圆桌基金反映出女性的影响力是不可忽视的，她们的坚持和贡献促进了慈善事业的发展。此专项基金的用途较为固定，主要用于对患有先天性心脏病、血液病、重度再生障碍性贫血、骨折等严重疾病的儿童的救治。此专项基金在筹款形式上有别于常规的专项基金，通过慈善晚宴吸引更多的人关注和参与，在公益基础上强调社交属性。

四　唯爱天使基金

唯爱天使基金成立的目的是奖励资助家境困难、品学兼优的医学生。唯爱天使基金成立于 2007 年 4 月，由上海维众投资管理有限公司、孙德棣基金及有关社会人士共同发起捐赠，在上海市慈善基金会设立。唯爱天使基金自成立以来坚持四个结合。第一，支持教育事业与支持医学事业相结合，鼓励青年学子献身医学事业。第二，慈善帮困与培养医学紧缺人才相结合。奖励资助考入国家重点大学医学院的贫困医学生，帮助他们 5~10 年，完成学业，使他们坚定医生的职业信念，提高我国每万人拥有医护人员的数量与质量。第三，经济资助与人文关怀相结合。每年都与上海市卫生和计划生育委员会、北京大学、复旦大学、上海交通大学、同济大学、上海中医药大学、上海健康医学院等举办专场奖励资助仪式，让爱的奉献与爱的接受在互动中产生力量。第四，发起单位带头做与带动社会各界人士共同参与相结合。唯爱天使基金以管理委员会的组织形式吸收发展委员单位形成核心团队的同时，欢迎社会各界爱心人士参与。截至 2022 年 12 月，唯爱天使基金共奖励资助医学人才 14640 人次，其中医学本科生 6323 人次，医学本科毕业后升研升博的 2480 人次，全科医师 480 人次，优秀住院医师 2404 人次。谈及与上海市慈善基金会的合作，唯爱天使基金相关代表 JY 表示："上海市慈善基金会是大平台，

专项基金是小平台。每次搞活动，上海市慈善基金会的领导都会支持，还会提供媒体资源。"（20230802JY）

唯爱天使基金呈现社会参与广泛、用途特定的特点。在社会参与广泛方面，高校、企业家和爱心人士参与其中为医学生提供支持。在用途特定方面，唯爱天使基金仅用于奖励资助医学领域，为国家社会储备医疗人才。

五 玉佛禅寺觉群大学生创业基金

玉佛禅寺觉群大学生创业基金成立的目的是扶持上海普通高校中有志于创业的毕业生，帮助学生尤其是家境贫困的学生点燃青春激情、实现创业梦想。2008年，受全球金融危机影响，全国就业形势严峻。为减轻大学生就业压力，实现以创业带动就业，中国佛教协会副会长、玉佛禅寺方丈觉醒大和尚发出倡议，由上海玉佛禅寺出资1000万元，联合上海市教育委员会、上海市慈善基金会和共青团上海市委员会于2009年成立玉佛禅寺觉群大学生创业基金。十五年来，玉佛禅寺觉群大学生创业基金总投入2609万元，累计资助创业项目273个，存活率达到75%。项目涵盖科创、文创、益创三大领域，涉及智能科技、文化艺术、餐饮食品、医疗健康、服装纺织等众多行业，其中既有科技含量高、社会价值大的创新创意产业，也有注重人文关怀、艺术传播的文化行业。玉佛禅寺觉群大学生创业基金支持的创业成功项目包括"饿了么""盛世天橙""帝亚实业"等，累计为社会提供超过20000个就业岗位。2013年，该基金荣获上海市慈善基金会"首届十佳慈善公益项目"称号；2014年，该基金荣获民政部颁发的"第三届中国公益慈善项目大赛"铜奖；2018年，该基金荣获民政部主办的"中华慈善奖"上海市推荐对象；2022年，该基金荣获第一届"上海慈善奖"慈善项目和慈善信托奖。谈及玉佛禅寺觉群大学生创业基金，上海市慈善基金会相关代表ZQ表示："觉群大学生创业专项基金呈现多方跨界合作的特点，我是基金会的成员，作为基金会的管委会成员，市教委副书记、共青团市委副书记、觉醒大和尚参与该基金管委会的运作，项目经由市教委学生事务中心向学校发布项目，支持大学生创业。"（20231024ZQ）

六 "美滋润心"关爱儿童专项基金

"美滋润心"关爱儿童专项基金成立的目的是救治全国各地患有先天

性心脏病的特困儿童。"美滋润心"关爱儿童专项基金成立于 2014 年 1 月，该专项基金的设立者是"中华慈善奖"和"全国慈善特别贡献奖"获得者、上海市慈善基金会创始人之一余慧文女士。2007 年，余女士的丈夫黄菊副总理离世。为实现丈夫的夙愿——退休后一起做公益慈善，余女士于 2014 年 1 月成立"美滋润心"关爱儿童专项基金。余女士用摄影作品来募集善款，把在中国美术馆、中华艺术宫等著名展馆展示过的摄影作品进行认捐或义拍，将所获款项用于全国各地患有先天性心脏病特困儿童的救治。"美滋润心"关爱儿童专项基金成立后，在余慧文女士的感召下，该专项基金在社会各界取得了热烈的反响。彭丽媛女士于 2014 年 6 月 16 日曾特地为"美滋润心"关爱儿童专项基金写信，她在信中写道："为了孩子们的健康成长，我以一个母亲的名义，送上一份对先心病困难患儿的关爱，祝愿他们早日康复，和其他孩子一样拥有更加美好的未来。"[1] 该项目彰显出余慧文女士恒久不变的慈善爱心和坚韧品质，极具社会价值。

"美滋润心"关爱儿童专项基金具有筹款形式新颖、社会反响热烈的特点。在筹款形式新颖方面，"美滋润心"关爱儿童专项基金的善款由余慧文女士通过拍卖摄影作品的方式募集，此举体现了慈善和艺术的创新性结合。在社会反响热烈方面，该专项基金的成立与发展得益于余慧文女士的人格魅力，在社会各界反响热烈。

第三节　专项基金设立的制度规范和管理体系

专项基金的设立与发展是基金会一个重要的业务板块，对于大型公募基金会来说更是如此。为了更好地管理和利用慈善资金，上海市慈善基金会积极创新，通过设立专项基金的方式，为慈善项目提供针对性的资金支持和管理。专项基金的设立不仅有助于提高慈善项目的效益和可持续性，而且能为社会各界提供更多参与慈善事业的机会，推动慈善文化的持续发展。此节简要介绍上海市慈善基金会专项基金设立的制度规范和管理体系，以呈现上海市慈善基金会的先进经验，突出专项基金在

---

① 来源于公众号"蓝天下的至爱"——《"上善速递"视野从心到心——我所知道的"美滋润心"故事》。

慈善事业中的重要性和发挥的积极作用。

一　专项基金设立的制度规范

捐赠人提出设立专项基金须满足特定的制度规范。《上海市慈善基金会专项基金管理办法》指出，"符合以下条件的，捐赠人可以提出设立专项基金：（一）遵守市慈善基金会的章程和本办法的规定；（二）在安老、扶幼、助学、济困以及其他慈善公益领域有指定受益人（包括受益的自然人、项目和组织，下同）或者其他资助意愿；（三）首次捐赠的人民币金额在 50 万元以上（含 50 万元）"。

关于捐赠物资的变现，上海市慈善基金会提出特别规定。《上海市慈善基金会专项基金管理办法》也有具体规定："捐赠人以动产、不动产或者其他非货币形式捐赠，且无法直接用于受益人的，市慈善基金会可以与捐赠人共同委托相关机构对捐赠物进行价格评估，共同通过义卖、义拍等方式将捐赠物变现。变现后，市慈善基金会按实得资金设立专项基金。"

二　专项基金设立的管理体系

专项基金设立的管理体系主要包括发起设立管理委员会、指定受益人以及成立专项基金工作小组（以下简称"工作小组"）。上海市慈善基金会为专项基金设立管理委员会，捐赠人可以参加管理委员会，担任管理委员会的主任或者副主任，与上海市慈善基金会共同管理专项基金，商议开展慈善活动、资助慈善项目和补充资金等事宜。参加管理委员会的上海市慈善基金会工作人员，为管理该专项基金的主要责任人。

专项基金指定受益人包括两种情形。第一种，专项基金受益人捐赠人在协议中载明有指定受益人的，上海市慈善基金会按照捐赠人的意愿使用专项基金。第二种，捐赠人没有指定受益人的，上海市慈善基金会可以向捐赠人提出建议，征得捐赠人同意后使用。当出现专项基金受益人不再需要资助，应当终止，以及资金无法满足受益人的资助需求、需要增资的情况时，上海市慈善基金会可以向捐赠人提出建议。

工作小组的设置同样需要满足特定的流程。上海市慈善基金会设立工作小组，由一位副理事长牵头，若干位副秘书长协助，秘书处各有关部门的工作人员参加。工作小组负责：（1）汇总专项基金开展工作的情况；（2）协调相关部门有关专项基金管理的工作；（3）组织信息沟通、经验交流等活动；（4）协调有关部门，为捐赠人提供服务；（5）提出市慈善基金会参加管理委员会人员的名单；（6）定期向理事会、理事长办公会议、秘书长办公会议汇报专项基金工作的开展情况，并完成理事会、理事长办公会议、秘书长办公会议交办的其他有关专项基金的工作。

第四节　专项基金的运作特点

专项基金是企业家和爱心人士运用道德机制进行第三次分配的载体。专项基金作为一种有针对性的专门用于特定领域或项目的资金支持方式，具有独特的运作特点。本节将探讨上海市慈善基金会专项基金的运作特点，从基金设立、管理流程、项目申请和审批、资金监督和公示等方面，反映其在慈善事业中的重要作用和特殊价值，为其他慈善组织运作专项基金提供有益的借鉴和启示。总体而言，上海市慈善基金会专项基金的运作特点可概括为以项目化为导向、分类管理、社会参与和基金会主导相结合。

一　以项目化为导向

项目化是指专项基金涉及的各项活动通过项目进行。以项目化为导向可以说是上海市慈善基金会在专项基金管理上的突出特点，即专项基金的设立和运行紧紧围绕上海市慈善基金会开展的公益项目进行，资金的筹募与运用也限制在特定的项目上。专项基金基于项目需要产生，基于项目需要发展变化。

以项目化为导向作为上海市慈善基金会专项基金管理模式的一大特点，其含义还包括基金会设立和运作专项基金的主要目的是获取资金，支持自己倡导实施的公益项目或活动。不同专项基金的决策方式是不同的。第一种是上海市慈善基金会自主发起设立的专项基金，主要由基金会自主决策。第二种是发起人发起设立或企业定向捐赠设立的专项基金，由上海市慈善基金会与发起人或捐赠人共同协商做出决策，资助项目的具体执行由上海市慈善基金会负责，在具体的实施过程当中也会委托其他主体或借助一些外部力量。迄今为止，上海市慈善基金会的专项基金基本都具有特定且具体的用途，有具体的公益项目资助领域、明确的资助对象与资助方式等。

上述特点在上海市慈善基金会的相关规定中也有体现。第 20 条规定，确定资助项目后，资金的资助划拨由管委会签章根据本会《授权管理办法》经审批后方可划转到资助项目。

二 分类管理

分类管理是指基金会的专项基金存在多种类型的划分，不同类型的专项基金有不同的管理方法与模式。从设立方式出发，根据发起主体和相应人员职能的不同，可分为三种情形：上海市慈善基金会自主发起设立、发起人发起设立、企业冠名设立。

第一种，上海市慈善基金会自主发起设立的专项基金属于公募基金，如由上海市慈善基金会创始人之一余慧文女士发起成立的"美滋润心"关爱儿童教育专项基金等。由于这类专项基金需要基金会面向广大公众筹集资金，一旦发起成立，基金会工作人员就需要承担从宣传、筹资到资助管理和项目执行的全流程工作。第二种，发起人发起设立的专项基金，是指由名人、媒体或其他特殊群体倡导发起，面向公众或特定人群募捐设立的专项基金，也属于公募基金，如倪天增亲属发起成立的倪天增慈善教育基金、上海奶奶沈翠英发起成立的沈翠英专项基金等。虽然这类专项基金利用发起人自身的影响力和号召力面向公众筹资，但是基金会的工作人员仍然需要配合专项基金，参与宣传策划和管理资助工作。第三种，企业冠名设立的专项基金，是指企业向上海市慈善基金会定向捐赠而设立的专项基金，属于非公募基金，即捐赠方作为委托人、上海市慈善基金会作为受托管理人，并以企业名称或品牌名称冠名的专项基金，如多特瑞企业于上海市慈善基金会静安区代表处设立的多特瑞携手关爱基金。因为基金来源相对固定，不需要公开募款，所以专项基金管理人员主要负责做好管理和财务监督工作。

根据上述不同的设立方式，上海市慈善基金会在专项基金的具体管理方面采取了分类式、区别化的管理模式，主要体现在以下方面。首先，在设立条件和管理程序的要求上，总体上看，对发起人发起设立和企业冠名设立的基金的要求，比对上海市慈善基金会自主发起设立的基金高。其次，在资金的筹募上，上海市慈善基金会自主发起设立的基金主要面向不特定公众募集；发起人发起设立的基金前期由特定发起人捐赠，后期则面向不特定公众募集；企业冠名设立的基金由企业资金支持。最后，在资金运营和使用管理方面，上海市慈善基金会自主发起设立的基金的资助方向、规则由基金会自主决策制定，而具体资助对象经过民主评审决定；发起人发起设立和企业冠名设立的基金则遵从管理委员会的制度安排，使基金会在决策上更加公开、透明和民主，呈现基金会与发起人或捐赠方共同决策的特征。

总体来看，上海市慈善基金会专项基金主要存在两种管理模式：对于基金会自主发起设立的基金，基金会在管理上的自由裁量权要大一些，称为"自主模式"；而对于发起人发起设立或企业冠名设立的专项基金，基金会的管理规则更明晰，需要与合作方共同决策，称为"合作模式"。

三 社会参与和基金会主导相结合

社会参与和基金会主导相结合是上海市慈善基金会在专项基金管理方面的总体特点。这一特点超越了分类管理，同时也与分类管理有机结合在一起，采取多样化的管理方法和手段。

第一，社会参与体现在差异化的专项基金管理类型上。在上海市慈善基金会自主发起设立的专项基金中，通过民主评审决定资助名单，实现了社会参与；在发起人发起设立的专项基金中，管理委员会中的基金发起人（包括自然人、法人）及其代表通常会参与专项基金的重大事项决策过程；在企业冠名设立的专项基金中，社会参与的主体则指的是管理委员会中的企业捐赠人或捐赠方代表，其实现参与的方式同样是与基金会共同决策。针对第二种和第三种情况，即在发起人发起设立和企业冠名设立的专项基金的管理中，一个突出的做法是成立由基金发起人或捐赠人代表参与的管理委员会。管理委员会是专项基金管理的最高决策机构，不定期召开管委会会议，会议由管委会主任负责召开，须有2/3以上管委会成员出席才能形成决议。此举充分尊重发起人和捐赠方的权利与意愿，信息公开透明，有效实现了发起人或捐赠方作为社会代表的充分参与。例如，上海市慈善基金会青浦区代表处的"放飞希望"专项基金委员会由基金会专项基金负责人GQ担任主任，由众多热心慈善事业的企业家担任委员，这些优秀的企业家积极参与基金开展的慈善活动，通过为获得"青云杯"奖学金的优秀学子颁奖、助力学生努力成材等方式表达自身对受助对象的情感。值得一提的是，上海市慈善基金会还探索出专项基金运作中的专家参与工作机制。2010 年，上海市慈善基金会成立基金增值咨询委员会，邀请理财专家针对专项基金的保值增值问题进行咨询和评估。这一举措反映出专家力量被上海市慈善基金会有效识别并引至专项基金管理流程。

第二，专项基金管理中的社会参与并未改变基金会在管理中的主导地位。这种主导主要有两个方面的表现。一方面，无论是在管委会还是在评委会的实际组成和运作中，基金会人员都掌握着较大的话语权。比如，基金会在有关规则的具体制定方面起主导作用。另一方面，专项基金资助的具体实施由基金会负责，而发起人、捐赠人以及其他社会力量主要负责监督。基于自身完善的组织网络及丰富的项目实施经验，上海市慈善基金会在大部分专项基金的运作过程中能保持主导地位。

第七章

注入正能量：慈善文化传播与品牌建设

慈善组织是宣传与弘扬慈善文化的重要载体，不仅通过在慈善领域的持续投入践行慈善理念，而且通过多种渠道向社会公众传递慈善力量，营造积极的慈善文化氛围。与此同时，品牌是识别慈善组织的重要标志，也是慈善组织在传播慈善文化过程中扩大影响力的重要着力点之一。上海市慈善基金会多年来致力于慈善文化传播与品牌建设，引导与鼓励本市居民和单位投身于慈善活动，使上海形成全民慈善的热潮，不断丰富上海城市精神的慈善底色。聚焦慈善文化传播与品牌建设历程，可以总结出上海市慈善基金会常用的六种宣传策略，即事件捆绑法、名人代言法、集成创新法、聚焦边缘法、娱乐慈善法和树立慈善典型法。在弘扬慈善理念、为慈善事业注入正能量的过程中，传播持续性、影响广泛性、管理系统性、执行规范性和内容创新性是上海市慈善基金会开展工作的显著特征。

第一节　慈善文化传播与品牌建设的
必要性和实践探索

加强慈善文化传播与品牌建设是扩大慈善组织影响力、推动慈善组织可持续发展的重要方式。经过三十年的发展，上海市慈善基金会慈善文化传播与品牌建设探索出慈善文化自信建设、慈善文化基因培育、传统慈善文化弘扬、慈善宣传渠道拓展、品牌定位建设、品牌识别建设、品牌沟通建设、品牌服务愿景建设、品牌文化建设、服务品牌关系建设等一系列做法，为其他慈善组织探索慈善文化传播与品牌建设提供了经验参考。

一　慈善文化传播的必要性和实践探索

（一）慈善文化传播的必要性

随着理论界和实务界对慈善文化关注度的不断提高，慈善文化逐渐成为富有理论和学术意义的研究热点。有学者对慈善文化的内涵进行了解读。蒙长江（2005）认为，我国慈善文化的发展呈现由以"仁"为核心的古代慈善文化到以"救国"为目标的近现代慈善文化，再到以"社会主义的人道主义"为核心的新中国的慈善文化的发展脉络。靳环宇（2005）认为，慈善文化包括传统、近代和当代三种形态，每种形态都有其独特的表现形式和运作模式，也都是对前代历史经验的总结、超越与发展。慈善文化是人类长期慈善行动和慈善事业发展的璀璨瑰宝，是在发展过程中形成的宝贵思想和实践。

从重要性来讲，慈善文化是中国特色社会主义文化的重要组成部分，是慈善事业发展的内在驱动力。2017年10月18日，习近平总书记在党的十九大报告中指出："文化是一个国家、一个民族的灵魂。文化兴国运兴，文化强民族强。没有高度的文化自信，没有文化的繁荣兴盛，就没有中华民族伟大复兴。"[1] 上海市慈善基金会的老领导KR表示："慈善是精神文明建设的良好载体，也是社会文明的体现。捐赠是自发行为，被捐赠者得到社会帮助，会帮助他们的人生减少困难。慈善事业是精神文明建设的重要内容。"（20230915KR）慈善文化自信是慈善工作自信的底气与核心，坚实慈善文化自信的底气，需要在慈善文化的路径上做出有效探索。挖掘慈善文化，将慈善文化作为社会文化的重要组成部分，是慈善事业生命力的延续和再现（周秋光，2020）。只有加强对慈善文化的传播，引导全社会形成互帮互助的慈善氛围，才能让慈善事业成为人们的人生信仰、生活方式和价值追求。

传播慈善文化是继承和弘扬中华传统文化中的优秀慈善思想和品德、展现中华民族深刻文化底蕴的重要方式。儒家的仁爱为民、墨家的兼爱等思想中的慈善文化内涵需要得到更广泛的重视。儒家以仁义为基础，

---

[1] 《习近平：决胜全面建成小康社会 夺取新时代中国特色社会主义伟大胜利——在中国共产党第十九次全国代表大会上的报告》，http://www.xinhuanet.com/politics/19cpcnc/2017-10/27/c_1121867529.htm，最后访问日期：2025年3月27日。

孟子讲到理想社会时提出"老吾老以及人之老，幼吾幼以及人之幼""老有所终，壮有所用，幼有所长，鳏寡孤独废疾者皆有所养"。同时，儒家还倡导以民为本，孔子在与子贡对谈时提出"博施于民而能济众"的境界近乎圣者。墨家崇尚"兼相爱，交相利"。墨子希望"天下之人皆相爱，强不执弱，众不劫寡，富不侮贫，贵不傲贱，诈不欺愚"，即每个人都能竭尽其能帮助他人，将慈善变成一种道德品质。这些美德在中华大地上世代传扬、经久不衰，体现了中华民族独特的慈善文化。

（二）慈善文化传播的实践探索

上海市慈善基金会在发展过程中始终坚持开展慈善文化传播工作，其宗旨、信念、方针无不闪耀着慈善文化的光辉。"安老、扶幼、助学、济困"的宗旨体现了儒家以仁者爱人为内核的慈善追求，"依靠社会办慈善、办好慈善为社会"的方针包含了仁爱为民的朴素慈善情怀，"人人可慈善，行行能慈善"的信念凝聚着墨家以兼爱为精华的慈善理念，形成一种博大、奉献、感恩、向善的城市文化和人文精神。

第一，通过慈善文化理论研究加强慈善文化自信建设。慈善文化理论是慈善工作者在慈善行动和慈善事业发展过程中基于行业需求与现实需要形成的思想成果，是指导慈善实践的重要内容。上海市慈善基金会高度重视慈善文化理论研究，积极运用理论研究成果指导慈善实践。2004 年，上海市慈善基金会与上海社会科学院社会学研究所联合成立上海慈善事业发展研究中心，这是全国范围内率先成立的慈善研究中心。2017 年，上海市慈善基金会又与中国社会科学院-上海市人民政府上海研究院合作成立现代慈善研究中心。通过对慈善事业的实务分析，上海市慈善基金会和合作机构以正在开展的慈善事业为基础，总结上海经验，创建发展具有中国特色、上海特点的慈善事业理论和实务方法。三十年来，上海市慈善基金会将慈善理论相关研究成果汇集成册，结出累累硕果。2004 年以来已刊印的书籍有《慈善：关爱与和谐》、《转型期慈善文化与社会救助》、《转型期上海慈善事业发展研究》、《志愿服务与义工建设》、《慈善理念与社会责任》、《慈善：创新与发展》、《新时代慈善十大热点》《新中国 70 年：现代慈善新征程》、《2020：慈善公益与脱贫》和《共同富裕与慈善公益》等。这些成果对梳理中国慈善文化脉络、把握中国慈善理论前沿动态具有积极意义。

除了慈善文化理论研究的丰硕成果，加强和推广慈善论坛是形成慈善学术研讨、促进慈善事业高质量发展的重要方面。2002 年 1 月 21 日，上海市慈善基金会与《人民日报》华东分社共同举办了首届慈善论坛，深入探讨慈善事业与社会进步议题。此后每年"蓝天下的至爱"慈善活动期间，上海慈善论坛都会如期举行，成为主题活动的重要组成部分。2023 年上海慈善论坛以"中国式现代化与慈善事业创新发展"为主题，积极探讨了慈善事业创新发展面临的难题。上海市慈善基金会的领导 LL 在谈到上海慈善论坛的组织过程时表示："上海慈善论坛主题一直在贯彻中央思路。每年（上海）慈善论坛都会邀请专家。选题年初定，预测趋势，集合专家力量，确定主题和起草报告。群策群力，每年预测和中央各部门的所思所想都是一致的，凝结着战略委员会全体的智慧。"（20231019LL）这些主题前沿性较强的慈善论坛对构建中国特色慈善理论、形成慈善文化自信具有积极意义。

　　第二，通过征集慈善箴言培育组织文化基因。慈善箴言活动激发社会慈善参与热情，给人精神启迪和思想感悟，促进组织文化基因的培育。2012 年以来，上海市慈善基金会共举办了七届慈善箴言征集活动。每次活动均面向社会征集投稿，经社会各界和上海市慈善基金会区代表处的推荐及上海市慈善基金会的初审，部分箴言可进入最终评选环节。历届活动期间，上海市慈善基金会都组织专家评审会进行最终评审，评选出十佳箴言及专项奖，并通过多种媒体渠道面向社会发布。征集活动开展以来，慈善箴言的数量无法估计，但每一句都令人动容。表 8-1 呈现了历届活动评出的"十佳箴言"和两条特别箴言（见表 8-1）。

表 8-1　历届活动评选出的"十佳箴言"和两条特别箴言

第一届	弘扬慈善文化，构建大爱中华
	"慈善"是一盏灯：温暖别人，照亮自己
	慈善是架天平，表明人格重量！
	大爱点亮心灯，慈善升华人生
	慈善没有旁观者，你我都是践行人
	你我多一份慈善，城市多一份和谐
	慈善只有起点，爱心没有终点
	你给我的不是财物，更是博爱的情怀；我还你的不只是感激，还有奋起的信心
	我行动、我慈善、为世界贡献正能量！
	慈善公益大舞台，有你参与更精彩！
	特别箴言
	阳光慈善聚人心，慈善阳光暖人心
	慈善，蓝天下的至爱

续表

第二届	帮一人温众人心，助一家暖万户情 人无慈善不立，家无慈善不和，国无慈善不兴 有情有义，向善向上；积善积德，且寿且昌 永怀感恩之心，常做慈善之事 慈善汇聚正能量，爱心助力中国梦 在付出时倍感幸福，在幸福时用心付出 善若长存，爱则永恒 慈善是财富最完美的归宿 富不忘慈，济困济世；贫仍怀善，忧国忧民 慈源于爱；善始于行
第三届	慈善我和你，真爱零距离！ 用自己的星光，点亮别人的夜空 以爱生爱，知善行善 真善美是和谐社会的润滑剂，慈善法是公益事业的助推器！ 慈善是上海最美的名片，博爱是申城最美的请柬！ 慈善不是短促的口号，而是长久的坚持 善意就是心灵的美图秀秀 你我慈善一小步，幸福上海新高度 慈善不是小事，却由小事组成 心若怀善，清风自来
第四届	有爱的人生更温暖，有爱的上海更美好 慈善的是心，美丽的是行 大道至简，慈善从微 人以慈善润心，家以慈善润根，国以慈善润本 今日慈善助我，明日我为慈善 我以我心爱上海，我以我行助慈善 给自己一个慈善习惯，留上海一道美德风景 我们常常无法做伟大的事，但我们可以用伟大的爱去做些小事 心中无爱念，万志如长夜；心中有大爱，万志如长明 慈善，一扇谁都可以推开的门
第五届	战"疫"，我们携手并进；慈善，我们举世同行 "申"出一双手，跟从慈善走；"沪"助大家庭，收入一份情 慈为春雨，善作暖阳！ 社会多一份慈善，城市多一份温暖 慈善前程，百丈青云千里路；至爱美景，一轮明月万家灯 怀感恩之心，做慈善之事，扬公益之情，创和谐之城 慈不分大小，有心便可；善不论多少，有意就行 爱至真，心至善，行至美 慈者爱也，善者仁也，以爱助人，以仁度己 侬帮我，我帮侬，阿拉上海情最浓！

续表

第六届	立慈心做人，秉善意做事 胸中慈情在，人间善长存 慈之以恒，善之以成 慈，凝聚城市力量；善，展示城市温度 上善若水，慈送温暖；海纳百爱，善添希望 慈善播洒人间，情义誉满中华 慈善首笔有一点，慈善一点我来写 顺慈而动，向善而为 慈善时时处处，温暖点点滴滴 为慈立心，为善立行
第七届	心之向阳，不惧岁月苍茫；与爱同行，余生不畏风霜 慈如夏夜凉风，抚慰人心；善是冬日暖阳，驱走黑暗 善举如星，虽远犹明 慈润心，善养性 厚植慈善心，共筑慈善行 点滴善举可照尺寸方圆，大爱无疆可助万户千家 善行义举树新风，共绘大爱同心圆 大美无言，善行无迹 与人为善，与己为善，善人者，人亦善之 大爱无私处处阳光频送暖，积善成德年年春色去还来

　　第三，借助慈善活动彰显中华传统文化底蕴。在发展慈善事业过程中，上海市慈善基金会将慈善教育等慈善行为与中华传统文化相结合，塑造出向上向善、互助友爱、尊重多元的海派慈善文化。"蓝天下的至爱""慈善四进"等慈善活动成为上海宣传慈善理念、推动慈善事业发展的重要窗口。2023 年 10 月，嘉定区教育局、上海市慈善基金会嘉定区代表处在戬浜学校联合主办了"凝聚慈善力量 塑造美好人生"的主题实践活动，推动慈善文化进校园，营造浓厚的慈善氛围。此外，嘉定区代表处还启动了嘉定区慈善征文活动，在全区中小学普及慈善理念，弘扬善行济世的传统美德，营造见贤思齐的良好氛围，推动学校精神文明建设和思政教育的开展。2024 年 1 月，第三十届"蓝天下的至爱"慈善戏曲主题秀在普陀区宜山进行，京剧、越剧、沪剧、昆曲、评弹、淮剧等精彩纷呈，市民可以参与进来，走进戏曲，了解传统文化。

　　"至爱小记者"是《至爱》杂志在上海市慈善基金会的指导下组织开展的一项公益活动。该活动通过小记者"赋能学习+社会实践"的活动形式，培养孩子们的感恩之心、慈善之心、公益之心，让慈善公益成为孩子们从小养成的习惯，让慈善精神薪火相传。同时，在慈善公益的实践活动中，《至爱》杂志注重发挥青少年的力量。截至 2024 年，《至爱》杂志共有 98 名正式小记者（涉及本市 78 所中小学）及 24 名预备小记者。怀有慈善公益梦想的至爱小记者积极参与慈善公益活动、走访慈善企业、采访慈善人物，通过对话、体验慈善活动、刊发新闻稿件、校园分享、倡议演讲等各种形式，践行慈善公益，传播慈善理念，养成"爱与慈善"的好习惯。

第四，融合多样文化元素，丰富慈善文化内涵。上海市慈善基金会不断探索慈善与各类文化相结合，倡导体育慈善、娱乐慈善、消费慈善等慈善文化理念，使慈善更为新颖和有趣。体育慈善旨在以体育活动为载体营造慈善文化氛围。2005 年 4 月 20 日，上海市慈善基金会与中国乒乓球协会等共同举办了世乒赛大型慈善义拍活动，通过慈善义拍活动募得的 110.02 万元善款被用于资助因训练和比赛受伤致残的特困运动员，以及品学兼优且家境贫困的体育新苗，推动我国乒乓球事业的进一步发展。上海市慈善慢跑（原名泰瑞福克斯慈善慢跑活动）与加拿大领事馆、市体委等开展合作，所募资金用于癌症研究，为人类健康做出贡献。2005 年 9 月 4 日，上海市慈善基金会与香港著名影星成龙合作，共同举办了成龙慈善杯明星房车义赛，所募 100 万元资金用于失学儿童救助。娱乐慈善旨在为慈善文化赋予娱乐内涵。"超级女声唱游中国"上海演唱会、"好男儿慈善义演"、"美丽眼睛看上海"世界小姐慈善晚会等慈善活动不胜枚举。这些娱乐活动通过名人的影响力带动，凝聚广泛的社会力量，帮助普通百姓和深陷困境的家庭得到帮助，使慈善理念借助娱乐活动深入人心。消费慈善旨在把慈善文化与消费活动相结合，让群众形成随手慈善的理念。上海市慈善基金会与家得利、欧尚、麦当劳等多家企业联合举办慈善活动，引导群众参与慈善事业。

第五，加强慈善文化宣传，全面拓展慈善宣传渠道。上海市慈善基金会不断加强慈善文化宣传，将慈善理念宣传和普及放在组织发展的关键位置。上海市慈善基金会宣传文化委员会负责宣传和理论研究工作的领导 QZ 表示："从（上海市）慈善基金会的发展可以看到，整个社会慈善领域的事业在突飞猛进。宣传（方式）从就事论事地搞宣传，走出传统，到理论、信息、网络、传播、纸媒全方位涉及。原来围绕宣传而宣传，后来募助宣同行。"（20231026QZ）从《解放日报》等纸媒、线下传播点位到上海慈善网网站、广播电台、电视台、新浪微博、抖音、微信公众号等新媒体，上海市慈善基金会全面拓展宣传渠道。此外，上海市慈善基金会的慈善文化宣传不再是单独的板块，而是随着宣传手段的成熟逐步嵌入劝募、救助等环节，为慈善文化宣传储备更为丰富的实践材料。

二 品牌建设的必要性和实践探索

（一）品牌建设的必要性

品牌建设关乎每个组织的发展，具有悠久的历史。"品牌"一词最早出现于19世纪的市场部门，当时人们对品牌的认知相对狭窄，主要通过广告的形式来打造品牌。20世纪50年代以后，品牌建设受到西方学界的重视，相关学者相继提出品牌形象理论、品牌定位理论、品牌资产理论、品牌战略理论、品牌互动理论等众多理论（李晓青、周勇，2005；李静、王其荣、陈朝晖，2012）。21世纪以来的系列研究认为，市场主导逻辑从产品主导逻辑逐步转向服务主导逻辑，这也带来了品牌运作模式的重大转变——在产品主导逻辑的品牌建设中，顾客只是品牌价值的接受者和体验者；而在服务主导的逻辑中，品牌价值由顾客等利益相关者共同创造，这也对企业品牌建设工作提出了越来越高的要求（Vargo & Lusch，2004，2008）。

随着营利与非营利部门的互动越来越多，相关的管理思维和模式也在不断地扩散，慈善组织逐步开始增强品牌意识。在慈善领域，品牌是慈善组织的一种身份识别，是组织宗旨、价值观等品牌相关信息的交流和传播工具，并表现为组织名称、标识、标志、个性和承诺的组合（张冉，2019）。从慈善基金会的角度出发，品牌建设具有以下四个方面的价值与意义。第一，品牌建设有助于慈善基金会获得良好的信誉和声誉。慈善基金会可以通过提供优质服务、积极履行社会责任、提高项目管理效率等方式赢得公众的信任和支持，从而在公众心中留下良好印象，实现组织的持续发展。第二，品牌建设能为慈善基金会带来更大的竞争优势。随着国家政策的出台和社会需求的增多，慈善组织数量不断增加，塑造独特的品牌形象、传递清晰的品牌价值观念和提供差异化优质服务成为组织在竞争中取胜的重要议题。而依托一系列品牌人物或者项目，可以吸引更多的公众和组织对慈善基金会进行关注，这样在争取政府购买服务等渠道资源时也会更具辨识度。第三，品牌建设有助于慈善基金会进行有效的市场营销和宣传。慈善基金会通过有针对性的品牌形象和高效的传播手段，提高品牌的曝光度和知名度，这有助于获得更多的资源和支持，提高慈善基金会在资金筹集方面的成功率。第四，品牌建设有助于增强慈善基金会的凝聚力。当所有基金会成员都具有清晰的价值观和使命认同时，他们会更加专注于共同的目标和使命，减少相互之间在协作过程中的认知冲突，从而使组织更为紧密地团结在一起。

（二）品牌建设的实践探索

在三十年的发展历程中，上海市慈善基金会坚持"安老、扶幼、助学、济困"的宗旨，"依靠社会办慈善，办好慈善为社会"的理念，而品牌建设也一直都是其发展过程中的重要环节之一。品牌建设可分为品牌外化和品牌内化两个方面。其中，品牌外化主要指通过市场化的品牌塑造和传播策略向外界传递与品牌价值相关信息的沟通过程，品牌内化则是指组织面向内部利益相关者解释和展示品牌的过程，目的在于让利益相关者感受和认同品牌价值并将品牌所蕴含的价值观内化于个人日常工作之中（Berry & Parasuraman，1991）。进一步分析上海市慈善基金会如何通过公益项目、信息公开、媒体宣传、企事业单位合作等方式推动组织品牌建设的过程，可发现上海市慈善基金会呈现以品牌外化为主兼具品牌内化的品牌建设特征。

1. 品牌外化

（1）品牌外化中的品牌定位建设

品牌定位的目标是使消费者能够清晰地认识到本组织相比于其他组织所拥有的核心价值和独特地位（卢泰宏等，2009），而上海市慈善基金会较强的政治优势是实现其定位的根基。首先，基金会拥有党政部门的认可和支持，能够证明其身份合法性，这种背景可以让基金会获得良好的信誉，使公众和捐赠者更加重视与信任基金会的工作。1994年，上海市慈善基金会成立时，民政部和上海市主要领导出席揭牌仪式。其次，基金会享有政府相关资源，这些资源不仅包括经费、场地、人力等方面，还包括可以和其他政府部门、企事业单位进行合作交流，这可以帮助基金会快速打响品牌，提升软实力。2003年"非典"期间，上海市慈善基金会得到市政府批准，被列为上海市仅有的四家可以接受"防治非典型性肺炎"捐赠单位，其他三家为上海市民政局、上海市卫生局和上海市红十字会。再次，党政部门的认可使基金会所倡导的慈善活动更容易得到社会各界的关注和持续支持，成为联结政府和社会的桥梁。2005 年 12 月，上海市慈善基金会普陀区分会联合普陀区民政局、上海月星家居广场等单位共同发起成立上海最早的慈善连锁超市。当时上海市、普陀区两级党政机关部分领导出席了授牌仪式，也正是在相关领导的重视下，慈善超市的业务很快就开展起来了。最后，基金会的行政背景使其财务和项目信息公开的压力更大，基金会更加注重相关信息的公开透明，从而吸引更多的捐赠者和支持者，推动自身的可持续发展。1995 年 1 月，由基金会主办的"95 新年慈善义演电视晚会"在广电大厦演播厅举行，包括时任上海市委书记在内的多名领导参加晚会并观看义演。这次义演共收到社会各界捐赠 1350 万元。在上海市慈善基金会发展早期，行政力量的推动和支持为基金会打开局面、打响自我品牌做出了巨大贡献，而对于上海市慈善基金会来说，如何顺应时代潮流，在发挥过往行政优势的同时，催化新的发展优势以重新定位自我品牌，是未来发展的重要议题和挑战之一。

在区代表处方面，上海市慈善基金会积极启动了一区一品特色项目。一区一品，即根据各区优势资源和区域特征打造慈善品牌，培育创新文化。其中，闵行区代表处高度重视孤独症援助群体的需求，实施了闵行区孤独症社会援助体系建设项目；松江区代表处结合在东西部协作和对口支援方面的优势，实施了食用菌创业帮扶项目；普陀区代表处基于区内科教专业资源，实施了"种子科教援藏"项目；等等。这些品牌项目体现了各区代表处的社会影响和慈善理念，产业和街区的慈善意义被重新挖掘，区域的品牌特征得以凸显。

（2）品牌外化中的品牌识别建设

品牌识别的关键在于通过一系列标识、标志、口号等使大众迅速将组织和品牌联系在一起（De Chernatony，1999），从而增强社会对品牌的黏性。上海市慈善基金会自身创造的相关标志有力推动了品牌的可视化。

第一，上海市慈善基金会的会标被广为传播，影响力较强。上海市慈善基金会其实很早就注重自身的简称和标志，1995 年 10 月也就是基金会成立的第二年，其就已注册相关标志。上海市慈善基金会共申请 266 件商标，而其会标是上海市所有基金会中申请商标年份最早的。上海市慈善基金会的会标基色为红色，基本图形则是"心"形图案，由一只鸽子和一个地球构成。红色体现热情、温暖，"心"形表示爱心，鸽子象征和平、仁慈、吉祥，地球则代表世界。"SCF"是"SHANGHAI CHARITY FOUNDATION"（上海市慈善基金会）的缩写，寓意是：让爱心飞进千家万户，使世界充满友爱温暖。

第二，上海市慈善基金会具有较强的品牌保护意识。对于慈善组织来说，自身公信力受损，将极大地削弱组织的影响力和号召力，无法吸引来自社会的资源，更让慈善事业的社会价值蒙尘。因此，慈善组织更需要爱惜自身"羽毛"，力求使外界对自身品牌识别的印象保留在积极层面。早在2014年，上海市慈善基金会法律顾问团就发表授权说明，明确向外界宣布登记注册的会标、商标、著作权、无线网址、通用网址等全部纳入无形资产保护范畴，率先在国内基金会中形成全网品牌保护体系。之所以高度重视自身品牌识别工作，是因为时常有不法分子假冒慈善组织进行侵权、欺诈、集资等行为。例如，2023年有不法分子假冒上海市慈善基金会名义，通过"上慈Pro"App、微信群及网络平台等渠道，打着"慈善"旗号非法开展集资等违法活动；还有违法分子假冒上海市慈善基金会名义，组织所谓"小学生爱国主义教育团队"出游活动。上述事件虽向公安机关报案或向有关部门反映，但还是对基金会的声誉造成不良影响。

第三，上海市慈善基金会所属的一些专项基金也有自己独特的标志。2007年4月3日，上海维众投资管理有限公司、上海市多媒体产业园创业有限公司等企业和孙德棣基金（TEDSUN基金）及有关社会人士共同发起捐赠设立了上海市慈善基金会"唯爱天使基金"。该基金的宗旨是，为促进我国教育卫生事业发展，提高万人拥有医护人员的数量和质量，着重奖励和资助国家重点大学医学院中家境困难、品学兼优的医学生。专项基金设计的LOGO也初显爱的长河之标识：LOGO呈左右结构，左边一颗大"心"是上海市慈善基金会的LOGO，表明接受上海市慈善基金会监管，并方便公众找到所属机构，做公开透明的基金；右边三颗小"心"，第一颗代表爱心人士"奉献"的心，第二颗代表医学生成长"感恩"的心，第三颗代表百姓"满意"的心，中间"十"字表明三颗心联动传递。这同时表明，"唯爱"只做与生命有关的医学事业，着重奖励高校医学院家境困难的医学生，通过助力医生成长去改变更多人"因病致贫"的命运。

第四，电话热线是除标志之外让大众识别慈善基金会的一种重要形式。

1996 年，上海市慈善基金会致信上海市邮电管理局和上海市电话局，认为随着上海市民生活水平的不断提高，其日常需求逐渐朝着"以人为本"的方向发展，有必要开设一条慈善电话专线。根据上海市的要求和当年全国人大会议上某些代表提出的"要建立一个综合的应急援助和服务网络"，上海市民政局、上海市慈善基金会、上海市区服务中心、上海市社会福利中心决定联合建立一个"上海市民援助专线"，以更好地为市民服务。1997 年，电话热线正式开通，接受市民捐款捐物，当时大家一起选了个号码——2584343，谐音"让我拨慈善慈善"。

（3）品牌外化中的品牌沟通建设

品牌沟通可以通过公益广告、媒体宣传、社交媒体等多种方式进行（陈晔等，2011）。上海市慈善基金会打造品牌后积极将品牌向社会推广，从而提升组织的知名度和认可度。

第一，通过媒体宣传是实现组织和大众沟通的重要途径。来自上海市徐汇区的"阿爸"张志勇和他的志愿团队二十年如一日持续推动云南的帮困助学公益事业。他牵头成立张志勇公益服务社。二十多年来，他和公益服务社累计为云南、西藏、新疆、甘肃、贵州等地贫困地区捐款近 400 万元，捐赠各类物资 660 余吨，惠及贫困学生约 5 万人、教师 500 余人。2022 年，张志勇再次带领团队向云南省红河哈尼族彝族自治州的元阳、石屏两县学生捐赠了 1000 余套校服、300 套棉被和垫褥、500 双板鞋等爱心物资。张志勇公益服务社心系云南山区教育事业的事迹，经过上海市慈善基金会联络媒体进行充分报道后产生了积极的社会影响。如今，服务社已成为基金会的品牌项目团队之一，不断吸引更多有爱心的集体和社会人士，经常有民众慕名前来联系服务社捐赠。一位网名叫"平"的 65 岁阿姨，用家用小推车将两大包蛇皮袋装的衣物送到张志勇公益服务社。她说，张志勇老师的公益服务社让她可以有奉献爱心的地方，以后还会经常来捐。有不少志愿者是在看到张志勇事迹的宣传后报名参加志愿服务活动的，现在志愿者的规模越来越大。有很多家长因为孩子看到了媒体上宣传的"上海阿爸"的故事，也决定将原本打算送给亲戚朋友的儿童用品捐出。他们说，这些东西应该交到"上海阿爸"那里，因为他能够给更多有需要的人。

第二，报纸和电视等媒体平台也是进行慈善品牌宣传的重要阵地。事实上，上海市慈善基金会在成立初期就非常重视与媒体之间的合作，在 2001 年理事会工作报告中提到五个"必要"：一是继续加强与新闻媒体的联系，经常通报情况、沟通信息，不断壮大慈善宣传队伍，更好地调动记者报道慈善活动的积极性；二是与各媒体共同协商，争取多办几个形式多样、市民欢迎的"合办专栏"，结合基金会开展的各项募捐活动、实事项目，做好经常性报道；三是注意收集典型事例，及时向媒体提供信息，主动出击，做好深度报道；四是巩固基金会与有关媒体共同举办的慈善专栏并创造条件，增设一些新的栏目，以形成多层次、立体式的宣传网络；五是编印内容丰富的宣传资料单片页或小册子，广为传播，以扩大影响力。因此，上海市慈善基金会与《解放日报》联手开办的手拉手结对助学活动，每年组织资助方和受助方见面；与东方电视台合办的《迎着阳光》栏目、与东方广播电台合办的《792 为您解忧》栏目及与新民晚报合办的"慈善热线"等慈善窗口，定期或不定期地推出需要帮助的人物典型，呼吁社会各界伸出援助之手，突出了"人间自有真情"的主题，汇聚了热心人的情和爱。

除了借助媒体平台进行沟通，上海市慈善基金会还直接和群众进行沟通。

一方面，沟通是为了更好地完成救助任务。以"喜洋洋·送小羊"慈善项目为例，这个项目改变常用的现金资助模式，通过向特殊贫困家庭赠送小羊实施救助，是探索从"输血型"资助模式转向"造血型"资助模式的慈善项目。"喜洋洋·送小羊"慈善项目采用"基地+农户"的运作模式，用募捐得来的善款，向正规养羊基地购买小羊送给有饲养条件的特困家庭。随着这些小羊一起送到家里的，还有养羊技术培训、养中跟踪辅导、成羊收购和代销保障，彻底解决了受助者的后顾之忧。项目在 2011 年正式启动，试验阶段效果喜人。在项目运作过程中，上海市慈善基金会非常注重与受助对象的沟通。在小羊的发放数量上，基金会充分听取意见，从每户发放 5 只小羊到根据农户养殖能力适当增加小羊发放数量。同时，基金会根据村民反馈加强基础设施建设，采取服务保障措施，包括升级养殖基地设施设备、优化养羊基地环境、培育优质品种；对村民进行养羊技术培训、回访，建成一支兽医服务队；建立受助家庭一户一档档案制度，将每户受助家庭的申请资料、承诺书、小羊接收情况、培训情况、兽医回访记录、养殖与销售情况进行归档备案。另外，一些丧失劳动力的特困家庭在羊舍搭建方面会遇到实际困难，基金会在与这些家庭交流后，协助其搭建羊舍。

另一方面，和多方主体进行沟通能进一步提升自我，将慈善事业做大做强。2005 年 11 月，华东师范大学在全国高校首创慈善爱心屋。爱心屋作为上海慈善物资管理中心华东师大工作站和经常性社会捐助接收点，隶属于上海市慈善基金会，由该校学生资助管理中心负责日常管理。慈善爱心屋下设爱心超市、互动学习中心和慈善义工队，围绕物资帮困、素质提升和服务社会等方面，开辟了一条全新的资助育人途径，在学校营造出慈善助学献爱心的良好氛围。2023 年 2 月，上海市慈善基金会普陀区代表处与真如镇街道在慈善爱心屋的基础上，携手开展公益探索，打造"慈善超市"品牌项目，通过政府搭平台，企业、市民献爱心，第三方提供专业就业服务的模式，助力孤独症青年掌握生活技能、融入社会生活。普陀区代表处负责人表示："经过前期的一些培训，青年在慈善超市就能感受到良好的氛围，理货、清扫等一些简单的工作他们都能胜任。目前慈善超市里共有 8 名新青年，慈善超市的意义在于帮助他们树立信心、走向社会。"（20230720PZ）

2. 品牌内化

（1）品牌内化中的品牌服务愿景建设

品牌服务愿景的一大关键在于将自身的品牌建设思路、使命、价值观等通过培训或者激励等方式传达给员工，并鼓励员工提出新颖的想法和创意（王书玲、张君辉，2010）。例如，上海市慈善基金会虹口区代表处的品牌项目——"行走的渴望"公益助残项目深入云南省文山壮族苗族自治州 40 年前边境作战的前沿阵地，累计为文山壮族苗族自治州因战致残人员安装维护 4000 多条义肢，帮助他们重拾信心、融入社会、实现梦想。该项目由上海市慈善基金会虹口区代表处、上海假肢厂有限公司联合发起，汇集了相关各方的资金、管理、技术和属地资源优势，精准资助贫困残疾人安装假肢，助其实现行走甚至恢复劳动能力，是目前国内最有实效的假肢安装公益项目之一。上海市慈善基金会以相关企业义工为主导，在全国各地开展慈善公益活动，并通过持续跟进和帮扶，实现了项目自身和受助贫困群体的自我发展，逐渐沉淀形成"雪中送炭""精准帮扶""义工主导""务实高效""持续发展"的项目模式，创建了具有鲜明特色的孤儿院等系列慈善公益项目，而且以项目为平台，影响与带动了大批爱心人士和机构参与，促进了项目的持续发展。

上海假肢厂有限公司相关代表 XQ 谈及该项目的意义时表示："项目不仅帮助了需要我们帮助的困难群体，而且提高了当地政府对残疾人工作的重视程度，提高了当地假肢装配企业的技术水平，以更好地为当地残疾人服务。每当看到残疾人穿上合适的假肢带着欣喜、带着微笑，回到生活工作中，我都会感受到一种荣誉感，这让我在公益活动中提高了思想觉悟、培养了崇高的奉献精神。"（20230725XQ）

（2）品牌内化中的品牌文化建设

品牌文化涵盖了一个组织所代表的价值观和行为理念等，是组织和大众建立情感联结与进行共鸣的重要桥梁，而上海市慈善基金会详细界定了可为和不可为之举，凸显出自身的态度和责任观（蒋诗萍，2019）。

在不可为方面，上海市慈善基金会大力推进合规化建设，以减少组织运作过程中的声誉受损问题。例如，2006 年基金会理事会会议主要负责人提出，基金会应该确定工作重点，对于以前非常有效的品牌工作要继续坚持，做大做强，做出品牌，而不要忙于拓展新的领域；即使需要拓展，也要慎重地推进。同时，对于基金会保值增值工作，应该减少通过证券公司进行投资，原因在于证券公司的投机性强、风险较大，很容易出现既没有得到新的回报又损失本金的问题，会对基金会的声誉产生不良影响。根据此次理事会决议，上海市慈善基金会进一步加强了预决算管理，努力做到基金收支综合协调平衡，积极发挥财务的预警作用；积极开展内审工作，对南汇、宝山等六个区代表处和所属两个中心进行了财务收支审计，对新黄浦基金进行了专项审计，这对规范工作起到了积极的作用。

上海市慈善基金会致力于追求公开透明。在 2008 年汶川地震募捐工作中，上海市慈善基金会根据市委、市政府以及市民政局的统一部署，加强对赈灾款物的管理。收到捐赠款物后，上海市慈善基金会及时向捐赠者开具捐赠收据和证书，每天及时汇总赈灾募捐数字并报送市民政局，及时对赈灾募捐工作进行检查。在政府对赈灾资金和物资的专项审计中，上海市慈善基金会得到了上海市审计局的高度评价。为提高赈灾捐助工作的公开透明程度，上海市慈善基金会通过举行"援川项目情况通报会"等形式，向 100 余家捐赠单位通报赈灾款的使用情况，并通过多种媒体渠道向社会公示援建项目和捐赠者名单及援建项目的建设性质、建设规模、总投资金额、建设工期、工程计划等，接受社会各界监督。

在可为方面，上海市慈善基金会大力推进以慈善文化濡化感染内部成员，并寻求文化的溢出。例如，2010 年基金会坚持"以制度强组织，以精神带队伍，以需求定项目，以项目招义工，以品牌扩影响，以实效立形象"的思路，积极服务世博会，采取多种形式开展义工活动，组织慈善义工为办博人员和世博志愿者提供义诊与义演服务，到社区开展慈善义诊活动，举办"人文世博，关爱自闭症儿童"专场音乐会等；探索开展慈善义工进社区助老、助残服务工作试点，并及时总结经验，扩大试点区域。又如，2012 年上海市慈善基金会组织员工与外省市慈善组织进行学习交流，组团参加了民政部在深圳举办的"首届中国公益慈善项目交流展示会"和在宁夏银川举办的"黄河善谷慈善博览会"，在宣传基金会的同时，学习兄弟省市慈善组织的先进经验和做法，进一步加强了与国际公益组织的沟通。

（3）品牌内化中的服务品牌关系建设

服务品牌关系建立在大众与品牌进行互动和交流的基础之上（Zeithaml，1988）。上海市慈善基金会通过各种积极的沟通策略维持和加强与大众之间的联系。

第一，以理事会优秀的领导班子为载体，拉动有影响力的企业家参与品牌项目，推动项目实现高质量可持续发展。2017 年，上海市慈善基金会实施了"蓝天至爱计划·CSR 在行动"项目，即基金会通过公益创投和公益招投标两种方式资助社会慈善公益项目和执行机构，以陪伴式服务、陪伴式联手的形式为小微公益项目可持续发展提供支持。上海市慈善基金会副理事长 NC 回忆："在冯理事长的指示下，做'蓝天至爱计划'的时候，考虑到资金，我们当时走访了四家企业，企业董事长亲自接待，很积极，每家都募了 100 万。"（20231105NC）依托老领导的威望，上海市慈善基金会以行政推动的形式募捐，与企业家群体建立联系，更好地帮助"蓝天至爱计划·CSR 在行动"这一项目获得资金支持，从而增加了"蓝天下的至爱"这一极具影响力的品牌与企业、社会慈善公益项目和执行机构、受助人之间的黏性。

第二，设置爱心窗口有助于增强基金会和大众之间的互动。1995 年，上海市慈善基金会将成立之初的慈善热线形式转变为线下当面接待捐赠人的爱心窗口。2004 年以来，上海市慈善基金会持续对爱心窗口的服务方式进行创新，通过开展"主题捐赠日""明星志愿者日"等活动，打造

365 天全年无休的"凡人善举"服务品牌，邀请劳动模范、歌唱家等名人担任爱心窗口志愿者，促进爱心窗口深入人心。2019 年国庆假期，上海市慈善基金会第一次尝试在爱心窗口开展"名人志愿者"活动，以影响并激发社会各界人士参与公益事业。2019 年 10 月 6 日，上海著名笑星SY 受到上海市慈善基金会的热烈邀请，成为当日第一个进行捐款助学的爱心捐赠人，并体验了一回窗口的志愿者，接待前来献爱心的市民。其间，爱心窗口先后迎来著名沪剧表演艺术家、上海沪剧院院长茅善玉及著名越剧演员方亚芬两名爱心志愿者。这些富有社会影响力的名人架起了上海市慈善基金会与社会公众之间的桥梁，促进上海慈善文化深入人心，共同为上海慈善事业提供助力。这使上海市慈善基金会、名人、社会大众之间的关系更为紧密，也使"爱心窗口"这一品牌的关系建设更为有效。

第二节　慈善文化传播与品牌建设策略分析

慈善文化传播与品牌建设是彰显慈善组织生命力的重要实践，因此需要对其进行进一步分析。正如上海市慈善基金会第二任理事长冯国勤于 2019 年 4 月在基金会品牌项目推介手册中所说的那样，品牌项目是上海市慈善基金会发展历程的缩影。随着上海市慈善基金会从专业探索走向蓬勃发展，其初期开展的助医、助学等项目仍在大放异彩。此外，聚焦党和国家重点关注的对口支援、乡村振兴的项目也不断出现。这些品牌项目构成了上海市慈善基金会日臻成熟、纵深发展的品牌项目体系。

策略性地开展慈善文化传播与品牌宣传活动有三个方面的意义和价值：一是在于通过宣传活动，让更多的人了解慈善事业并熟知基金会的品牌活动，为基金会在不同组织的竞争中赢得认知优势；二是在于通过传播活动建立与目标受众之间的深层关系，激发受众对组织的认同，从而培养潜在捐赠者和支持者；三是通过树立正面的组织形象和价值观，赢得公众的认可和信任，提升整个组织的声誉和形象。上海市慈善基金会在传播慈善文化与宣传自身品牌项目的过程中采用了以下几种策略，以较小的力量获得更多的社会关注和支持。

一 事件捆绑法，提高品牌知晓度

事件捆绑法的核心思想在于将慈善活动或者品牌项目与热点事件捆绑在一起。热点事件本身就具有较强的吸引力和较高的关注度，如果慈善文化或品牌项目能嵌入热点事件中，就能让公众在关注热点事件的同时关注到慈善文化或品牌项目，实现注意力的传递和转移。

重大的商业、文化、艺术等交流活动是上海市慈善基金会发挥作用的重要载体。在 2010 年上海举办世界博览会之际，上海市慈善基金会紧紧围绕"共享世博、服务世博、宣传慈善"理念，策划开展"世博牵手你我，慈善连接万家——世博年慈善行系列活动"。上海市慈善基金会围绕"共享世博"，重点开展"世博在眼前，慈善在身边——万人相约看世博"活动，组织部分"点亮心愿"项目复明老人、受助学生看世博，四川灾区师生夏令营等活动；围绕"服务世博"，重点开展"扶贫济困、和谐上海，为平安世博做贡献"活动，加大世博会期间帮困送温暖特别是对大重病患者资助的力度，举办大型慈善义诊、义工服务进社区、为世博卫士送温暖等活动。

除了世博会这样的盛会，中华民族的重大传统节日也是上海市慈善基金会开展慈善活动的重要时间点。在节庆期间开展的慈善项目，因时间层面的特殊意义而更加具有慈善文化内涵，同时可以让受助对象有更强的获得感。以上海市慈善基金会黄浦区代表处实施的"爱心年夜饭"项目为例，其缘起于 1995 年春节前，香港爱心人士陈占美先生心系社区孤老、困难老人，成功举办了第一次爱心年夜饭活动。当天原卢湾区八个街道的 160 余名孤老、困难老人在街道党工委书记的陪护下，受到陈先生的热情款待，每名老人都收到了 500 元慰问金和一份年货。之后，陈先生、顾卞裘莉女士、包氏基金等为爱心年夜饭活动捐赠了专项资金。台湾慈济志工也参与了爱心年夜饭活动。每年与社区孤老、困难老人同堂欢聚的爱心年夜饭活动得到了社区的认可和支持。2012 年至今，黄浦区 10 个街道的 450~500 名孤老、困难老人参加爱心年夜饭活动，已成为黄浦区慈善项目的传统品牌。

二 名人代言法，扩大社会影响力

艺术家、影视明星等社会名人作为公众关注的焦点，拥有广泛的受众基础，其一言一行受到公众的关注且大家争相模仿，因此慈善组织如果能通过名人消除和公众之间的隔阂，显然是事半功倍的，当然也需要注意名人的社会形象是否与组织文化和品牌项目相匹配。只有确保名人所代表的群体同时是慈善活动关注的潜在目标群体，且名人的观点也符合慈善文化所追求的理念和品牌项目所倡导的价值观，才能达到最佳宣传效果。

第一，由名人出席义拍活动，带动拍卖现场的氛围，是品牌宣传的主要策略之一。2001年初，在张瑞芳、秦怡等著名艺术家和社会知名人士的倡议下，上海市慈善基金会启动了"点亮心愿"贫困老人眼疾患者复明手术项目，每年举办一次"点亮心愿"慈善义拍活动，用筹集的善款为贫困老人做白内障手术。张瑞芳、秦怡等著名艺术家将画作、艺术品捐赠给基金会，带动了社会公众对中华传统文化和慈善活动的关注。"点亮心愿"慈善义拍活动如今已成为上海慈善活动的知名品牌。

第二，邀请知名艺术家进行慈善义演，将演出活动冠以慈善主题，也是品牌宣传的一种方式。2021年1月1日，由上海市慈善基金会和安利公司共同发起的"蓝天下的至爱——安利之夜·新年慈善音乐会"大型慈善活动在上海大剧院举行。作为当今国际乐坛最活跃的中国钢琴家之一，孔祥东在音乐会现场为观众弹奏了多首中外经典名曲。孔祥东不仅长期担任中国特殊艺术协会副会长、联合国儿童基金会亲善大使，还是一位致力于音乐疗愈的心理健康推广者。他认为音乐是心灵的"创可贴"，人们通过与音乐对话，可以舒缓情绪、疗愈心情。

第三，第三十届"蓝天下的至爱"慈善活动邀请了上海公益微电影节发起人、上影演员剧团团长佟瑞欣，奥运会冠军吴敏霞，科学艺术家、著名医学遗传学家、上海交通大学医学遗传研究所所长曾凡一，《新民晚报》高级记者晏秋秋担任"慈善宣传大使"，为慈善助力。整个活动期间，上海市慈善基金会通过参与线下活动、制作推广海报和宣传短视频等方式，在线下、微信朋友圈、视频号直播、小红书等，多渠道、多路径、多场景为慈善助力，传播慈善文化，倡导慈善理念。

三　集成创新法，开展综合性品牌活动

为了减少对不能完全控制因素的依赖，上海市慈善基金会通过整合组织资源，持续打造整体性、集成性品牌项目，降低大众对其品牌的认知成本。事件捆绑法和名人代言法虽然能迅速提升品牌宣传效能，但是关键问题在于，热点事件的发生并不以人的意志为转移，名人是否合适

以及是否愿意合作需要观察协商，会带来更高的宣传成本，因此集成创新法具有重要意义。

　　"蓝天下的至爱"是上海市慈善基金会最具代表性的综合性品牌活动，蕴含着"人人可慈善，行行能慈善"的慈善理念，让"见善而行、展我所长、尽我所能"的凡人善举蔚然成风。在成立当年年底，上海市慈善基金会就推出了"蓝天下的至爱"新年慈善系列活动，至今已连续举办了三十届。其活动内容丰富、形式多样、常办常新，是一项集宣传、募捐、救助于一体的综合性大型慈善活动。"蓝天下的至爱"慈善项目包括新年慈善音乐会、慈善演唱会、慈善一日捐、万人上街慈善募捐、万户助困、孤残儿童联欢会、温暖送三岛、慈善晚会及各种形式的义卖、义捐、义赛、义诊等活动几百项。自 2001 年起，上海市慈善基金会集中安排了一天"爱心全天大放送"，增加了慈善手术、"点亮心愿"慈善义拍、慈善大乐园等内容，形式新颖，富有创新。经过三十年的实践，"蓝天下的至爱"不仅成为上海著名的慈善品牌，而且在全国产生了深远影响。2007 年，"蓝天下的至爱"获得"中华慈善事业突出贡献奖"。2018年 5 月，"蓝天下的至爱"成为上海 150 个"上海文化"品牌建设重点项目之一，是上海市民了解上海慈善的重要窗口。2018 年 6 月，《2016"蓝天下的至爱"慈善晚会》在中国电视艺术家协会主办的首届全国优秀公益电视节目推选活动中荣获公益特别节目类最佳作品奖。

四　聚焦边缘法，帮扶特殊群体

　　不同类型的慈善基金会的工作大同小异，而上海市慈善基金会因其专业优势能关注到更多困难群体，从而提升自身影响力。上海市慈善基金会的一大使命就是助困，所帮扶的困难群体不仅包括"一老一小"，还包括罕见病患者、农民工子女、社会矫正人员等特殊群体。这些群体在生活、工作、教育、健康等方面面临着更多的困难和挑战，关注这些群体有助于促进社会公平正义。如何向这些群体伸出援助之手是对慈善组织的一大考验。规模较小的慈善组织很难有足够的资源优势、组织能力和社会影响力来改善一类或者几类特殊群体的生活状态，上海市慈善基金会则拥有专业化的服务团队和较强的管理能力，通过聚焦边缘的方法既可以解决慈善事业中的难点痛点问题，又可以成功吸引公众眼球打造品牌项目。

第一，开展关注特定需求群体的项目是上海市慈善基金会长期采取的工作方式。基金会和上海曹鹏音乐中心合作开展的"天使知音沙龙"项目，以音乐为公益慈善媒介，让孤独症患儿在音乐熏陶中建立起与外界的联系，通过乐器教学、行为习惯培养、孤独症患儿音乐会演出、"爱·课堂""爱·咖啡""爱烘焙""爱乒乓"等项目打造青年志愿者服务品牌，帮助孤独症患儿融入集体、提高社交能力，点燃孤独症患儿家庭的希望。2008年以来，上海市慈善基金会共资助50个孤独症家庭、200名孤独症患儿，影响了近40万名上海市民。该项目2013年被评为上海市慈善基金会首届十佳慈善公益项目。

第二，关注特殊群体的项目可被拆分成若干个子项目，从而使品牌形象更加立体。上海市慈善基金会奉贤区代表处广泛动员社会力量，实施"牵手同行——特殊人员关爱行动"项目，倡导全社会关注和关爱特殊群体，推动慈善事业发展。项目动员司法系统人员参与，发挥专业社工的专长，帮助服务对象健康成长；拓宽就业渠道，处理好家庭内部关系。这为解决特殊群体就学、就业、生活救助、心理健康、权益保护等问题和需求提供了全方位的综合服务，提高了特殊群体家庭成员之间的亲密度，提供了一些就业机会，为有效预防和减少犯罪做出了积极探索。这一项目在2013年被评为上海市慈善基金会首届十佳慈善公益项目。"牵手同行——特殊人员关爱行动"项目坚持"以人为本，助人自助"的理念，对奉贤区7000多名吸毒、社区服刑、行为偏差青少年等服务对象开展帮教工作。通过"法在我们身边"、"你有心事我用心听"、"托起明天的太阳"、"亲子大本营"和"就业援助"五个子项目，上海市慈善基金会有效提高了对服务对象的帮教成效，化解了潜在社会风险，提升了社区和谐程度。项目的品牌形象也在此过程中变得更加具象化。

五　娱乐慈善法，激发公众参与积极性

慈善组织在开展活动过程中应当注意提升活动的趣味性、增强活动的吸引力，从而丰富慈善文化内涵，培植娱乐慈善的组织文化基因，促进更多人参与和支持相应活动。这是因为，慈善活动的开展一般需要公众具有利他精神，对公众的道德水平提出了一定要求。如何降低公众参与慈善活动的心理成本也是慈善研究中的重要议题，而开展富有趣味性的活动能增加慈善活动的吸引力，让人们在奉献的同时感到愉悦，从而

激发他们参与的积极性、持续性和广泛性（岳鹏星、郭常英，2017）。

第一，将群众喜闻乐见的游戏融入慈善活动中，是慈善文化传播与品牌建设的重要策略。由上海市慈善基金会、上海 YC（集团）公司和上海市桥牌协会共同举办的"爱我中华桥牌义赛"活动，一年开展一届，参赛选手定向对 1 名孤儿进行捐赠，捐款数额为 3 万元，切切实实地解除了孤儿学习和生活的后顾之忧。该活动不仅能增强选手的捐赠意愿，还能对外产生影响力。比如，在第六届"爱我中华桥牌义赛"活动中，参赛选手不够多，捐款额只有 1.6 万元。很多不是选手的慈善热心人士了解情况后踊跃捐赠善款，总共募得 3.2 万余元，增加了项目所能资助的困境儿童数量。

第二，真人秀作为广受人民群众欢迎的娱乐节目，同样可作为慈善文化传播与品牌建设的载体。2006 年的"超女"慈善义拍是一个经典的例子。正值超级女声上海演唱会结束之际，上海市慈善基金会特意举行了慈善答谢酒会，参与演出的"超女"集体亮相，捐出自己的个人物品进行拍卖，引来沪上慈善热心人的广泛支持。此次慈善拍卖金额总计 650500 元，在为慈善事业筹集善款的同时，成为一次时隔多年仍被津津乐道的慈善品牌推广活动。

六 树立慈善典型法，增强慈善文化感召力

慈善人物是感召慈善工作者前行的重要力量。评选上海市"慈善之星"，编选慈善人物故事，可以激发慈善文化传播的活力。自上海市慈善基金会成立以来，一批批先进的慈善工作者用慈善实践彰显大爱无疆。第十一届上海市"慈善之星"——徐汇区上海奶奶沈翠英在汶川地震后卖掉住房，筹集 450 万元在四川省都江堰市新建了学校，她把自己所有的时间、自己的一切都给了学校、孩子和农产品。在"上海奶奶"精神的传承和浸润下，大爱奉献在上海生根发芽。小儿心胸外科领域专家贾兵作为"点亮心愿"儿童先天性心脏病手术救助项目的主刀医生，数十年如一日挽救孩子的心脏，用自己的双手让一个个患儿的心脏重新跳动。毛怡、毕原鸿两位老人先后捐赠两套房产援建希望小学完成儿子遗愿，并在百年之后捐出毕生积蓄 100 万元，他们的慈善资金继续用于帮助困难学子。他们用生命践行慈善，成为慈善文化传播的使者。

第三节　慈善文化传播与品牌建设的典型特征

传播慈善文化是彰显慈善组织生命力、折射慈善文化持久影响力的重要体现。打造品牌是一种战略性的思维和行动，对于慈善组织来说具有重要意义。它使慈善组织在提升自身竞争力和可信度的同时，也将公共价值不断延伸和拓展。在三十年的发展历程中，上海市慈善基金会以品牌建设驱动组织发展，呈现独有的特征，具体来看分为以下几方面。

一　传播持续性

成立之初，上海市慈善基金会便通过明确机构宗旨和理念、打造机构会标、完善慈善口号、开设慈善论坛等方式持续加强对机构慈善文化的传播，提出了"安老、扶幼、助学、济困"的宗旨，"人人可慈善，行行能慈善"的口号令人印象深刻。1994 年 9 月，基金会的慈善会标正式公布。慈善实践中形成的"帮助他人，阳光自己""随手公益，随时慈善"等口号简洁明快，具有宣传效果。自 2002 年上海慈善论坛开设以来，一批理论成果得以涌现，长三角慈善一体化、现代慈善、互联网慈善等理念不断被提出，持续推动和引领上海慈善事业不断发展。

二　影响广泛性

传播活动是否有效不仅在于组织内部是否具有专业化的管理和运作，还在于组织是否能获得更多的合作伙伴或者外界公众的认可。一方面，公众是组织传播活动的关键受众，他们对组织的认识和意见影响组织发展，因此组织需要与公众进行有效的互动和交流，从而适应外界需求变化。另一方面，品牌建设需要政府、企业、媒体等主体的支持。政府可以营造良好的制度环境，企业可以为组织提供相应的资源支持，媒体则在组织公信力、项目推广等方面提供支持。因此，参与品牌建设的主体越广泛越多元，就越能为组织带来更多的发展机会。只有在各方主体的共同努力下，品牌才能实现长期稳健发展。上海市慈善基金会在开展各类宣传活动过程中注意调动各方力量。比如，"万人网上捐"活动得到了33 家门户及企业网站的支持；"安利慈善跑"活动以嘉年华的形式为企业和个人搭建了奉献爱心的平台，吸引了市民广泛参与；与《解放日报》合作，常年开展"手拉手"结对助学活动，每年组织两次资助方和受助方的见面活动。此活动采取单位和个人结对、个人和个人结对的方法，资助对象涵盖从小学到大学各个阶段的学生群体，于 2007 年 1 月荣获"中华慈善事业突出贡献奖"。

三　管理系统性

慈善文化传播与品牌建设涉及文化建设、品牌定位、服务流程、声誉管理、对外宣传等多个方面，因此需要组织在管理过程中形成系统性的规划与行动。稳定科学的管理模式有助于确保组织文化和传播策略的一致性，让公众在与组织接触的过程中获得良好体验，从而更好地塑造和维持组织形象。上海市慈善基金会在慈善文化传播方面建立了系统专业的管理体系。以宣传信息与理论研究委员会为例，该委员会自第四届理事会成立以后，负责新闻报道、慈善文化宣传、公益广告、上海慈善网和《至爱》杂志，负责组织综合性大型活动，牵头负责理论研究、战略规划、经验交流等工作事项，工作内容清晰具体，领导团队优秀负责，给慈善文化传播带来了积极和正面的影响。在专项基金运作方面，上海市慈善基金会形成了系统和综合的管理体系。比如，唯爱天使专项基金实施"三个结合"：一是将慈善帮困与培养医学紧缺人才相结合，连续资助 5~10 年，助力家境困难的医学生完成学业；二是经济资助与人文关怀相结合，每年与多所高校医学院联合举办专场仪式活动、座谈论坛；三是接受爱与传递爱相结合，多所高校医学院成立了唯爱天使社团，开展"天使在行动"志愿服务活动。以"三个结合"为抓手，唯爱天使专项基金自身的系统性和综合性得以凸显。

四　执行规范性

慈善文化传播与品牌建设需要通过规范性提供行为准则和运作环境，使相关工作的开展更为标准化和流程化。规范性意味着明确的工作程序和标准，不仅可以使组织人员更好地履行自身职责，而且可以使组织人员在实际工作中减少混乱和纠纷，从而推动合作效率的提升。上海市慈善基金会在慈善文化传播与品牌建设过程中严格遵守国家和上海市的有关规定，坚持财务报告、审计报告及重大活动向社会主动公开。根据《基金会管理条例》和《基金会信息公布办法》，2013 年 4 月，上海市慈善基金会理事会审议通过《专项基金管理办法》后，即制定了《关于实施〈专项基金管理办法〉的试行意见》（包括协议文本）。根据实施《上海市募捐条例》的要求，上海市慈善基金会制定了《关于做好募捐活动备案工作的通知》《关于做好幕捐活动备案工作的操作流程的通知》《关于分会开展联合募捐活动的试行意见》《信息公开办法》《募捐管理办法》等制度。此外，上海市慈善基金会还依据《中华人民共和国慈善法》《慈善组织公开募捐管理办法》以及《上海市基金会专项基金管理办法（暂行）》《上海市慈善条例》等有关规定对组织的制度规范作出了相应调整。部分制度文件包含品牌建设相关内容，为打造和宣传品牌提供了规范与依据。

五　内容创新性

推动传播内容的创新对组织发展具有重要意义：一方面可以使社会公众接触到最前沿的慈善理念，保持对慈善事业的新鲜感和参与热情；另一方面可以发挥品牌差异化优势，吸引更多的关注者。为了解决沪上老年人看电影"门票贵"问题，丰富老年人的精神文化生活，上海市慈善基金会安信信托百姓爱心专项基金、上海市电影发行放映行业协会与106家影院共同发起为60周岁以上老年人提供每场35元优惠观影活动；每月举办"公益场"，结合重阳节等特定节日，策划专题放映活动，组织老年人免费观影。该活动充实了老年人的晚年生活，也向全社会发出了共同关爱老人、传递爱心的呼吁。以该活动为题材的微电影《票根》获得第二届"上海公益微电影节"优秀影片一等奖。

第八章

技术赋能：数字化转型缘起与实践探索

互联网技术的运用对慈善领域产生了显著影响，人工智能（Artificial Intelligence，AI）、虚拟现实（Virtual Reality，VR）、流媒体（Streaming Media）等为慈善事业提供了更多的发展途径。慈善组织可以依托互联网平台快速公布捐赠记录和项目信息，同时也能联系到更多企业和捐赠人，有效提升项目实施、资源获取、服务供给等方面的效率（徐家良、成丽姣，2023b）。上海市慈善基金会寻求数字化转型主要有两个目的：一是顺应中国慈善组织数字化发展的主流趋势，二是在开展慈善活动的过程中提升运营效率、降低行政成本、链接优质资源。数字化探索有效提升了个体主体性、目标多元性、服务精准性、服务有效性和参与广泛性，优化了上海市慈善基金会的管理流程和工作模式。

第一节　中国慈善组织数字化转型历程及影响因素

21 世纪初，数字技术在中国慈善事业中越来越受到重视，运用场景不断拓展。短短二十余年，中国慈善组织的数字化发展已经历五个阶段，理念不停迭代。在不同的发展阶段，数字技术被慈善组织运用到不同场景中，数字慈善越来越成为慈善领域的一种共识。同时，单一慈善组织的数字化发展决策和进程受到外部环境和内部理念的双重影响。

一　中国慈善组织数字化转型历程

20 世纪七八十年代以来，数字技术成为社会新的驱动因素并全面且深刻地影响着经济发展与人们的生产生活（郁建兴等，2023）。具体来说，体现在以下几个方面。第一，数字技术极大地改变了信息传播和交流的方式，互联网使人们能够实时获取各种信息，而社交媒体也改变了人与人之间的交流方式，人们可以通过社交媒体平台分享观点、交流信息和联系他人，有助于全球化和跨文化交流。第二，数字技术的兴起促进了全球经济的增长和创新，重塑了商业流程并提高了生产效率。通过互联网和电子商务，人们可以轻松进行在线购物和交易，消费者获得更多选择，企业也能更好地与全球供应链合作。第三，数字技术在政府和公共服务领域发挥着重要作用。政府可以利用数字技术提高行政效率、简化政务流程，并且更便捷地与群众互动；群众可以在线申请公共服务、缴纳税费、参与议事等。这提高了政府的透明度和增强了办事流程的便利性。第四，数字技术扩大了人们的社交圈子、改变了人们的社交模式。比如，虚拟社区、兴趣社群和线上活动等形式作为一种新的结构洞的存在，提供了更多结识新朋友和共同爱好者的机会，人们可以通过网络结识来自不同地方、背景和文化的人，克服传统社交的局限性。第五，数字技术成为人们表达意见、分享信息和组织活动的重要工具。通过社交媒体，人们可以迅速传播信息，与其他支持者进行互动，联合起来推动和宣传特定事业。

慈善数字化是指慈善主体运用数字技术实现解决行业痛点、提升组织活动效能、赋能助力资源链接等目标的一种状态（谢琼，2022a）。数字技术应用实现了对慈善的全方位赋能，极大地拓展了慈善的领域和功能（周俊等，2023）。腾讯基金会和腾讯研究院联合发布的《公益数字化研究报告2021》显示，中国慈善事业的数字化从1999年至今依据建设的侧重点可以大致分为五个阶段，即1999～2007年以门户网站为中心的第一阶段、2007～2016年以捐赠者为中心的第二阶段、2016～2018年以多元主体为中心的第三阶段、2018～2021年以社会价值为中心的第四阶段、2021年至今以人民为中心的第五阶段（见图9-1）。①

第一阶段以门户网站为中心，通过互联网信息渠道扩大慈善组织品牌活动的传播范围，进而让更多的社会公众了解慈善事业。20世纪末，中国经历了社会转型期，社会结构和经济环境发生了巨大变迁，人们面

---

① 《公益数字化研究报告2021》，https://www.waitang.com/report/32617.html。

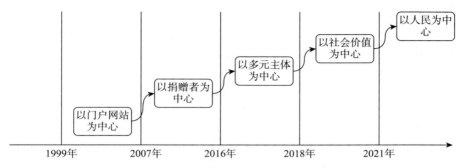

图 9-1 中国慈善组织数字化转型历程
资料来源：根据相关资料整理而成。

临各种问题，需要得到帮助和支持。在这个时期，互联网开始普及，网络论坛成为人们交流和分享信息的重要平台。天涯论坛作为当时知名的论坛之一，意识到满足用户需求的重要性，因此决定开设民间互助板块，为用户提供了一个可以自由表达、寻求帮助和分享经验的空间，这是中国历史上第一个互联网网民之间的互助论坛。从 2006 年开始，中国互联网各大门户网站纷纷开设公益频道，旨在推动社会公益事业发展并提供公益信息服务。例如，新浪公益频道致力于报道公益新闻、宣传公益项目，并为困难群体提供公益捐款渠道，鼓励网民参与慈善事业；腾讯公益秉持"用科技连接公益"的理念，设立公益论坛、志愿者招募、公益资讯等界面，促进网民之间的交流。2007 年，腾讯成立腾讯公益基金会，有效推动了互联网慈善事业的发展。基金会充分利用腾讯数字技术，直接与用户互动、宣传公益项目、筹集善款，并传播慈善知识和文化，加速互联网与公益事业的结合。

第二阶段以捐赠者为中心，主要体现在通过数字技术为捐赠者提供线上捐赠渠道，同时主动向捐赠者披露慈善组织的财务状况和捐赠使用情况等。其实早在第一阶段，腾讯互联网公益平台就已宣告成立，成为首个互联网公益募捐平台。公众可以利用平台进行在线捐款、查询公益项目、参与志愿者活动等，无须受时空限制，可以更加便捷地参与公益事业。2011 年以后，更多公益平台宣告成立，公开展示公益项目信息和善款使用情况等，使公众能够更清晰地了解慈善组织的运作情况和项目进展。互联网公益支持机构也在这一阶段开始萌芽。2012 年，了解到许多慈善组织在捐赠人和志愿者等利益相关者的管理、更新、维护等日常性工作中基本依赖人工，数据的收集、整理、再利用的效率较低之后，慈善数字化产品供应商佳信德润（北京）科技有限公司（以下简称"灵析"）诞生。它聚焦慈善组织的短板和需求，提供联系人管理系统、月捐系统、项目管理系统、内部资金管理系统等定制化服务。游戏公益和公益节庆活动也诞生于这一时期。前者的代表是 2014 年兴起的冰桶挑战。它作为一个在互联网上广泛传播的公益活动，旨在为渐冻症患者筹集资金并增强公众对这种疾病的认识。众多社会知名人士的踊跃参与和传播，使渐冻症为大众所熟知。后者的代表是起步于 2015 年的腾讯 99 公益日。作为中国的第一个互联网公益节日，它为教育助学、乡村振兴、医疗救助、自然保护、关怀倡导等各类公益项目提供在线募捐渠道。首届 99 公益日共获得用户捐赠 1.28 亿元，吸引公众 205.3 万人次。

第三阶段以多元主体为中心，主要特征是创新各种互联网公益运作模式，融入公众日常生活，进而调动其参与公益的积极性。随着《中华人民共和国慈善法》的颁布实施，慈善事业数字化迸发出新的活力。2016 年和 2018 年，民政部分两批指定 22 家互联网公开募捐信息平台，以推动互联网公益筹款的规范化建设。同样是在 2016 年，支付宝将移动支付与环保行动结合起来推出了蚂蚁森林公益活动。用户可以通过完成日常消费并积累能量，为真实世界种植树木，还可以展示自己的能量和树木数量，并与家人、朋友一起竞争和互动。这增加了社交共享的乐趣和趣味性，从而在一定程度上减少了碳排放和环境破坏。这种互联网公益活动激发了更多人关注环保问题，培养了公众的环保意识。2017 年，腾讯公益推出多种创新性公益活动产品，跑步、听音乐、扫码支付等成为做公益的一种方式。例如，"云养流浪猫"项目通过记录一只流浪猫从被救助到成为领养站一员的过程，畅通合规且透明的线上助养渠道。以往捐款是行善的主要方式，而这一阶段的行善方式更为多元，参与主体不一定捐款，还可以捐赠声誉、流量和积分等，从而激发更多参与者行善（谢琼，2022b）。这一时期互联网募捐成为我国慈善事业的重要渠道，与此同时，还面临募捐主体、募捐地域受到限制和网络募捐法律体系不健全等难题（金锦萍，2017）。

第四阶段以社会价值为中心，当公众越来越习惯于使用数字化产品时，慈善组织和互联网公司就可以依托数字化技术不断拓展其服务范围。2019 年，腾讯公司正式对外公布其新的使命愿景为"用户为本，科技向善"。"科技向善"一方面体现在不滥用科技、不用科技作恶，另一方面体现在助力打造一个更美好的社会。例如，2020年新冠疫情发生后，腾讯便陆续上线了健康码等100多个疫情服务相关小程序。这些小程序不仅可以实现疫情信息采集、主动申报、疫情线索提供、医学观察服务与管理、疫情实时动态，还可以提供在线智能问诊与同行程人员查询等功能。同样是在2020年，阿里巴巴公益基金会推出的《公益链技术和应用规范》团体标准正式发布，这是国内首个公益区块链行业标准。这份标准涵盖了公益项目存证上链所需要的技术要求、慈善组织及项目执行各相关方应用要求、信息保护要求等三大类十多项具体执行标准，能够帮助慈善组织更快更好地实现上链，进而提升慈善项目的执行效率及透明度。

第五阶段以人民为中心，数字化的建设越来越受到国家的关注和重视，相应政策的出台对数字慈善提出了具体的要求，使数字技术的人民性、公共性特征更加明显。《中华人民共和国国民经济和社会发展第十四个五年规划和2035年远景目标纲要》提出，要"加快数字化发展，建设数字中国""加快建设数字经济、数字社会、数字政府"。《"十四五"数字经济发展规划》指出，要"充分运用新型数字技术，强化就业、养老、儿童福利、托育、家政等民生领域供需对接，进一步优化资源配置""加强面向革命老区、民族地区、边疆地区、脱贫地区的远程服务，拓展教育、医疗、社保、对口帮扶等服务内容，助力基本公共服务均等化"。《2022年提升全民数字素养与技能工作要点》提到要"激发企业数字创新活力，完善数据驱动的科研创新模式，培育高水平数字人才"。这些为慈善组织数字化发展提供了重要方向。

二　中国慈善组织数字化转型的双重影响因素

慈善组织的数字化转型其实受到外部环境和内部理念的双重影响。新制度主义相关理论认为，外部环境可以分为技术环境和制度环境两种（Meyer & Rowan，1977）。技术环境要求组织以效率为主，强调低投入高产出，如某些企业将组织财务资金用于技术的迭代而非产品营销和企业形象塑造。制度环境要求组织接受和采纳外界所广泛认同的方式和做法，如某些企业在做大做强后应该积极承担社会责任，参与对特定困难群体的援助活动。如果对外界的制度环境有违背或者不遵从的行为，则会引起社会公愤，导致合法性危机，从而为组织的发展带来阻碍（王秋霞、张敦力，2018）。

　　慈善组织面临着四种复杂的外部环境（见图9-2）。第一种是强制度环境–强技术环境。在这种情况下，慈善组织需要兼顾组织发展效率和组织形象，而且外部环境对组织资源的支持力度也较大，需要慈善组织不断营造。第二种是强制度环境–弱技术环境。这种环境下组织的形象和声望最为重要，因此慈善组织需要更加注重自身的社会角色和责任，努力获得公众的认可，但是组织效率不足最终可能会影响组织的生存和运营。第三种是弱制度环境–弱技术环境。慈善组织受到外界的影响相对较小，可以独立地探索发展道路，但同时也较少获得外界支持。第四种是弱制度环境–强技术环境。这种情况下慈善组织更加注重目标的达成和效率的提升，努力推动组织技术创新和科学管理体制建设，而相对忽视组织的文化、名誉、形象等要素，容易产生信任危机。中国的慈善组织在这四种复杂的外部环境中不断地探索、反思与调适，产生不同的与数字化密切相关的行动，试图更为便捷地运用数字化技术为组织发展服务。

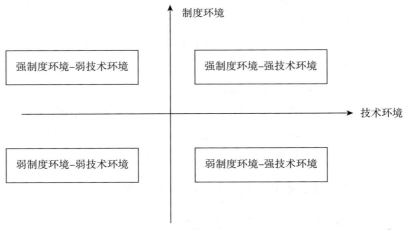

图9-2　慈善组织面临的四种外部环境

　　在内部理念方面，慈善组织内部成员尤其是决策机构对数字化的态度在很大程度上决定着组织的数字化进程。上海市慈善基金会对数字化的态度总体呈现由封闭到开放、由局部探索到全局覆盖的特征。在制度环境和技术环境的调适之下，上海市慈善基金会不断加强对互联网时代数字化的学习，比如在上海慈善论坛中反复以互联网慈善为主题展开研讨。2018年，上海慈善论坛在中国金融信息中心举行。本届论坛以"互联网·创新慈善服务——长三角一体化，慈善在行动"为主题，来自长三角三省一市的慈善机构领导和公益人士共同探讨交流互联网时代慈善的创新机制与可行路径。2021 年，上海慈善论坛发布《互联网慈善发展报告 2021》，推动互联网慈善理论研究走向深化。2022 年，上海市慈善基金会相关代表积极参加中国互联网公益峰会，将上海市慈善基金会的数字化实践向整个行业分享。正是在不断参与数字化相关讨论的过程中，上海市慈善基金会坚定了持续推进数字化改革的信念。

第二节　数字化转型的实践探索

　　数字化发展为上海市慈善基金会提供了新的发展机遇，具体来说，有四个方面的价值和意义。第一，数字化发展使上海市慈善基金会的运作更加透明，捐赠者借助信息平台可以更好地了解捐款流向和项目进展，这提高了公众对基金会的信任度。第二，上海市慈善基金会依托数字化平台简化善款募集、资金管理、项目监控等流程，减少了人力物力浪费，同时还可以和其他合作伙伴快速进行沟通，提升了工作效率。第三，数字化发展使上海市慈善基金会可以收集和分析大量数据。通过对这些数据的整理分析，基金会可以更好地了解社会问题和受益人需求，从而做出科学的决策。第四，数字化发展确保上海市慈善基金会能够获取并了解更多偏远地区群众的需求并为其提供援助，从而扩大慈善服务面，增强组织的公共性。

　　上海市慈善基金会的数字化建设主要分为初步探索期（2010 年之前）、渐进发展期（2011~2016 年）、持续稳定期（2017~2019 年）、创新拓展期（2020 年至今）四个阶段。这四个阶段相互联系、各具特点，共同构成上海市慈善基金会三十年数字化转型的整体进程。

一　初步探索期

　　2010 年之前为上海市慈善基金会初步探索数字化发展的时期，这个阶段的重点在于推动上海慈善网及物资捐赠系统建设。前者立足于对外传播，后者立足于对内科学管理，让上海市慈善基金会初步接轨慈善数字化的发展浪潮。这一时期上海市慈善基金会数字化建设主要以捐赠人为中心，旨在通过数字技术满足上海市慈善基金会与捐赠人的联结需求，即通过智能数据处理技术使捐赠人通过上海慈善网和物资捐赠系统查阅项目进展与捐赠数据等信息。

（一）上海慈善网的初步探索

上海市慈善基金会启动早期信息化转型有以下几个重要标志。2000年1月13日，慈善义拍网站正式开通。随后在1月下旬，我国首场"网上慈善义拍"活动在该网站举办，为期4天，共拍得善款27117元。6月8日，在上海慈善捐赠救助物资服务中心揭牌暨慈善捐赠仪式上，上海市慈善捐赠网站宣布开通。2010年1月10日，新版上海市慈善基金会网站正式开通，网站常年推出网上助学、网上助困、在线捐赠及在线申请等项目。在上述尝试取得成功的基础上，为提高组织的信息化水平，增强信息公开的及时性，树立良好公信力，上海市慈善基金会正式开通"上海慈善网"。该网站集信息与服务于一体，设有慈善资讯、慈善项目、信息公开、各区机构、在线开票五个板块，可以使公众在及时了解上海市慈善基金会开展的各类慈善活动的同时快速办理各项业务。这一网站成为展示上海慈善工作、传播慈善理念、提供慈善服务的一个重要窗口，网站平均月点击量达400多万次。"上海慈善网"的开通，标志着上海市慈善基金会的数字化发展迈上一个新的台阶。

（二）上海慈善物资管理中心数字化的初步探索

完善物资管理系统是上海市慈善基金会适应数字化发展趋势的又一大探索。上海慈善物资管理中心原名为上海慈善捐赠救助物资服务中心，成立于2000年6月8日。该中心的主要职能是接受上海市民政局和上海市慈善基金会等机构的委托，承担接受海内外社会各界捐赠的工作，对接收的捐赠物资进行储备、管理，并按照相关机构、组织的委托或授权，对捐赠物资进行处置。此外，该中心接受上海市慈善基金会的委托，还对区办事处的慈善物资管理工作进行指导和监督。上海慈善物资管理中心相关工作人员表示，随着信息系统的升级，物资管理中心及工作人员也在不断转变信息宣传的观念、工作方式。

在上海市慈善基金会的指导和数字化要求下，上海慈善物资管理中心采取了一系列措施，以数字化助力信息公开提质增效。第一，物资管理中心加强了内部管理的数字化，通过将信息工作作为年度考核评先进指标、制定《慈善物资信息工作规程》、采取奖励激励措施、开展信息宣传业务培训等方式优化信息宣传工作，由此适应互联网时代物资捐赠信息快速、高质量、高效传播的要求。第二，物资管理中心在业务系统上逐步形成了一整套规章制度和操作规程，内容涉及做好慈善物资捐赠信息登记、上门确认、与捐赠方签订捐赠意向书、物资清点验收、开具收据和证书、物资入库分拣、物资价格评估，并将物资处置信息及时反馈给捐赠方，以提高社会公信度。上海慈善物资管理中心主任 LN 谈及中心的数字化系统时表示："中心将数字化系统外包给企业建设，系统采用的是数字化 ERP（Enterprise Resource Planning）系统，该系统的使用成本、方式符合物资和中心的实际情况，适合物资中心。"（20230719LN）第三，物资管理中心加强了信息公开的数字化建设，通过在微信上开设"上海慈善物资管理中心"公众号这一方式及时向公众公示物资筹募相关信息，使有捐赠意愿的公众能快速识别资源流向，促进了慈善理念的传播。

（三）各区代表处的数字化探索

各区代表处在上海市慈善基金会的领导下同样高度重视数字化建设，在信息公开、募捐等工作中运用技术手段整合资源、提升效率。正如虹口区代表处 CH 所说的："我们紧跟市慈善基金会数字化建设的步伐，通过跨界合作、整合资源，形成广泛的社会互助，切实、有效、高质量地做好数字化慈善转型工作，进一步提升代表处慈善事业的组织透明度、救助精准度、智能管理度。"（20230705CH）2005 年，虹口区代表处将慈善救助信息纳入区里的社会帮困救助信息管理系统网络中，在探索慈善救助信息化的同时，增强组织的有序性和有效性。嘉定区代表处也在区信息委的帮助下开发了计算机信息平台，实行了"一口上下"和救助对象的全覆盖工作机制。比如，浦东区代表处积极探索"慈善联合捐"的机制和形式；闵行区代表处通过服务基层调动街道、镇的募捐积极性，以实现慈善工作运作的有效性和规范性，做到上下通畅、及时准确；徐汇区代表处把完善传统项目的重点放在坚持"一口上下"的原则上；杨浦区殷行街道也创建了一体化的慈善工作模式。金山、崇明、松江、青浦等区代表处在日常工作中也十分注重坚持这一原则。

二 渐进发展期

2011～2016 年是上海市慈善基金会数字化建设渐进发展的阶段，主要任务有两个：一是推动组织网络捐赠渠道建设，二是推动业务系统的数字化建设。在上述举措的驱动下，上海市慈善基金会的数字化水平有了显著提升。这一时期上海市慈善基金会的数字化实践围绕多元主体进行，以期通过推动内部财务系统数字化建设的方式加强上海市慈善基金会和各区代表处的人员培训、流程对接与数据连通，实现财务系统市、区两级全覆盖，修复基金会和各区代表处之间的屏障，促进合作顺利进行，同时业务系统的数字化建设得以不断深化。

（一）网络捐赠渠道建设

网络捐赠渠道建设的主要目标是通过线上方式进行更有效的募捐。

第一，线上方式更方便公众捐款。以雅安地震线上捐赠渠道开设为例，2013 年 4 月 20 日，四川省雅安市芦山县发生 7.0 级地震，上海市慈善基金会于当天开通了"援助四川雅安地震的捐款通道"，市民可以通过网上捐款等方式进行捐赠。基金会每天通过上海慈善网发布单位和个人的捐赠信息。2021 年 1 月 30 日，第二十七届"蓝天下的至爱"万人上街慈善募捐活动开辟了"万人上网慈善募捐"通道，"万人上街"变成"万人上网"，传统的线下慈善募捐活动从此被赋予新的参与方式。网民通过手机等客户端点开活动详情，进入活动页面，就可以参与体验线上活动。活动页面高度还原了模拟现实的线下慈善活动场景，南步街三个地标建筑（大丸百货、世纪广场、世贸广场）被清晰地呈现出来，与群众的数字化互动体验得以增强。活动页面还以趣味性的方式展现了上海市慈善基金会助力慈善事业的意愿。页面底端设计楼层图样，寓意"人人来接力，为公益助力"。网民可以通过点击页面内的"点亮按钮"，使人物所在楼层亮起，表达慈善参与意愿。在互动体验感得到增强的同时，网民通过截图分享或捐款助力慈善事业发展，实现"一传十，十传百"的传播效应，扩大活动的知晓范围，带来更为深远的社会影响。

第二，线上方式为企业承担社会责任提供了新渠道。2013 年，上海市慈善基金会的千店慈善义卖活动首次被引入网上商城——徐家汇网络商城，为义卖活动指定网络合作伙伴。当年 1 月 1~7 日，徐家汇网络商城作为活动唯一网络启动仪式的主会场，精选 16 款人气商品举行网络专题义卖活动。活动期间，4 款人气爆款商品的所有销售额及其余 12 款活动商品 60% 的销售额被捐赠给上海市慈善基金会。4 款全额捐出的义卖商品有围巾、洗发水和护手霜等，其他 12 款活动商品包括真空水杯、羽绒服、面膜等。

第三，微信募捐平台使捐赠方式更加丰富。热心慈善公益的网民不仅可以在上海慈善网捐款，还可以随时拿起手机，在微信公众号中搜索"scforg"或"上海市慈善基金会"全称，关注成功后即可选择不同的公益项目进行捐款，为慈善事业尽一点绵薄之力。捐款无论多少，一旦成功，微信公众号中的"捐款榜单"菜单即自动显示捐款数字。此外，捐款者也可随时在"捐款查询"菜单中查看。正如杨浦区代表处 LY 所说："走数字化道路是发展趋势，高效、便捷。早期捐款的时候信息填写非常烦琐，简化善款募集流程也是数字化的体现。"（20230802LY）

（二）业务系统建设

业务系统是上海市慈善基金会数字化建设的关键领域。使用信息化系统不仅可以提升组织的内部管理效率，还能帮助组织从其他主体中收集数据并做出合理决策，从而提升组织竞争力（徐家良、吴晓吁，2023）。根据腾讯公益慈善基金会和上海交通大学中国公益发展研究院合作完成的《中国大型慈善组织数字化建设研究报告（2022）》，只有不到半数（47%）的大型慈善组织在多个数字化系统中流通的数据间存在数据接口，比例仍然偏低。[①] 若缺乏系统间数据接口，则需要手动完成数据的导出和导入环节，不仅会降低工作效率，而且容易出现纰漏。然而，早在 2011 年，上海市慈善基金会理事会就筹划信息化管理系统建设的调研工作，重点调研信息管理指标体系和数据库建设。调研报告指出，要以秘书处、专项基金、区县分会等部门的各项工作数据建立数据库，形成信息管理的指标体系，统一口径，输入数据库，规范统计，并进行动态分析，为决策提供依据。

第一，网站运营是业务系统改造的重点。上海市慈善基金会在上海慈善网开通了"酷六网慈善专区视频"，采取了充实人才队伍、丰富网站内容、优化栏目设置、提高报道时效等一系列措施，全年网站浏览量达5000 多万次，同比增长 100%。此外，上海市慈善基金会还完成了网站全新改版和无障碍建设工作，参与第五届至第八届上海市优秀网站评选活动，并入围"上海市优秀网站"候选名单。

第二，数字化建设为专项基金的对外推广提供了便利。上海市慈善基金会在这一阶段为各专项基金建立上海慈善网专属页面，完成每个专

---

① 《中国大型慈善组织数字化建设研究报告（2022）》，https://www.sgpjbg.com/baogao/600594.html。

项基金独立建档工作，在确保所有专项基金达到基金会制定的《专项基金管理办法》要求的同时，提升专项基金的信息公开程度。

第三，数字化建设有助于提升管理义工的效率。2014 年，上海市慈善基金会积极完成慈善义工相关制度的修订工作，以项目管理为导向，探索形成慈善义工服务的项目化管理机制。主要手段之一是加强对慈善义工的信息管理，进一步完善以网络为平台的机制，进行慈善义工服务项目的网上招募、网上记录、网上培训、网上考核。

上海市慈善基金会在这一阶段开始注重利用数字技术推动组织效率的提升和行政成本的下降。曾担任上海市慈善基金会副监事长的 MJ 比较系统地阐述了上海市慈善基金会数字化建设的基本思路和方式，其主要观点是，上海市慈善基金会只经营以会计核算为主的业务，平台比较小，起点比较高，兼容性、扩展性、发展性、先进性都有的一个基础平台比较适合基金会，基金会通过基础平台把子项目一个一个往上搭、一块一块往上升级。领导团队的发展思路为后续上海市慈善基金会的数字化平台建设奠定了坚实的基础。

三　持续稳定期

2017～2019 年是上海市慈善基金会推动数字化建设的持续稳定期，主要任务为推动业务系统的平台建设。这一阶段上海市慈善基金会以社会价值共创为核心，继续推动业务系统的平台建设，搭建了 OA 协同办公系统，同时建成了业务、财务、办公三个系统的统一集成平台。谈到业务系统的平台建设过程时，上海市慈善基金会时任秘书长 ZH 指出："当时的信息化还是财务软件、资产管理的信息化，OA 和业务还是用的纸质文字。我们调研了北京多家大型基金会，而后形成了整体思路，尝试以信息化开发为抓手完善制度体系，以职业化建设提升队伍素质，想办法设计了一个统合的信息平台。平台开发后完成了与 16 个区（代表处）的联网。"（20230301ZH）此举有效推进了慈善组织内部跨部门协作机制和沟通渠道的建立，促进各个部门之间的信息共享和协同工作。

业务系统平台不仅可以实现专项基金、众筹项目、活动项目、资助项目的关联信息数据的直接录入，而且可以对接 OA 协同办公系统，实现通过手机、平板电脑等移动端线上审核各业务流程，对提升组织效能、降低行政成本具有深远意义。正如上海市慈善基金会副秘书长 XD 所言：

"2016 年市慈善基金会换届后着手进行业务系统开发，2018 年 4 月 OA 行政审批系统正式启用，2019 年实现了财务系统、业务系统、OA 行政审批系统三个系统高度集成的'上海市慈善基金会综合管理系统 1.0'，实现了每一分钱从进到出、每个项目从立项到变更再到结项的全过程记录，形成了全流程、全业务数据库，为我会的信息公开奠定了坚实的基础。领导在手机端就可以审批，疫情期间都没有影响工作开展。"（20230705XD）业务系统平台的作用具体体现在以下几个方面。

第一，与企业等主体共同研发数字化赋能慈善的应用工具。与微盟达成合作以来，上海市慈善基金会与其共同打造了"智慧公益"模式，通过微盟提供的微预约、微官网、微相册、微场景等软件技术对上海市慈善基金会的微信公众号"蓝天下的至爱"进行升级和慈善公益项目申报，在推送公益信息、加强互动协作、扩大公益影响力等方面发挥作用。2016 年，上海市慈善基金会与腾讯公司签订五年战略合作协议，从打造微信视频号、拓展信息传播平台、升级公益产品等方式促进基金会转型升级，提升上海市慈善基金会的影响力。2017 年，上海市慈善基金会与微盟共同打造的"萌动公益实验室"在上海微盟大厦正式启动，计划通过互联网公司的年轻 IT 科技人才对传统慈善公益进行创新和变革，以公益创想、头脑风暴和互联网实验等形式孵化培育更多"互联网+公益"项目。参与第一期活动的 30 多名程序员围绕"互联网+点亮患儿心愿"进行了分组讨论和头脑风暴，他们有的提出通过微信小程序建立一个互联网爱心志愿者平台，功能包括志愿者招募、志愿者成果展示和志愿者服务记录等，让更多的爱心人士加入志愿者队伍，实现病患儿童的心愿；有的则提出用互联网技术建立一个许愿墙系统，配合基金系统和社交（志愿者）系统，使整个产业链形成闭环，吸引商家入驻爱心基金，为患儿实现愿望提供人力资源支持和资金支持。在微盟的协助下，上海市慈善基金会的首支公益广告"蓝天至爱计划·CSR 在行动"也在微信朋友圈亮相，基金会利用社交平台的流量优势，将公益正能量传递给更多的人。

第二，线上慈善渠道进一步拓展业务范围。每年的腾讯"99 公益日"都是慈善组织通过网络筹款的节庆活动，基金会互联网众筹部自成立之后，每年 7 月起都会连续举办多场分享会、培训会，针对"99 公益日"筹款进行指导和动员。以 2019 年"99 公益日"为例，上线项目 11 个，筹款总额 70.23 万元，获得配捐 14 万元。2019 年 8 月，基金会互联网众筹部联合市合作交流办、市青年志愿者协会，基于微信小程序开展了"青春聚力量·圆梦在行动"扶贫众筹项目。在多方支持下，基金会共筹款 88.94 万元，项目覆盖云南文山和大理、贵州遵义、青海果洛、新疆喀什、西藏日喀则等地，完成当地贫困儿童的微心愿 2020 个，受益人数 1882 人。

第三，数字化建设逐步推动区域多元慈善事业主体的协同。从 2019 年开始，随着长三角慈善互动机制日益成熟，轮值单位上海市慈善基金会与长三角各慈善会通过电视、广播、网络、杂志等平台，形成了《长三角慈善会网站联动》（网络：各机构官网）、《爱在长三角》（杂志：《至爱》）、《长三角慈善电台》（广播：阿基米德）等长三角公益媒体栏目和板块的传播矩阵。

上海市慈善基金会在这一时期的数字化建设措施具有较大的实践价值。一是优化了慈善基金会资源配置，规制了资金流、规范了业务流、归集了信息流，对内基本满足了管理需要，形成了规范化、智能化，业务系统、财务管理与 OA 系统高效集成，善款流通透明公开，内部管理专业高效的信息化应用格局。二是实现信息互通和共享，提高基金会的实时决策水平和信息公开能力。三是加强了基金会的制度建设，与信息化建设相匹配。基金会从 2017 年开始对治理类、业务类、财务类、行政类等近 60 项制度重新进行评估和修订。四是强化了员工对信息化的认知。信息化建设是全员参与的过程，在建设和使用过程中，上海市慈善基金会让员工认识到信息化的重要性、信息化的意义、信息化业务实践应该怎么进行等，完成了员工的初步培训教育过程。五是实现在 PC 端、移动端的跨平台应用，使居家办公、全天候办公成为现实。这一优势在疫情期间得到充分体现，为基金会"更加规范、更加透明、更加专业、更加高效"的战略目标的实现提供了有力保障。

四　创新拓展期

2020 年之后是上海市慈善基金会数字化建设的创新拓展期，其主要在原有系统的基础上进行内容扩展和功能改善。这一阶段，上海市慈善基金会以转型升级为中心，在不断完善体制机制的过程中梳理以往信息化建设中的痛点难点，并在此基础之上尝试拓展新的功能和进行流程再造。这一阶段的数字化转型包含如下要点。

第一，确立转型升级的建设目标。持续推动基金会进一步向"更加规范、更加透明、更加专业、更加高效"迈进，使决策更有依据更科学，使基金会的响应更有速度、服务更有温度。上海市慈善基金会信息化综合管理平台持续运作，完成了市、区 OA 协作办公系统、灵析业务系统和 NC 财务系统的全面上线运行，完成了信息化综合管理平台总结验收工作。持续推进信息化系统建设的目标包括如下几个。首先，在市、区信息化系统平稳运行的基础上，继续深入听问题、听需求，制订信息化系统 2.0 建设方案并筛选落实合作方；其次，对服务器等进行升级，完善网络通信环境建设，助推众筹平台提质增效；再次，进一步拓展与互联网公募平台的合作，对上海市慈善基金会自有的服务号、小程序、微站等进行升级增能；最后，加强与区代表机构的沟通及互联网业务培训，梳理各区适合众筹的品牌项目，以实现区代表机构众筹项目全覆盖。

第二，秉持科学的转型升级理念。在方法上，由"一次设计、一套工艺、一体成型"向"初次设计、持续迭代、不断升级"转变；在功能上，在"管理、监督、控制"的基础上增加"协助、赋能、成就"功能；在结果上，由被动地使用数据转变为"人人都成为数据的生产者、治理者、使用者、获益者"。一个典型探索是，2021 年第一季度，上海市慈善基金会会同上海人民广播电台《情义东方》节目组开通了"长三角慈善之星"专栏，每周采访报道一名长三角慈善之星，加强对慈善先进事迹的宣传，弘扬慈善正能量。同样是在 2021 年，上海市慈善基金会开始拓展互联网众筹品牌项目。基金会自有的服务号、小程序、微站等平台逐步升级增能，打造了一批有筹款能力的互联网品牌项目，研究探索慈善活动网络化设计，推动重大募捐活动从线下向"线上+线下"模式转变。2022 年，上海市慈善基金会加强了与腾讯的技术合作，启动部分代表性活动（如"慈善四进"活动、新年慈善音乐会活动）的现场直播；就基金会的慈善箴言活动开发互动小游戏，并将相关内容推广至微信朋友圈，实现宣传方式的更新升级。

第三，坚持转型升级的相关原则。在系统转型升级过程中要坚持"四性"，即合法性、合理性、可行性和可控性；同时坚持"四个面向"，即面向用户、面向检测端、面向决策端、面向互联网。2023 年 7 月 1 日，上海市慈善基金会正式启用电子公益事业捐赠统一票据，不再使用纸质公益事业捐赠统一票据。电子公益事业捐赠票据印有上海市财政票据监制章和上海市慈善基金会电子票据专用章，与纸质票据具有同等法律效力。捐赠者在微信上搜索小程序"上海市慈善基金会电子票据"完成实名认证后，关联相关机构并填写开票信息，开票信息不得出现有违公序良俗的内容；也可以在小程序界面申请捐赠证书，保存到相册或分享给微信好友。

在探索数字化建设过程中，上海市慈善基金会遭遇了一些难题。由于慈善组织信息化和数字化业务系统市场、行业内没有现成模式可以借鉴，也缺乏成熟的产品可以采购，上海市慈善基金会的信息化综合管理系统尤其是业务系统完全是基于基金会实际自主开发建设的，存在一些亟须解决的问题，包括信息数据查询关联性存在缺陷、归类统计不太准确、报表和分析不灵活、系统控制存在不足、信息采集不够完整、操作界面不太友好、数据看板不够灵活等。这些问题需要上海市慈善基金会在后续的数字化建设进程中逐步进行解决。

第三节　数字化建设主要特征

2021年发布的《中华人民共和国国民经济和社会发展第十四个五年规划和2035年远景目标纲要》提出，"迎接数字时代，激活数据要素潜能，推进网络强国建设，加快建设数字经济、数字社会、数字政府，以数字化转型整体驱动生产方式、生活方式和治理方式变革"。可见，数字化建设已成为社会发展的主流趋势之一。数字化工具也被用于慈善组织运行的各个方面。腾讯公益慈善基金会和上海交通大学中国公益发展研究院合作完成的《中国大型慈善组织数字化建设研究报告（2022）》显示，项目管理、流程审批、收支管理工作是组织内部最看重的数字化功能，而机构网站、线上媒体平台、互联网募捐平台和线上电子捐赠票据是组织在和外界利益相关者沟通合作过程中常用的工具。[①] 上海市慈善基金会三十年扎根上海本土，在吸收借鉴行业优秀成果

---

① 《中国大型慈善组织数字化建设研究报告（2022）》，https://www.sgpjbg.com/baogao/600594.html。

的基础上勇于创新，孕育慈善数字化新模式，呈现一些明显的特征，具体可以分为以下几点。

一 数字化提升个体主体性

个体主体性是指每个人作为独立的存在所具有的独立意识和自主权利。对于提升个体主体性来说，数字化技术有以下几个方面的价值。一是可以收集和分析使用者的数据，从而为他们提供个性化和精准化的体验，让他们感受到自己的需求被充分满足；二是可以使公众自行完成捐赠、传播、评价、查询等工作，而不需要依赖别人进行，从而使公众获得更强的自主性和独立性（吴娟、关信平，2023）；三是使公众可以积极表达自身的体验，并和其他来自不同地域领域的人进行交流，还可以拉近基金会和公众之间的距离，从而赋予公众更大的话语权；四是可以降低公共参与慈善活动的成本，以往的活动要求人必须当场参与志愿活动或者捐款，现在公众可以通过线上平台随时随地进行捐赠。这样，慈善活动的成本变得更低，同时也减少了线下捐赠场景中的被迫行为，保留了公众的隐私空间。

上海市慈善基金会积极运用在线网站发布慈善项目立项、运作、验收等内容，为公众了解和参与慈善活动提供了一条便捷的途径；同时引入在线募捐系统，公众可以通过微信平台直接扫描二维码进行捐赠，而且捐赠记录和资金使用情况被实时透明记录在案，提升了公众参与的积极性和信任度。

二 数字化提升目标多元性

数字化方便了公众之间的交流与合作，为实现更多目标提供了可能。在没有运用数字化技术的慈善活动中，公众需要亲自到场参与志愿服务工作或者捐款活动，而且受限于物理距离和资源分配的成本，通常在特定的地理区域内进行。数字化技术赋能慈善组织则可以突破这些局限，人们可以通过在线平台或者应用程序远程参与，同时慈善活动可以突破地域限制，覆盖更广泛的受益群体，将服务领域从宗教、教育、医疗延伸到养老、环境保护、乡村振兴、社区矫正等各个领域，甚至可以走出国门。除此之外，新兴媒体等平台还可以更为广泛地传播慈善组织的活动、使命、文化等，让更多的人了解慈善组织，形成利他主义。

上海市慈善基金会在坚持以"安老、扶幼、助学、济贫"为主要服务领域的同时，还尝试借助互联网平台推动大学生就业、远程医疗服务培训、东西部对口支援等活动，同时积极运用数字化技术管理多支义工组织，推动积分制度管理和优秀义工培训，并通过上海慈善网、上海市慈善基金会微信公众号、专项基金微信公众号等，向外界宣传自身工作事迹，让更多的人了解基金会。

三 数字化提升服务精准性

数字化能精确识别与了解公众的行为和偏好，更好地满足其个性化需求，从而有效提升服务的精准性。第一，数字化技术使慈善组织能够收集和存储大量数据，包括个人信息、地理位置、需求情况、受益人群特征等。归纳、分析和挖掘这些数据，可以形成数据画像，帮助慈善组织更好地了解受益人的需求和背景，从而提供更加个性化的服务。第二，通过数字化技术和数据模型，慈善组织可以预测与分析受益人的需求趋势和服务序列，更好地规划和优化资源分配，确保资源能够用在最需要的地方，提高服务的精准性和有效性。第三，数字化技术使慈善组织能够根据受益人的特征和需求，提供个性化的推荐和服务，通过数据分析和智能算法更好地匹配受益人的需求与相应的资源和服务。第四，数字化技术使慈善组织能够及时获取受益人的反馈和评价。这有助于组织了解服务的效果和问题，并根据实际情况进行调整和改进，提高服务的精准性和质量。

上海市慈善基金会在开展专项基金活动时，积极运用数字化技术整理收集受助对象信息，形成完整的信息库，为后续的追踪服务提供依据；同时吸取采纳社会公众的意见，对项目执行方案进行调整，以保证项目不出错。

四 数字化提升服务有效性

数字化技术能以最小的投入获得最大化的收益，从而提升服务有效性。以往慈善活动的开展有时更注重爱心的奉献，不会考虑活动开展所带来的成本问题。这虽然能一时满足困难群体的需求，但是会给施助者带来较高的财力成本和较大的心理负担，导致活动开展的不可持续性。通过运用数字化技术，慈善组织可以根据海量数据精准研判项目的需求和供给。此外，数字化技术还可以自动完成一些重复、烦琐的工作，如数据收集和整理、报告生成等，减少人工操作和时间成本。同时，通过数字化平台和系统，慈善组织可以优化服务流程、提高工作效率，使服务更加高效。

上海市慈善基金会通过优化内部 OA 系统、项目管理系统、财务系统等打造全方位、一体化的数字化管理体验。系统简洁直观的界面和用户友好的操作方式，让原本烦琐的工作变得简单。多元系统的运用帮助基金会及时追踪项目进展，了解项目实时需求，并根据需求及时调整项目的运作形式，从而提升服务有效性。

五 数字化提升参与广泛性

数字化技术为慈善事业的发展提供了一个突破时空限制且直接面向公众的沟通渠道，为公众的广泛参与提供了条件。以往的慈善活动需要公众投入时间或者金钱作为参与的一种方式，这种方式无形中会让慈善活动产生门槛，将那些没有足够时间或者没有较强经济实力的人排除在外，但是数字化技术及业界各种创意带来的新型方式（如捐赠微笑、捐赠积分、捐赠步数或者蚂蚁能量等）吸引更多的人参与慈善活动。对于公众来说，这不仅降低了成本，而且增加了趣味性。在中国，数字赋能推动慈善主体大众化已经取得显著成效。据报道，2016 年以来民政部先后遴选出 29 个互联网公益募捐信息平台，开启"慈善+互联网"赛道。截至 2024 年 10 月，这些平台累计发布公开募捐信息超过 17 万条，募集善款总额超过 500 亿元，累计带动逾 600 亿人次网民点击。①

上海市慈善基金会开通了电子捐赠证书下载功能，捐赠者在微信小程序上可以直接申请下载捐赠证书并分享捐赠信息，这使其参与感得到极大提升。同时，上海市慈善基金会已连续多年和腾讯公益基金会联合开展"99 公益日"活动，吸引了更多个体参与公益捐赠。互联网平台提供了便捷的捐赠渠道，有效地激发了公众参与慈善事业的积极性和主动性。

---

① 《为中国式现代化注入慈善动能》，https://www.mca.gov.cn/n2623/n2684/n2703/c1662004999980002054/content.html。

第九章

慈善共同体：多元协同网络的形成机制与主要特征

　　慈善共同体是指由政府、企业、社会组织、社会公众共同组成的以推动慈善事业发展为目标的合作体系，其通过主体之间的开放交融合作，发挥各自优势和实现资源互补，从而实现慈善事业的可持续发展（刘文等，2022）。上海市慈善基金会在三十年的发展历程中打造出一个以自身为轴，政府、企业、社会组织、社会公众共同参与的多元协同网络。将多元协同网络的制度优势转化为治理效能则需依托上海市慈善基金会所建构的各项工作机制，包括慈善多元参与机制、慈善社会信任机制、慈善利益均衡机制、慈善信息共享机制和慈善循环学习机制。上海市慈善基金会打造的多元协同网络具有异质性、平等性、灵活性、持续性、高效性等特征，可以帮助上海市慈善基金会快速推动协同网络知识、技能和资源的共享，从而更好地面对各种变化和挑战。

第一节　多元协同网络的建构历程

　　上海市慈善基金会的成长离不开与多元主体的协同共进。通过三十年如一日的悉心经营，其已和政府、企业、志愿者、媒体、其他社会组织等多个主体形成较为广泛的协同网络。这一网络的建构不仅向基金会注入了发展的资源和动力，而且帮助基金会向外输出帮扶项目，传播慈善理念和文化，从而形成人人有责、人人尽责、人人享有的慈善共同体。

一　上海市慈善基金会与政府之间的网络建构

上海市慈善基金会的成立和发展离不开上海市委、市政府等单位的指导、支持和推动。在总结上海市慈善基金会发展成熟的原因时，上海市慈善基金会办公室资深工作人员 SL 指出："一是党委、政府重视，市委宣传部、政协支持；二是基金会有一个强有力的领导班子，历任会长非常支持基金会开展工作。"（20230607SL）20 世纪 90 年代初，在党和政府的高度重视下，上海市的社会福利事业得到长足发展，全市各级政府兴办的社会福利院、敬老院、托老所、儿童福利院、残疾儿童寄托所、精神病院、精神病人工疗站，安置了大量孤儿、孤寡老人、残疾人、精神病人等，老有所养、幼有所教、孤有所靠、残有所助、贫有所济、难有所帮的社会福利运作机制初步形成。但是随着人口老龄化的发展及家庭规模的缩小，困难群体越来越多，单纯依靠政府的财政投入无法满足所有人的福利需求，亟须社会力量的参与共同推动社会福利事业的发展。在上海市委、市政府的支持下，上海市政协办公厅、上海市精神文明建设委员会办公室、上海市民政局共同成立了上海市慈善基金会筹备委员会（以下简称"筹委员"），一批市委、市政府的领导干部在筹委会中兼职，为成立基金会做好了充分的准备。

筹委会为了推动上海市慈善基金会的成立从多方面开展工作。第一，为了扩大基金会的社会影响力，策划了"献爱心、送温暖"等系列宣传活动，从而让社会各界了解基金会的功能和架构，倡导全市人民积极参与和支持慈善事业，为困难群体提供援助；第二，通过讨论协商产生第一届理事会组成人员，主要有上海市工商界、科技界、医学界等各个领域的知名人士及捐款单位的代表等，同时还讨论决定了第一届理事长会长、副会长、秘书长和常务理事建议名单；第三，召开各界人士座谈会，就基金会的成立与发展问题听取各方意见，并积极寻求相关代表捐赠；第四，履行基金会合规化程序，起草基金会章程和资金管理办法，设立秘书处负责日常事务。

上海市级机关也积极协助基金会募集善款。担任基金会会长、副会长、顾问、常务理事的各位老领导利用各类公务活动（如港澳政协委员来沪调研、闵行三资企业总经理联谊会、上海女科学家大会等）向社会各界人士进行宣传和募集善款。1996 年，上海市慈善基金会开展"慈善一日捐"活动，号召社会各界将一年中某一天的收入捐给慈善事业，并在市区的各个街头开展募捐活动，时任上海市主要领导亲自来到现场并带头募捐。上海市慈善基金会相关负责人表示："老领导对基金会的帮助非常大，市委书记黄菊非常关心基金会，以前慈善募捐、基金会重要活动都会参与。"（20230607CR）除此之外，上海市政协、市委统战部、市台办、市侨办等相关单位还为基金会提供帮助，介绍相关企业进行捐赠，助推基金会筹款工作打开局面。

除了提供协助募捐等间接支持，上海市级机关还为基金会提供了直接的资源支持。1995 年，为了应对社会老无所依的问题，上海市慈善基金会计划在南翔镇建立占地 51 亩的众仁老人公寓，预计工程款为 1 亿元左右。上海市政府了解到上海市养老的现实需要和基金会的资金困难问题后，决定承担该养老工程 3/4 的基建装修款，其余 1/4 由基金会负责。同年，由于基金会缺乏相应的待遇，上海市民政局批准向基金会提供 15 个编制，其中科级职数 8 名，将基金会列为自收自支事业单位。2005 年，基于"政府推动、民间运作、社会参与"的形式，上海市民政局、劳动和社会保障局通过政府购买的形式，委托基金会开展经常性物资捐赠工作。截至 2005 年底，基金会在市内建立 177 个捐赠接收点，募集旧衣被 60 余万件。

"支持-配合"是当前中国社会组织与政府互动的重要模式之一（唐文玉，2010），也是上海市慈善基金会与市级机关协作的真实写照。例如，基金会配合政府再就业工程，及时推出慈善教育培训项目；为配合医保制度改革，针对城镇未享受医保的贫困群体推出慈善医疗卡项目；为配合政府的农村合作医疗制度，向农村无力支付合作医疗自付部分的贫困村民推出农村合作医疗救助项目；等等。这在一定程度上缓解了农民看不上病的问题。另外，作为社会组织的上海市慈善基金会即使取得了很多成绩，赢得了较好的社会声誉，也始终将自己视作政府的补充力量，从而有效保障自身的自主性和合法性（邓宁华，2011）。自成立以来，上海市慈善基金会在社会福利领域的政府助手角色不断巩固，双方之间的关系强度也越来越具有韧性。

二 上海市慈善基金会与企业之间的网络建构

企业慈善捐赠是企业承担社会责任的重要方式之一。通过从事公益活动，企业可以树立良好的品牌与形象，进而获得长远的潜在收益（李敬强、刘凤军，2010）。对于上海市慈善基金会来说，企业所具有的雄厚的财力物力能有效保障基金会项目运作，在一定程度上两个主体的利益是契合的。上海市慈善基金会在三十年的发展历程中与多家企业通过一对一或者一对多的互动方式共同实施慈善项目，营造积极向善的社会氛围。正如上海市慈善基金会副秘书长 XD 所言："上海市慈善基金会建立了比较好的政社关系，筹款主体是多元化的，其中大部分来自企业端。"（20230705XD）

第一，成立初期，上海市慈善基金会更多地通过一对多的形式同企业进行合作。与商场合作方面，1996 年，由黄浦区经贸委、虹口区经贸委、静安区经贸委相关负责人连同多家商场和商店的总经理或代表共同倡议上海 1000 家商店举办"慈善一日捐"千店义卖活动。倡议提出，商店不管大小，利润不管多少，参与义卖活动为有需要帮助者捐出一天的营业利润，活动有 60 余家单位近 10 万人参与，捐款总额达到 638 万元。与媒体及汽车企业合作方面，2012 年，上海市慈善基金会和上海东方广播有限公司举行"899 爱心车队发车仪式"。该车队由"东广爱基金"联合大众、强生、锦江、海博四大出租汽车企业和上海市多家车友俱乐部共同成立，以东方都市广播的播出频率"899"命名。沪上这四家出租汽车企业车牌号为"899"和"792"的车辆车主与来自全市 20 多家车友俱乐部的车辆车主成为车队首批成员，他们奔赴长兴岛徐卫小学，为外来务工人员子弟送去书架和 3000 多册少儿读物。与商业园区合作方面，基金会与徐汇区漕河泾开发区的合作成果最为显著。2014 年成立的"虹梅庭企业社会责任联盟"是虹梅街道党工委创立的针对漕河泾开发区内企业和新的社会阶层人士的社会治理创新平台，而慈善已经成为该联盟最为重要的品牌之一。截至 2017 年，联盟打造了 15 个"社区伙伴"公益品牌项目，孵化 50 多个志愿服务和慈善项目，与 60 多家公益组织和专业机构建立了长期合作，培养了 100 多个公益志愿团队，企业志愿者人数达到 6000 名，其中党员志愿者 4224 名，共举办 600 余场"彩虹公益"志愿服务和慈善活动，参与人数达到 8 万人，联盟单位慈善项目投入资金累计近 2000 万元。

第二，随着基金会专业能力的不断提高以及企业社会责任意识的不断增强，基金会和企业之间的互动更为频繁。有的合作以企业直接捐赠现金的形式实现，如 2001 年李嘉诚基金会及和记黄埔有限公司共同捐出 2810 万元支持上海市金山众仁护理院建设。金山众仁护理院总建筑面积 17300 平方米，占地面积达到 56943 平方米，为两幢三层式设计，共 400 张床位，主要为孤寡、经济特困、晚期癌症及因大病重病需要护理的老年病人提供康复护理及医疗保健服务。有的合作则依托体育赛事等大型活动实现，如基金会与中国人寿的合作。2014 年，中国人寿上海分公司在上海江湾体育场举行"将爱传递 为爱投篮"活动，活动现场特邀 5 位嘉宾现场投篮，每位嘉宾投进一球，中国人寿上海分公司就向中国人寿爱心救助专项基金捐赠 1000 元，最终整场慈善公益拍卖活动共获得善款 122797 元，被纳入"上海市慈善基金会 - 中国人寿爱心救助专项基金"，用于帮助更多的癌症患者群体。上海市慈善基金会原副秘书长 ZM 在总结上海市慈善基金会服务企业的经验时指出："和公司的沟通与合作比较好，要与捐赠人交心。"（20230627ZM）

上海作为中国的商业中心之一，本身就具有慈善事业生根发芽的雄厚基础。从上海市慈善基金会和企业的协同网络建构历程来看，一开始更多的是大规模集成化的合作，然后逐步走向一对一独立化、规范化的合作。在这个不断精细化的合作过程中，基金会与企业双方不断找准自身在慈善事业中的角色定位。

三 上海市慈善基金会与社会组织之间的网络建构

上海市慈善基金会与社会组织之间的互动网络形态变化与其自身类型转变息息相关。从社会组织是否直接提供服务的视角出发，可以将社会组织划分为服务型社会组织和支持型社会组织。前者是指那些处于一线的、直接面向和服务公众的社会组织，因此也被称为操作型社会组织；后者是指那些不直接提供公共服务，而是为中小型或者草根组织提供活动经费、能力培训及政策咨询等支持的社会组织。我国现有的大多数社会组织是服务型社会组织或有直接提供服务的项目，这些组织发展较早且整体规模较大；相反，支持型社会组织发展较晚、数量较少，整体规模较小（徐宇珊，2010）。事实上，很难定义上海市慈善基金会究竟属于哪种类型，回顾三十年的发展历程可以发现，上海市慈善基金会从服务型社会组织转向服务和支持并重的社会组织的趋势明显。

在上海市慈善基金会发展初期，社会组织发展的制度环境还没有完全形成，因此合作网络只能依靠自身建构，慈善超市即是此种合作网络的集中体现。慈善超市作为社会服务机构，经营方式多种多样，既接受市民、单位捐赠的日用品、家具家电、服装和文物书画等物资，又具有"售货"功能，请评估师对接收的捐赠物品"验明正身"，标价上货架出售。所售物资"变现"资金，全部汇入上海市慈善基金会，用于那些需要帮助的人；部分旧衣物则被送到慈善洗衣房进行清洗、消毒、整理，之后送往灾区或者特困地区。2002 年 10 月，普陀区曹杨新村街道探索建立了具有社会捐助接收功能的"衣被银行"。上海市慈善基金会普陀区代表处办公室相关工作人员介绍普陀区慈善超市经验时说道："'衣被存银行、衣被满超市'成为当时的口号，它成了社区慈善超市的雏形。在这个基础上，2004 年普陀区开办了全区第一家慈善超市——长寿路街道慈善超市。"（20230720PZ）这一合作网络产生了深远影响——到 2023 年，上海市每个街镇几乎都有一家专门服务社区的慈善超市。这一家家小小的慈善超市集社会募捐、社区慈善救助、公益项目开展、慈善宣传阵地、社区党建基地、义工服务基地、爱心驿站等多种功能于一体，发挥出复合性功能。

随着治理效能的不断显现和社会氛围的改善，慈善组织成为慈善事业发展中不可或缺的主体之一，因此上海市慈善基金会开始寻求建构与其他社会组织的合作网络，依托其他社会组织提供服务，同时推进自身服务能力的不断提升。以"蓝天下的至爱"项目为例，三十年来，"蓝天下的至爱"慈善活动不断吸纳红十字会、各类基金会、行业组织、区代表处等主体参与，体现了多主体的互联互动。1995～2004 年，"蓝天下的至爱"慈善活动只有上海市慈善基金会与市文明办两家主办单位。随着上海市慈善基金会逐渐走向蓬勃发展，"蓝天下的至爱"这一大型慈善活动逐步深入上海人民心中。2018 年至今，"蓝天下的至爱"已发展出包括上海市慈善基金会、市文明办、市红十字会、市老年基金会、市残疾人福利基金会、上海青年家园、市志愿服务公益基金会、市儿童基金会、市志愿者协会在内的九家合作伙伴单位（见表 10-1）。由此，"蓝天下的至爱"不仅仅是上海市慈善基金会的慈善活动，而是上海市政府和各类社会组织注入心血的慈善活动，也是上海市慈善事业实现多元参与、人人慈善这一美好发展图景的集中体现。

表 10-1 "蓝天下的至爱"慈善活动主办单位发展沿革

时间	主办单位	数量
1995～2004 年	市慈善基金会、市文明办	2 家
2005～2006 年	上海市慈善基金会、市文明办、文广传媒集团	3 家
2007～2008 年	上海市慈善基金会、市文明办、市红十字会、市老年基金会、市残联、文广传媒集团	6 家
2010 年	上海市慈善基金会、市文明办、市红十字会、市老年基金会、市残联、世博会事务协调局	6 家
2011 年	上海市慈善基金会、市文明办、市红十字会、市老年基金会、市残疾人福利基金会	5 家
2012～2013 年	上海市慈善基金会、市文明办、市红十字会、市老年基金会、市残疾人福利基金会、上海青年家园	6 家
2014～2015 年	上海市慈善基金会、市文明办、市红十字会、市老年基金会、市残疾人福利基金会、上海青年家园、市志愿服务公益基金会	7 家
2016～2017 年	上海市慈善基金会、市文明办、市红十字会、市老年基金会、市残疾人福利基金会、上海青年家园、市志愿服务公益基金会、市儿童基金会	8 家
2018 年至今	上海市慈善基金会、市文明办、市红十字会、市老年基金会、市残疾人福利基金会、上海青年家园、市志愿服务公益基金会、市儿童基金会、市志愿者协会	9 家

资料来源：根据相关内部资料整理。

上海公益伙伴日是典型的上海市慈善基金会与其他社会组织进行合作的平台，基金会在其中扮演资源支持者角色。以 2015 年第五届上海公益伙伴日为例，活动期间，共有 200 多家社会组织参展参演，并开展义诊等为民活动；上海市慈善基金会投入近 2000 万元，用于支持相关社会公益项目。同时，园区内另有 200 多万元的项目资金成功对接。上述公益资金项目涉及扶老、助残、济困、青少年心理援助等多个领域。

除了大型公益活动，上海市慈善基金会还与其他社会组织建立起一对一或一对多的合作关系。一对一合作以"赛复流动科技馆"项目为代表。2016 年，上海市慈善基金会联合上海科普教育发展基金会向南通理治红军小学捐赠一批流动科技馆展品及配套科普资料，让南通更多的学生享受优质科普教育资源。"赛复流动科技馆"是上海科普教育发展基金会于 2003 年创办的品牌科普项目之一，主要将科学知识转化为小型化、标准化、具有互动性和趣味性的科普展品。上海科普教育发展基金会立足上海服务全国，每年向边远地区和红军学校捐赠若干套流动科技馆展品。一对多合作以上海市慈善基金会浦东新区社会组织发展专项基金为代表。其作为上海市首个服务社会组织发展的专项基金，旨在资助和扶持各类为浦东新区发展提供社会服务的公益组织或者公益项目，助力社会进步和人民福祉的增进。

三十年来，中国社会组织管理体系从一开始的双重管理向后期管理和服务并重发展（吴磊、俞祖成，2018），慈善组织场域的生态在不断地构建和完善。因此，基金会这一介于国家和社会之间的社会组织，也从一开始的单打独斗逐步转向群策群力，从以执行为主逐步转向支持和服务兼具。如何更好地凝聚社会力量、为慈善事业添砖加瓦是上海市慈善基金会永恒探索的议题之一。

四 上海市慈善基金会与社会公众之间的网络建构

上海市慈善基金会与社会公众之间存在许多不同类型的关系。这些关系通常取决于基金会的目标、使命和活动领域，以及社会公众的需求和参与程度。以下是既有研究总结的一些关系类型。第一，施益与受益关系。基金会的使命是为社会公众提供福利和服务，基金会可以通过向社会公众提供教育奖学金、医疗援助、社区发展项目等直接使公众受益。第二，信息传播和意识提高关系。基金会可以通过宣传、媒体报道、社交媒体等方式向社会公众展示其工作成果、项目进展和重要消息。同时，基金会也可以借助社会公众的力量扩大信息传播范围，提高社会对特定问题的关注度。第三，资源提供和支持关系。社会公众可以为基金会提供资金、物品或专业知识，并参与基金会的活动和项目。这种资源提供和支持关系可以帮助基金会实现目标，并增强社会公众参与公益事业的意识和责任感。第四，咨询和参与关系。基金会可以通过与社会公众进行对话、征求意见和意见反馈来提高公众的参与度，可以组织讨论会、座谈会和问卷调查等，以了解公众的需求、期望和利益，并将其纳入决策过程中。第五，合作伙伴关系。基金会与社会公众的这种合作伙伴关系可以在项目实施、资源共享、经验交流等方面发挥作用，共同推动特定领域的发展和社会问题的解决。第六，监督和问责关系。社会公众可以对基金会的运作进行监督，确保其遵守法律法规、财务透明和道德准则。同时，社会公众也可以对基金会就其工作进行问责，确保捐赠资金得到正确和有效的使用。

　　基金会与社会公众之间的这六种理想关系建立在相互尊重、相互信任、高透明度和合作的基础上，旨在实现社会公益的共同目标。与此同时，这六种关系也是一个不断递进的过程，体现出公众为慈善事业做贡献的意识不断觉醒，从一开始的受助者逐步转为助人者，这也是基金会所追求的最根本的目的之一（章高荣，2022）。

　　施益与受益关系在上海市慈善基金会三十年的发展历程中有所体现。奉贤区代表处 YL 表示："我们的项目从困难群众最迫切的需要出发，关注政策覆盖不到的特殊人群'急难愁'问题的解决。"（20230727YL）以上海市慈善基金会奉贤区代表处"同心圆梦·慈善医疗援助项目"为例，2013 年以来，奉贤区代表处深入了解区内尿毒症血透病人的生活境遇，发现奉贤区有 400 多名尿毒症血透病人，且由于奉贤当地不能满足病人的医疗需要，很多病人只能远赴外区就诊。尽管医保可以报销一部分，但异地就诊的交通费用难以报销，给尿毒症血透病人家庭带来经济上的负担。为此，上海市慈善基金会奉贤区代表处针对在外区接受血透治疗的病人给予每人每年 5000 元的交通补贴。不仅如此，积极向政府反映病人需求、改善此类特殊人群的境遇是代表处实实在在所为。2015 年，为从根本上解决血透难问题，奉贤区代表处与政府有关部门多次进行协商，争取扩大现有医疗规模。在奉贤区代表处的大力呼吁下，当年 5 月 21 日，区政府召开政府有关部门"关于推进奉贤区中医医院开设血液透析室"的协调会议，大力推动奉贤区中医医院血液透析室建设，此举为很多病人免去奔波之苦。上海市慈善基金会承担项目资金，捐赠血透仪等所需医疗设备，包括血透机 32 台、血滤机 8 台。

　　信息传播和意识提高关系方面的典型案例有上海市慈善基金会自 2012 年启动举办的慈善箴言征集活动。慈善箴言征集是上海市慈善基金会凝聚全社会力量参与慈善、激发社会大众慈善热情的重要方式，该活动已举办六届。为传播慈善文化、启迪美好心灵，2012 年由上海市慈善基金会、上海精神文明建设委员会办公室、《解放日报》、《文汇报》、《新民晚报》、上海广播电视台、东方网主办的首次慈善箴言征集活动面向社会各界人士及大中学生展开。该活动要求慈善箴言自主原创、言简意赅，富有慈善文化内涵，具有上海特色，能给人精神启迪和思想感悟。所有稿件均由评委会评选，主办方公布"十佳箴言"获奖名单。这些箴言将被用于与上海市慈善基金会有关的各项慈善活动中。上海市慈善基金会在首届"慈善箴言征集活动"的社会征集阶段共收到 2688 条投稿，来源地区包括上海、北京、浙江、江苏、河北、陕西、广西、广东、新疆、山东、云南、江西、湖南、四川等省区市。众多生动有趣的慈善箴言体现出全国各地高度的慈善参与热情，体现出上海市慈善基金会在全国范围内的号召力，体现出全国各地人民对上海慈善事业的关注。上海市慈善基金会理事长冯国勤对慈善箴言征集活动作出了中肯恰当的评价："来自全国的众多爱心人士积极参与这项活动很有意义，市会会用好慈善箴言，更好地激发社会公众的慈善热情，传播慈善文化，推动现代慈善事业的发展。"[①]

资源提供和支持关系体现在募捐活动上，典型案例有"蓝天下的至爱"慈善活动。以上海市慈善基金会宝山区代表处第 30 届"蓝天下的至爱"慈善活动为例，2023 年宝山区代表处共募集慈善资金 3225.46 万元，开展各类慈善项目 36 项，慈善帮困支出 3236.78 万元，受益人群 131.03 万人次。宝山区代表处联合各主办单位共开展 27 项公益活动，支持主体包括尿毒症患者、大重病患者、白内障患者、老年人、华侨等，广泛动员引导社会各界积极参与慈善事业。

咨询和参与关系有助于基金会吸纳群众的意见，推动决策流程的科学化、合理化。上海市慈善基金会通过征集意见和意见反馈、实地调研等方式有效提高了员工、专家等主体的参与度。上海市慈善基金会老领导 CQ 回忆基金会的会议场景时表示："陈铁迪理事长开会的时候指导我们，讲到每个人都需要发表意见，要集思广益，不是谁职位高谁说了算。"（20231019CQ）重视员工的观点和看法并予以回应是上海市慈善基金会得以规范化发展的重要基础。上海市慈善基金会老领导 ZQ 在回忆第二任理事长冯国勤对战略规范做出的指示时表示："冯理事长对 2015～2020 年的第二个五年规范要求很高，当前邀请了很多专家参与讨论，由办公室起草。规划都是理事会讨论的，大家提了很多好的建议。冯理事长要求办公室把他们的意见都吸收，最后由理事会通过。"（20231024ZQ）上海市慈善基金会可以通过召开理事会、讨论会的形式，了解内外部不同人士的意见、期望，并将其纳入战略规划决策过程中，推动战略规划

---

① 《慈善箴言已征集 2600 余条投稿》，https://www.scf.org.cn/csjjh/n3421/n3424/n3880/u1ai61922.html。

的专业化和规范化。

合作伙伴关系体现在社会公众响应上海市慈善基金会的号召参与志愿活动，典型的案例有慈善义诊活动。2016 年，由上海市慈善基金会及医务慈善义工大队主办的"爱心大放送，共筑健康梦——百名医学专家大型慈善义诊活动"在上海展览中心西一馆举行。来自全市 30 多家三级综合医院、专科医院的 100 名医学专家开展健康知识讲座，为市民提供医疗健康咨询服务。讲座内容包括老年人营养需求与饮食、睡眠呼吸障碍、盐与心血管疾病、冬季皮肤瘙痒等。上海市张志勇志愿服务社创始人、全国"最美退役军人"、第一届上海慈善奖慈善楷模奖获得者 ZY 表示："我的荣誉都是领导给的。我不是个人，我希望在以后的工作中为社会添彩。"（20230803ZY）

监督和问责关系有助于上海市慈善基金会建立公信力。比如，2013 年雅安地震后，上海市慈善基金会募集善款达到 1.06 亿元，最终确定援建灾区六个项目。在项目实施过程中，上海市慈善基金会成立了以 11 名捐赠人代表为主的灾后重建项目监管小组，对项目援建和资金使用情况进行全程监督。

从以上分析来看，上海市慈善基金会与政府之间的协同从一开始的单向赋权转变为双向赋权，与企业之间的协同从一开始的集成式合作转变为精准化合作，与慈善组织之间的协同从以服务为主到服务与支持兼顾，与社会公众之间的协同从简单的服务消费转变为合作生产，每一组关系都经历过形态变化。在以上海市慈善基金会为轴、多元主体共同参与的协作治理格局下，慈善共同体朝着体系化、规模化趋势发展。

第二节　多元协同网络形成的机制分析

多元协同网络对于上海市慈善基金会来说具有重要意义，具体体现在以下几点：一是便于资源整合和共享，提升工作效率和质量；二是有助于信息交流和学习，通过分享经验互相借鉴和学习，不断提升自身能力；三是有助于增强组织影响力和提升组织声誉，通过与不同类型不同行业的组织合作，扩大自身影响范围。这些功能的实现有赖于上海市慈善基金会背后一整套稳定持续的机制所发挥的作用。上海市慈善基金会多元协同网络形成的机制主要包括慈善多元参与机制、慈善社会信任机制、慈善利益均衡机制、慈善信息共享机制和慈善循环学习机制。

一　慈善多元参与机制

慈善作为一项公共事业，有赖于多元主体的积极参与，其意义有三。一是多元主体参与能够实现资源的优化配置和互补，提高慈善事业的效率，扩大慈善组织的影响力。多元主体参与能够将不同的慈善资源整合起来，并通过合作、互补和协同创新，提高慈善事业的绩效和可持续发展能力。二是多元主体参与能使慈善事业更加开放和民主，避免单一主体垄断和过度集中的问题。多元主体参与能够确保各方的利益得到平衡，防止权力集中和资源分配不均，提高慈善事业的透明度和公正性。三是多元主体参与能够培养公民的参与意识和责任感，促进社会的公平与和谐。多元主体参与可以提高公众对社会问题的关注度，增强公民的参与意识和责任感（徐家良、成丽姣，2023a）。同时，多元主体参与也能推动社会公平与和谐发展，促进各个群体之间的互助合作和社会凝聚力的增强。

然而，慈善多元参与机制的建构也存在诸多难题。多元主体存在不同的利益和价值观，因此在合作过程中存在沟通障碍和利益冲突问题。解决这一难题需要建立有效的合作机制，促进信息流通、利益协调和问题解决，增强多元主体之间的相互理解和信任。除此之外，不同主体之间还存在利益分歧和权力不对等的问题。解决这一难题需要建立公正的参与机制，加强多元主体之间的平等对话和协商，确保每个主体都能发声和参与决策过程。与此同时，慈善事业需要参与主体具备专业知识和管理能力，但不同主体在专业素养和管理水平上存在差异。解决这一难题需要加强多元主体的培训和能力建设，提高各方的专业素养和管理水平，以确保慈善事业的长期可持续发展。

上海市慈善基金会在三十年的发展历程中总结出一些解决这些难题的有效路径。

首先，上海市慈善基金会通过搭建或借助各种跨部门、跨领域的合作平台，促进与多元主体之间的合作和协同，共同制定发展规划和设计项目，解决慈善事业中的重大问题。2018 年 9 月 5 日，值我国第三个"中华慈善日"之际，上海慈善论坛在浦东新区盛大开幕，江浙沪皖三省一市慈善会（基金会）主要负责人共同签署了长三角一体化慈善《合作备忘录》，长三角慈善公益互动平台宣告成立。2020 年 1 月 5 日，长三角慈善一体化第一次联席会议在上海召开，审议并通过了长三角慈善一体化合作机制建议方案，同意建立长三角慈善一体化联席会议、设立长三角一体化发展专项基金，明确长三角慈善一体化运作机制和聚焦的重点领域等。会议确定上海市慈善基金会为 2020 年首任轮值主席，从机制上保障了长三角慈善一体化的可持续健康发展。在此基础上，上海市慈善基金会筹备并召开了相关专题会议和秘书处工作会议，对长三角慈善一体化联席会议达成的发展目标与任务进行具体落实和推进。除此之外，上海市慈善基金会还和企业共同发起"蓝天下至爱计划·CSR 在行动"活动，通过资助社会慈善公益项目及其执行机构，携手相关社会组织有效地解决社会问题，搭建企业、基金会、社会组织协助平台，实现多元主体优势互补，为构建和谐社会贡献力量。这一活动出资 3000 万元，用来资助 100 个社会慈善公益项目，其中包括 3 个 100 万元项目、7 个 50 万元项目、40 个 30 万元项目和 50 个 15 万元项目等，并从中筛选出 10 家社会组织，给予一定的机构成长基金支持。上海市慈善基金会原秘书长 ZH 谈到"蓝天下至爱计划·CSR 在行动"对其他社会组织的影响时指出："（用上海市慈善基金会）募集的资金支持社会组织，社会组织获得支持可以选取更有针对性的受助人，（从而）扶持更多公益组织做大公益事业。"（20230227ZH）

其次，建立开放透明的信息共享机制，提供信息和数据支持，减少信息不对称和不对流问题，通过报刊等媒体平台主动向外界披露审计报告和活动内容，增强多元主体之间的信息共享和互动。从 1995 年开始，上海市慈善基金会在《解放日报》上向外界公开工作报告和审计报告。

最后，加强对多元主体的培训和能力建设，提高慈善事业管理水平和专业素养，通过开展技术交流和合作研究等方式，提升多元主体在慈善事业管理和实践上的专业能力，提高慈善事业的质量和效果。比如，2016 年，上海市慈善基金会为帮助高校慈善义工联队学习了解《中华人民共和国慈善法》，举办了历时两个月的系列知识竞赛。31 所高校的慈善义工队组织 13000 多名学生参加了网上答题的初赛，并派出选手参加集中书面答题的复赛。

二 慈善社会信任机制

信任是一种社会关系，涉及个体或组织之间的信赖和预期，建立在相互合作、诚实和可靠性基础上。对于上海市慈善基金会来说，如何引导多元主体建立稳定和谐的信任关系并形成机制是一大重点、难点。

信任的产生可以大致分为基于过程产生和基于相似性产生（Zucker, 1986）。

基于过程产生的信任更多体现出渐进性的特点，即需要时间和经验的积累才有可能实现。事实上，信任的建立是一个重复博弈的过程。在这一过程中，参与者可以观察彼此的行为与决策，如果一个参与者在多次博弈中始终保持诚信的态度，那么信任随之而来；反之，如果一个参与者发现对方背叛或不可靠，那么他们可能会减少合作或调整策略。通过多次互动，参与者有机会相互交流和学习对方的策略与行为模式，这种信息交流使参与者能够更好地理解对方的意图和动机，进而建立起更高程度的信任。因此，上海市慈善基金会将公益项目或者专项基金作为汇集和激活参与主体的平台，在调适和协商中寻求信任关系的建立。比如，2005年成立的巾帼圆桌专项基金便是上海市慈善基金会与专项基金设立者之间建立信任关系很好的例子。自该专项基金设立以来，上海市慈善基金会相关人员深度参与慈善活动，尽己所能提供资源、人力支持，为该专项基金的高效运作提供了坚实的后备支撑。在举办巾帼圆桌慈善晚宴时，上海市慈善基金会相关领导介绍了晚宴参与人员，该专项基金对接人则通过提供志愿服务、管理筹款和发票等形式参与慈善活动，实现基金会和专项基金执行方的双向沟通与有效互动。巾帼圆桌专项基金志愿者WM谈及与基金会的合作，感慨"上海市慈善基金会的信誉非常好"（20230726WM）。

基于相似性产生的信任是指当主体之间存在观念、背景、经历等方面的相似性时，它们更容易互相理解、共享经验，并建立起信任的基础。因此，基于相似性产生的信任可以通过先推动同一地域、同一行业、同一目标的多元主体之间的合作，然后再推进到不同地域、不同行业、不同目标的多元主体之间的交流互动。例如，上海市慈善基金会举办的"第二十三届蓝天下的至爱——上海市'两新'组织公益同行活动"中，来自上海市各行各业各区的近200名"两新"组织人士齐聚一堂，近80

名非公企业家现场捐赠了 500 多万元爱心善款注入上海市慈善基金会"两新"组织公益同行专项基金池。此次活动聚焦孤寡老人、残障人士、肿瘤儿童三类困难群体，"两新"组织人士现场为孤寡老人认领了 96633 分钟的"陪伴时间"，为残障人士认领 135436 个"天籁音符"，为肿瘤儿童认领 271760 个"天使笑脸"。又如，由上海晨光文具股份有限公司独家冠名的"点亮心愿"慈善义拍活动在上海举行，晨光文具作为文具行业的领先企业，和扶幼、助学、奖学等多项慈善事业高度关联。在多年的发展过程中，晨光文具努力在文化交流、社会融合、教育等领域回馈社会，积极践行社会责任。此次义拍活动共拍卖 71 件拍品，筹集资金 173 万元。同时，晨光文具还向慈善义拍捐赠 50 万元，用于帮助贫困白内障老人和先天性心脏病儿童恢复健康。

三 慈善利益均衡机制

慈善多元协同网络的建立本身是为了推动各方资源的整合和共享，但是在实际过程中参与主体的利益诉求未必一致，并有可能存在各种利益上的冲突和不兼容问题，成为制约多元协同网络发展的一大障碍。具体来说，出现这种利益冲突的原因有以下几个。第一，基金会和其他主体之间存在目标上的不一致。基金会通常专注特定领域或社会问题的解决，而其他主体有自己的发展目标和利益追求，这种目标上的不一致导致它们在合作过程中出现利益冲突。第二，合作项目通常需要资源（包括资金、人力、物资等）的投入，在资源有限的情况下，如何确定资源投入比例成为利益冲突的焦点，不同主体可能有不同的资源投入预期，当预期不一致时就可能产生冲突。第三，不同的价值观和文化背景导致合作方在目标、方法和权益上有不同的理解与期待，从而难以达成共识，出现利益冲突。

慈善利益均衡机制的建立需要有规范的利益诉求反映渠道。畅通利益诉求反映渠道可以确保合作过程的公平和公正，各方都可以通过这样的渠道表达自己的利益诉求，通过协商和对话解决分歧，避免信息不对称、权益被忽视或不公平的决策。与此同时，合作过程中的交流互动还有助于项目推进方案的共同探讨，提升合作项目的可持续性和有效性。2018 年，上海市慈善基金会相关人员向理事会提出将上海市慈善基金会的专项基金设立门槛从原先的 50 万元提高到 100 万元的建议。专项基金设立门槛的调整涉及理事会成员对基金会的发展期望、专项基金运行团队的专业能力、专项基金设立对象的承受能力和主观想法，其中蕴含了多元主体的利益诉求。上海市慈善基金会通过访谈、座谈等实地调研方式征求专项基金执行方的意见、权衡多元主体的诉求，并在调研中了解到执行方的难处，科学、合理地作出符合基金会实际发展现状、专项基金执行方利益的决策。上海市慈善基金会项目发展与筹资委员会副主任NC回忆道："2018～2019年提出专项基金的设立门槛提高到100万元，但是实际调研发现比较困难，有的爱心人士考虑到门槛提高甚至打消了设专项的念头，最后理事会还是维持了50万元设专项的决策，我们还是（决定）实事求是。"（20231103NC）

慈善利益均衡机制的建立需要相应的制度和规则。制度和规则可以为多元主体提供一套统一的行为准则和规范，明确各方在利益交互中的权责，同时确保弱势一方在利益协调过程中得到平等对待，避免其利益被损害。例如，2002年上海市慈善基金会曾专门在《文汇报》上指出，不能享受（城镇职工）医疗保险的人员中，特殊困难的老人可以享受慈善医疗救助；在上海市城镇局享受最低生活保障或生活上暂时遇到困难的学生，经过慈善基金会审定，可以成为慈善助学的对象。

慈善利益均衡机制的建立需要在自律的基础上引入第三方监督。第三方可以提供公正和客观的视角，独立于各个利益主体之外。其不受任何一方的影响，能够对合作过程和结果进行客观评估，确保各方的利益得到平等对待和公正协调。除此之外，第三方还可以构建争议解决机制，对冲突进行调解或仲裁，帮助各方制订公平和可接受的解决方案。它们的中立立场可以减少争议的情绪化因素，推动冲突的妥善解决。例如，上海市慈善基金会组建专职审计人员与审计义工相结合的审计队伍，对上海市慈善基金会和代表处资助的慈善公益项目进行内部追踪监督和财务审计，并聘请第三方评估机构对慈善公益项目进行评估，提升项目的科学性、可行性、规范性。此外，上海市慈善基金会还通过监事会对基金的募集、管理和使用及内部各项信息化管理、市区协同管理、志愿者队伍建设等进行监督。

四 慈善信息共享机制

信息是对客观事物的反映，是主体认识客体的中介和桥梁。建构慈善多元协同网络，信息共享有着重要意义。首先，信息共享能够增进合作方对彼此的了解。通过共享信息，各方可以更好地理解对方的需求、资源、能力和限制，从而提高沟通效率、避免误解和冲突，并促进项目的顺利实施（孙远太，2015）。其次，信息共享有助于优化资源配置，各方只有互相了解才能更好地协调和整合资源，避免资源浪费，同时，合作方还可以通过向外界传播和共享信息，找到潜在的合作机会和互补性资源，实现项目的进一步扩大化。最后，信息共享能够提供更全面的决策依据，合作方通过分享各自的经验和经历，可以对问题的背景和现状有更为深入的了解，有助于降低决策风险，推动合作项目成功实施。建立相应的慈善信息共享机制可以推动多元主体之间的信息流动，最大限度地实现信息的价值。例如，2017年上海市慈善基金会前往中国社会福利基金会、中国扶贫基金会、中国红十字基金会、北京恩玖非营利组织发展研究中心（以下简称"基金会中心网"）、中国慈善联合会等多家大型社会组织考察学习，围绕基金会组织结构优化与人力资源建设、专项基金管理及品牌资助项目打造、机构品牌传播与互联网众筹及机构信息化建设等方面进行了面对面的交流，促进了慈善信息的共享。

建立慈善信息共享机制需要对信息进行收集和整理。例如，上海市慈善基金会发现慈善助学基金每年放入银行的利息越来越少，无法资助更多的学生，和上海汇银（集团）有限公司进行沟通后了解到，基金由它进行打理可以使增值率达到银行利息的10倍，受助学生也可以增加10倍。这一关键信息成为上海市慈善基金会后续开展保值增值工作的重要决策依据。

建立慈善信息共享机制需要对信息进行维护。信息收集完成之后会因被认为没有价值而受到忽视，但是社会发展瞬息万变，在日后的某个时间段某条信息可能会对活动的开展有帮助，因此需要自觉维护信息。例如，上海市慈善基金会在开展相关专项基金资助活动时将资助对象的信息进行整理存档，以便第二年进行回访，了解受助对象的生活现状及是否需要其他资助。上海市慈善基金会通过这种持续性的信息维护保障对资助对象信息的长期更新，以检验资助成果、提升捐赠资源的使用效率。

五　慈善循环学习机制

慈善多元协同网络的建立不是一蹴而就的，需要各方主体之间互相学习和借鉴。构建慈善循环学习机制的意义在于：一是发挥不同组织的专长和资源优势，通过合作，可以将各方的专业知识、经验和资源进行整合与共享；二是通过了解合作伙伴的工作方式、方法和成功经验，避免重复努力或者重蹈覆辙，提高项目执行的效率和效果；三是在和不同组织进行合作的过程中积累多方面的知识和经验，拓宽视野并汲取灵感，激发创新思维（郭施宏、陆健，2021）；四是在不断学习的过程中彼此之间建立良好关系，实现共同成长和发展，从而建立长期合作的基础。

　　构建慈善循环学习机制需要确立相应的发展目标。目标的存在为多元协同网络提供了明确的方向，确定多元协同网络所要解决的问题、所期望的结果和实现的途径，可以确保每个主体都能通力合作，朝着共同的目标迈进，同时遇到困难时可以重新退回制定目标的环节，经过协商和讨论后修改调整发展目标，使多元协同网络拥有明朗的发展前景。例如，上海市慈善基金会团队在制订组织数字化方案过程中通过召开数字化专题工作会议的形式与数字化信息系统承接方上海电信团队进行反复深入的沟通，通过制定数字化系统建设规划、基金会提出调整意见、电信团队优化数字化业务系统流程等方式促进双方在慈善组织数字化建设方面的通力合作，使上海市慈善基金会的数字化建设更加明晰、专业、有效。

　　构建慈善循环学习机制需要搭建相应的平台。平台为多元主体提供了交流和互动的渠道，来自不同组织的从业者可以讨论、提问、分享自己的观点和看法，从而加深对社会现状的理解。同时，平台的支持可以实现优势互补和资源共享，提高协同网络的效能。例如，上海市慈善基金会携手江苏省慈善总会、浙江省慈善联合总会、安徽省福利与慈善协会、深圳市国际公益学院等单位共同举办的"2019长三角一体化发展·钟山慈善行动暨首届江苏慈善论坛"，围绕"聚焦精准扶贫、筑梦美好生活"主题，深化长三角区域慈善交流合作。当天还举办了"慈善与企业社会责任""现代慈善与贫困治理"两场论坛。与会者就慈善领域的诸多前沿问题进行交流，并就搭建长期性的合作平台达成共识。

　　构建慈善循环学习机制需要建立评估制度。评估可以实现对学习的内容和方法的全面总结与分析，并了解是否达到预期的学习目标，从而判断学习是否取得了实质性进展。与此同时，评估有助于发现实践中的障碍和瓶颈，并向不同主体寻求反馈和建议，从而推动慈善事业的不断发展。例如，上海市慈善基金会金山区代表处对"2018年金山区'适老性'住房改造项目"、"'点亮心愿'贫困老人眼疾患者复明手术项目"、"张堰镇社会组织服务中心建设项目"和"亭林镇社会组织服务中心建设项目"进行评估，执行方介绍评估团队，阐述评估流程，听取项目末期评估汇报，翻阅项目台账资料，并提出相应意见，包括项目团队应梳理项目运作规范流程，实现服务过程信息化、可视化升级管理，积极打造区域性、长效性、特色化的服务品牌。通过项目评估，金山区代表处的慈善项目得以不断改进，项目的有效性得以保证、慈善事业的影响力得以提升。

第三节　多元协同网络的主要特征

多元协同网络的建立有助于上海市慈善基金会汇集更多的资源，提升项目执行力，同时在协作中提升自身的影响力和知名度，从而增强公众的慈善意识，推动社会变革。前两节呈现了上海市慈善基金会多元协同网络的建构历程及形成机制，本节将进一步分析多元协同网络的异质性、平等性、灵活性、持续性、高效性特征。这些典型特征可以充分反映上海市慈善基金会三十年如一日在合作网络搭建方面的专业与坚持。

一　异质性

异质性是指参与主体在背景、能力、资源等方面存在较大差异。社会资源理论认为，主体拥有的社会网络的异质性越强，就越可以运用更多的社会资源（林南、俞弘强，2003）。异质性的意义有三个方面：一是在于不同类型主体的存在使协同网络拥有各种知识和信息，经过不同主体的解释、吸收和转化，将会呈现更丰富的视角和内容，有助于创造性思维的形成，从而给慈善事业的发展带来新的机遇；二是在于多元主体的交流与合作可以增强主体之间的理解和共鸣，减少偏见和歧视，这有助于提升社会的多元性和包容度；三是在于各个主体拥有的自身独特优势可以实现分工协作，促进资源的优化配置和行政效率的提升，这样整个协同网络的能力就会得到质的提升。上海市慈善基金会积极推动与不同类型主体的协同合作，在三十年的发展历程中，其建构的协同网络具有较强的异质性。

二　平等性

平等性是指在执行过程中各方参与者具有平等的权利和机会，能够公平地参与目标设定、资源分配和监督评估等，并享有同等的地位（张贤明、田玉麒，2016）。平等性具有三个方面的作用：一是确保围观和边缘主体能拥有机会表达自己的意见和提出下一步解决思路，减少了少数人或者特定主体对协同网络控制权的垄断；二是当自身参与权利得到保障后，多元主体在参与过程中的满意度和认可度将得到提高，从而以更加积极的心态持续参与并拉动更多的主体参与其中；三是平等性是一个对多元主体进行赋能的过程，有助于激发各个主体的潜力，充分利用其专长和社交网络来推动问题的解决。

上海市慈善基金会在与合作伙伴建立关系时非常注重平等性原则，无论是社会组织还是企业，基金会都会与其保持平等的沟通和合作态度。上海市慈善基金会尊重合作伙伴的价值观和意见，并重视双方间的互惠关系，共同推动慈善事业的发展。在为受益人提供服务的过程中，上海市慈善基金会也会坚持平等性原则，无论受益人的社会背景、经济状况、身份地位如何，基金会都会一视同仁，提供平等的援助，从而最大限度地推动慈善事业的普惠性和公正性。在选择资助项目时，上海市慈善基金会始终坚持公平公正、合规透明的原则，不会因私人关系或者前期合作经验而偏袒某个特定的群体或组织，而是向社会广泛征集项目，按照规定的评审标准对项目进行客观评估，确保那些真正能改善困难群体生存状况的项目有机会获得资助。

三　灵活性

灵活性是指在合作过程中多个参与主体能够适应和不断调整，以应对外界变化的形势与需求。提高多元协同网络灵活性的意义在于：一是面对突发事件或紧急情况时，各个主体都能快速响应、协调和采取行动，以解决问题并保护各方利益；二是需要集体协作时各方能够迅速联动，减少信息滞后和决策拖延情况，提高决策效率，保证决策效果；三是在问题解决后能够总结经验教训并不断调整，从而优化组织体系和运作模式，提升治理效能。

在突发公共卫生事件中，多元协同网络灵活性的优势得到充分体现。新冠疫情期间，上海市慈善基金会青浦区代表处收到上海普利特复合材料股份有限公司捐赠的价值 100 万元的蔬菜组合包后，对接援助赵巷镇，并仅用 4 天时间将蔬菜组合包发放至各村（居）。上海慈善物资管理中心与四川省川商总会协调，后者紧急捐赠 25 吨大米，从四川省广元市顺利运达闵行区梅陇镇，并及时发放到居民手中。经上海市生物医药行业协会与上海市慈善基金会宝山区代表处共同协调，杭州纽龙生物科技有限公司驰援的 21 吨蔬菜物资定向捐赠给宝山区顾村镇的封控小区。这些由企业、慈善组织组成的协同网络是临时搭建的，但在疫情期间发挥了重要作用，参与网络的各方也都能默契配合，共同实现物资配送的目标，反映出基金会及各区代表处搭建的合作网络具有灵活性特点。

四　持续性

持续性是指在合作过程中各方主体能够长时间地积极参与和共同努力。提升多元协同网络持续性的意义在于：一是许多社会问题长期存在且复杂棘手，单纯靠一次性行动难以得到真正解决，需要锲而不舍的恒心，而持续性的多元协同网络能够促进各方长时间开展合作，逐步改善社会状况，实现可持续发展和社会变革；二是通过长期的参与合作，多元主体之间能够建立起信任关系，从而推动协同网络的不断延伸；三是持续性的探索和思考有助于形成创新性的观点与思维，为慈善事业的发展提供新的可能。

上海市慈善基金会开展的各项慈善救助项目都可以体现出其持续性。2001 年 1 月启动的"点亮心愿"慈善救助系列项目合作方包括上海市儿童健康基金会、复旦大学附属儿科医院、上海交通大学医学院附属儿童医学中心等固定合作伙伴。项目首先为患有眼疾的贫困老人实施复明手术，2003 年扩大到儿童先天性心脏病手术救助和听障儿童康复语言训练项目，形成了以老人和儿童为医疗救助对象的系列项目。截至 2023 年底，该项目仍在运作过程中，已出资 395 万元，资助 1500 余名听障儿童。受到救助的孩子们通过康复训练有了一定的语言环境和社会交往基础。该项目在不间断开展的前提下，不断拓展服务对象和服务内容范围，为全市大量困难群体提供了足以改变生命轨迹的服务。

五 高效性

高效性是指在合作过程中能快速解决问题并取得良好的效果。高效的协同网络可确保决策制定和执行的效率，各方可以快速交换意见和信息，提高行动的协调性和一致性，并及时采取行动解决问题，减少冲突和重复劳动，提高整体效能。同时，公众对高效决策与行动的结果感到满意和认可也会提高其对协同网络的信任度和参与度，从而推动慈善事业获得更强的合法性。

上海市慈善基金会所建构的协同网络的高效性有目共睹，它为上海的慈善事业现代化做出了巨大贡献。上海市慈善基金会与中国国民党革命委员会青海省委员会（以下简称"民革青海省委会"）和省政协共同发起的在果洛州实施的"沪青慈善牵手果洛行"扶贫助困系列项目便是很好的例子。在项目筹款过程中，上海市社会各界、广大爱心人士积极参与捐赠，项目实施以来累计为果洛州贫困户捐赠善款 1290.2 万元，体现了上海市人民对果洛州的无私大爱。在项目执行过程中，上海市慈善基金会相关领导亲力亲为，走深山、访牧户，专程赴果洛州为受助对象提供支持，体现出基金会较强的项目运作能力。其间，青海省果洛州州政协历届主席多次专赴上海汇报，介绍项目实施情况，体现出青海省政协领导对此项工作的关心和重视。该项目的顺利推进离不开社会公众、上海市慈善基金会、青海省政协等主体的协同合作，充分体现出上海市慈善基金会在多元协同慈善事业中的专业和高效。

第十章

跨境交流与合作：开拓与转型

在过往三十多年的全球化浪潮中，跨境交流与合作成为慈善事业发展的重要动力和推动因素。慈善组织的跨境交流与合作，促进了跨境文明交流互鉴，有效增进了各地区对全人类共同价值的认同。上海市慈善基金会作为中国最具影响力的慈善组织之一，充分认识到跨境交流与合作对慈善事业的重要性，并积极致力于推动与各类境外慈善力量的交流与合作。通过搭建跨境交流平台、引进国际慈善资源、促进慈善文化交流等方式，上海市慈善基金会不仅拓宽了视野，而且为全球慈善事业的发展贡献出中国智慧和方案。开放包容、多元合作、专业创新是上海市慈善基金会跨境交流与合作的主要特征。本章将深入探讨上海市慈善基金会在跨境交流与合作方面所取得的成果和经验，以揭示上海市慈善基金会跨境交流与合作的价值和意义。

第一节　开展跨境交流与合作的必要性

在全球化和新自由主义的影响下，跨境交流与合作的尺度发生了多维重构（博任纳，2020）。政治实体、慈善组织间的联结范围不再限定于传统的行政疆域。全球化时代，边界的概念逐渐模糊，各方利益紧密相连。慈善组织作为全球民间交往的代表性载体，在参与人类命运共同体构建的过程中发挥着不可替代的作用。慈善组织在全球化进程中扮演着重要角色，它们通过跨越国界的合作和行动，致力于构建一个更加公平和可持续的世界，为人类社会的进步做出了不可磨灭的贡献。中国慈善事业正走向国际舞台，以上海市慈善基金会为代表的慈善力量积极参与全球治理，这成为中国未来慈善事业发展的使命和新的趋势。"一带一路"倡议发出后得到国际社会的广泛关注和积极响应，中国慈善事业走出国门、融入世界成为必然。积极构建人类命运共同体的慈善组织也理所当然地成为公众关注的焦点。作为业界代表，上海市慈善基金会不仅积累了在境外实施项目和设立分支机构的经验，还通过案例介绍、经验总结、实操手册等形式进行知识普及和推广。

一　促进全球公平与发展

每个人都应享有平等的权利和机会，无论他们出生在哪里、性别如何、肤色如何，这已成为国际发展领域的共识。促进公平性和包容性的发展，有助于实现经济的可持续增长，减少社会不稳定因素，维系全球的繁荣和稳定。上海市慈善基金会在全球公平发展进程中扮演至关重要的角色，通过各种方式和手段，积极推动权利平等与可持续发展的实现；通过资助教育、医疗、基础设施建设等项目，帮助发展中国家实现经济社会可持续发展，缩小贫富差距，促进全球公平与发展；通过跨国界的慈善合作，实现资源的有效配置和优势互补，为全球贫困地区提供援助和支持。

（一）教育促进

教育促进个体发展、驱动经济增长、铸就社会进步，其重要性不言而喻。然而，无论是基于地域视角还是基于群体视角，在全球范围内合理平等地分配教育资源有很长的路要走，不同国家与地区间教育资源分布不均的现象依然存在。一些国家、地区面临教育设施不足、师资匮乏、教材缺乏等问题，教育质量低下。经济困难、观念禁锢、设施欠缺等因素制约着困难群体的求学之路。慈善组织则可以在一定程度上消除教育领域的不平等。其一，上海市慈善基金会提供资金、设备、教材等资源支持，填补资源缺口，帮助教育资源弱势地区改善教育条件。同时，上海市慈善基金会通过设立教育项目和奖学金，资助贫困学生、残障学生或特殊需求学生接受教育。这有助于克服贫困与边缘化群体的教育障碍，促进教育公平和机会均等。其二，知识与经验分享也是慈善教育的重要一环。不同国家和地区的教育系统面临各自的挑战与问题，但也有许多成功的实践和创新经验，上海市慈善基金会将部分先发展地区的教育事业发展经验向其他后发展地区引介推广，促进有效经验在全球范围内的传播。其三，上海市慈善基金会促进教育领域的跨境合作与经验共享。通过分享最佳实践、培训教育专业人员，慈善组织可以帮助各国共同解决教育问题，提升教育质量。全球先发展国家和地区教育的高质量发展与科学技术的巨大进步使后发展国家和地区的教育资源与教育质量存在滞后的发展趋势。为此，后发展国家和地区需要在教育领域不断地创新和改革，以适应不断变化的社会和经济需求。上海市慈善基金会通过支持全球教育创新项目、引入创新性的教学方法、采用新的教育科技和教育管理模式等方式，激发学生的创新思维，提高学生的实践能力，促进国家义务教育、高等教育体系的整体性升级和均衡发展。例如，1996年，一批在沪国际友人于上海市慈善基金会发起"初升的太阳"慈善项目，这一项目已成为上海慈善助学的一个重要组成部分和品牌项目。

慈善组织承担着全球公民意识的培育任务。教育的目标之一是培养全球公民，促进跨文化理解和国际交流与合作。国际慈善组织可以开展学生交流、教师交流和文化交流活动，促进不同国家和地区之间的教育交流与合作。这有助于培养学生的国际视野和全球意识，推动跨文化理解和国际友谊的发展。2003年，上海市慈善基金会及其区代表处组织了面向贫困学生的外语口语培训班活动，德国、美国等国家的十位领事馆夫人参与了文化课教学。美国商会负责人充分发挥自身国际化优势，整合了共计265人的双语团队，促进学生更好地学习外语口语，拓宽自身的国际视野。根据活动组织者LL口述，有参加外语口语培训的孩子表示"世界为我们关了门，但上海市慈善基金会为我们开了一扇通往世界的窗"。

（二）医疗援助

医疗援助是慈善组织在促进全球公平与发展方面的重要手段之一。当今世界，许多国家和地区面临着医疗资源不足、健康服务不平等的挑战。上海市慈善基金会通过提供医疗援助、帮助困难群体获得基本的医疗服务并改善其健康状况，促进全球公平与发展。首先，上海市慈善基金会通过医疗援助帮助贫困地区改善健康状况，缩小健康服务差距。在一些后发展国家和贫困地区，由于医疗资源不足和经济条件限制，许多人无法获得基本的医疗服务和药物。上海市慈善基金会通过提供医疗设施、药物和医疗人员援助等方式，为这些后发展国家和地区的居民提供医疗保健服务。其次，上海市慈善基金会通过医疗援助促进医疗技术和知识的传播，提高医疗水平。由于缺乏先进的医疗技术和专业的医疗知识，许多贫困地区的医疗服务效果不佳。上海市慈善基金会通过派遣医疗专家、提供培训和技术支持等方式，帮助贫困地区的医疗机构提升技术水平和服务质量。例如，上海市慈善基金会通过与医疗机构合作，组织医疗团队前往国际上较为贫困的地区开展手术和医疗救助，同时对当地医疗人员进行培训，提高他们的专业能力。上海市慈善基金会在通过医疗援助促进全球公平与发展的过程中采取了多种措施和方法。首先，通过筹款和募捐活动获得资金，用于支持医疗援助项目和计划。这些资金可用于购买医疗设备、药物和提供培训，为贫困地区提供医疗服务。其次，与政府、医疗机构和国际组织等开展合作，共同制订和实施医疗援助计划。比如，上海市慈善基金会"慈善光明行"项目中的中国医院代表与摩洛哥当地政府达成合作，中国医生提供相关医疗设备和人力，为摩洛哥有需求的白内障患者提供支援，中非两国跨越国界的慈善之爱得以凝聚。双向合作可以提高资源利用效率，实现更广泛的影响。

二 增强全方位合作交流

慈善组织作为桥梁和纽带，可以促进全球不同国家和地区、不同文化之间的合作与交流。通过慈善项目的开展，各国之间的理解、友谊和合作得以增进，文化多样性的尊重和交流得以实现，全球社会的和谐与稳定得以促进。立足于跨境慈善合作，上海市慈善基金会可以实现资源的有效配置和优势互补。上海市慈善基金会联结了来自不同国家和地区的人们，促进了跨文化和跨国界的交流与合作。上海市慈善基金会通过组织国际会议、交流项目和合作活动，使各国政府、社会组织和个人能够共同探讨并解决全球性难题，如贫困、疾病、环境保护等。上海市慈善基金会提升发展站位，秉持中国式现代化的发展理念，积极同各国开展慈善合作，推动全球慈善工作朝着纵深方向发展。从深化国际交流与合作助学项目到推进抗疫国际交流与合作，上海市慈善基金会始终与境外慈善力量、企业家齐头并进，为慈善事业发展做出了积极贡献。2020年，来自希腊的雅典爱乐乐团参与了每年由上海市慈善基金会主办的新年音乐会，这有助于希腊和中国的友好交流。上海市慈善基金会通过促进全球合作与交流，为人类命运共同体的构建做出重要贡献，其凝聚各国力量、整合资源的成效卓著。满怀大爱的慈善力量充分融入全球性问题的解决和全球发展的推进进程之中。上海市慈善基金会对公平正义的倡导、对人权的保护、对包容社会的促进，成为对人类命运共同体内涵最好的诠释。

（一）平台建设

慈善组织在国际层面搭建合作平台。慈善组织通常拥有广泛的网络和资源，能够跨越国界，在不同国家和地区之间建立联系与合作关系。这些组织可以促进各国之间的交流与合作，共同解决全球性问题。慈善组织通过资金支持、技术援助、人员培训等方式，在其母国和项目对象国之间搭建合作对话平台，继而通过引入更多对话方，将平台影响力逐步扩展到区域或全球。

搭建供多方对话的慈善平台可以增进不同国家和地区之间的理解与友谊。上海市慈善基金会在搭建和运作平台的过程中，与不同国家和地区、不同文化背景人士建立了合作关系。比如，上海市慈善基金会"爱心雅集"专项基金由港、澳、台、侨等爱心人士发起，通过搭建慈善晚会等平台的形式筹集善款，并在筹集善款过程中促进文化融合。这种合作促使各方相互了解、尊重和包容彼此之间的差异，从而加深彼此之间的友谊和互信。通过平台层面的各种对话，来自不同文化背景的人能够更好地理解彼此的文化、价值观和生活方式，消除误解和偏见，从而为国际社会的和谐共处打下坚实的基础。对于我国来说，慈善组织潜在的文化桥梁作用具有重要意义。

（二）跨文化沟通

跨文化沟通强调在不同文化背景中进行有效交流的能力。在全球化的时代中，慈善组织在促进全球合作与交流中扮演着重要角色。这些组织通过跨文化沟通的方式，架起不同国家和文化之间的桥梁，为解决全球性问题和推动社会发展做出了积极贡献。全球范围内的慈善组织必须与不同国家、不同文化的人们进行交流和合作，以解决全球性问题。不同国家拥有独特的价值观、信仰体系和社会习俗。通过跨文化沟通，慈善组织可以深入了解并尊重不同文化的差异，避免误解和冲突，建立起互信和合作关系。此外，跨文化沟通需要考虑到语言、符号、姿势等多种沟通方式的差异。慈善组织与不同文化背景的人们交流后，能够选择适当的沟通方式，确保信息的准确传递和理解，提高合作效率。从促进合作共赢角度来看，跨文化沟通有助于建立共同的价值观和目标。慈善组织通过与不同国家和文化的人们进行交流，挖掘彼此的优势和资源，共同制订应对社会事务的通用解决方案，实现互利互惠合作共赢。

上海市慈善基金会在推动全球合作与交流方面，通过跨文化沟通采取多种实践措施。上海市慈善基金会积极为自己的员工提供跨文化交流机会和教育。1995年10月建会之初，上海市慈善基金会向员工提供了前往日本了解国际慈善公益事业情况的机会；1999年，上海市慈善基金会又组织人员前往加拿大、美国学习先进的老年护理经验，帮助他们了解不同国家和文化的背景、价值观与行为准则。这样的培训有助于提高员工的文化敏感性、掌握跨文化沟通技巧，使他们更好地适应不同文化环境并展开合作。同时，慈善组织发起和参与跨国合作项目，通过与不同国家和文化的合作伙伴共同实施项目，解决全球性问题。这些项目涉及领域广泛，包括教育、医疗、灾害救助等，取得了良好的效果。

上海市慈善基金会通过跨文化沟通，对全球合作与交流产生了积极影响。跨文化沟通使基金会能够与不同国家和文化的组织、政府与个人建立联系。通过合作，各方能够分享资源、经验和最佳实践，共同推动社会发展和增进人类福祉。上海市慈善基金会介入全球公共事务，成为全球治理的重要主体之一。上海市慈善基金会高度重视病毒性肝炎防治工作，该工作对当前全球卫生事业发展尤为必要。2012年4月，上海市慈善基金会团队赴美国田纳西州纳什维尔市参加美国全国联合之路亚太地区年会及社区领袖大会，并与其他国家沟通"干预、预防和控制肝炎项目"，实现全球资源的充分整合，为人类生命健康的共同福祉贡献自身力量。跨文化沟通活动有助于提高社会对不同文化的认知和理解水平。与不同国家和文化的人进行交流，能够了解其他文化的独特之处，消除偏见和歧视，增进文化的多样性。最后，跨文化沟通有助于推动可持续发展目标的实现。上海市慈善基金会通过与不同国家和文化的人们开展合作，共同解决环境、经济、社会发展等方面的问题，推动可持续发展目标的实现。

上海市慈善基金会通过跨文化沟通，促进了全球合作与交流，为解决全球性问题和推动社会发展做出了重要贡献。跨文化沟通的重要性在于理解和尊重文化差异、有效传递信息及实现合作共赢。通过多语言沟通、文化培训和教育及跨国合作项目，上海市慈善基金会实践了跨文化沟通策略。这些努力产生了积极影响，进一步推动全球合作交流进程，促进跨国文明的相互包容和借鉴，为世界和平发展开辟新的道路。

（三）维护国际秩序稳定

慈善组织完全有能力在维持国际秩序稳定方面发挥重要作用，通过减少贫困、改善教育、提供医疗援助等方式，为不同类型困难群体提供支持和帮助，减少国际社会的冲突。这有助于缓和国际紧张局势，减少跨国冲突的可能性，促进全球社会秩序的和谐与稳定。

在提供物质援助方面，慈善组织可以为生活在贫困、灾难或战争中的人们提供援助。无论是提供食物、水、医疗服务，还是提供教育、住房和就业资源，慈善组织都能起到改善人们生活条件的作用。通过减少贫困，慈善组织为社会稳定奠定了基础，为人们追求更好的未来提供了机会。值得注意的是，上海市慈善基金会的作用不仅仅局限于提供物质援助。通过与其他国家和组织开展合作，上海市慈善基金会搭建了国际慈善论坛等沟通平台，帮助不同国家和地区之间建立起互信和友好关系。这种合作和交流不仅有助于解决全球性问题，而且有助于建立稳定的国际秩序。同时，上海市慈善基金会通过资助国际项目，为全球合作与交流提供财政支持；与政府、企业和其他社会组织合作，在教育、文化和艺术领域开展活动，促进不同国家和地区之间的相互理解与尊重，共同推动可持续发展目标的实现。此外，上海市慈善基金会还在建立全球合作网络方面发挥关键作用，通过组织国际会议、研讨会和培训项目，为各国学者和决策者提供交流与合作平台。这种跨国界的合作有助于分享最佳实践、解决共同问题并促进创新和技术转移。通过搭建这样的平台，慈善组织为全球各方之间的对话和合作提供了机会。

上海市慈善基金会通过提供援助和支持改善人们的生活条件，同时通过国际交流与合作促进全球社会的和谐与发展。慈善组织不仅帮助了那些最需要帮助的人们，而且为打造人类命运共同体奠定了坚实的秩序基础。

三 应对全球性挑战

以极端天气、贫困、流行疫病等为代表的全球性挑战已经超越国界，对人类的生存和发展构成了威胁。在这一时刻，慈善组织发挥着至关重要的作用。其通过应对这些全球性挑战，推动搭建人类命运共同体的重要实践平台。慈善组织通过投入资金和资源，支持和推动科学研究、技术创新和解决方案的制订。

面对气候变化，上海市慈善基金会资助了一些环保和可持续发展项目。比如，设立"飞蚂蚁"环保公益专项基金和志愿者之家公益环保项目，形成"技术+环保+公益"的工作机制。此类项目旨在鼓励和支持清洁能源技术的研发与应用，推动碳减排和可持续农业等领域的发展。同时，上海市慈善基金会在教育和医疗等领域也发挥着重要作用。在教育领域，为贫困地区儿童提供教育机会，帮助他们摆脱贫困；在医疗领域，提供医疗援助，改善人们健康状况，减少疾病的传播。在构建人类命运共同体的道路上，上海市慈善基金会提高自身站位，发挥着不可或缺的作用，为推进全球可持续发展和共同繁荣做出重要贡献。

尽管各国政府以及政府间国际组织在推动全球问题解决方面起着重要作用，但有时政府的资源和能力是有限的。慈善组织可以弥补政府在某些领域的不足，提供额外的资源和服务，满足社会的多样化需求（邓国胜，2006）。慈善组织的灵活性和创新性可以带来新的解决方案，为全球性问题找到更有效的解决途径（田凯，2004）。慈善组织在满足人道主义需求方面发挥着重要作用。全球范围内存在许多人道主义危机，如自然灾害、战争、贫困等，这些危机给人类的生存和发展带来严重威胁。政府在应对这些危机时面临诸多挑战，而慈善组织通过提供紧急救援、食品、医疗援助等，弥补政府救援能力的不足。上海市慈善基金会能够在关键时刻迅速响应，及时提供资源支持，为受灾人群提供紧急援助，减少人道主义危机的影响。

慈善组织在全球社会服务领域是重要的补充力量。政府负责提供公共服务，如教育、医疗、社会福利等，但在某些地区和特定群体，政府的服务覆盖面有限。慈善组织通过资金投入、项目支持和社区动员，推动环境保护和可持续发展的实施，在清洁能源、碳减排、生态保护等方面发挥着重要作用，为可持续发展做出贡献。上海市慈善基金会通过发挥政府职能补位功能，促进人类命运共同体建设，补充政府在人道主义援助、社会服务和可持续发展方面的服务职能，为应对全球性挑战提供重要支持。

第二节　开展跨境交流与合作的主要举措

作为立足于国际化大都市的慈善组织，上海市慈善基金会以兼容并包、海纳百川的姿态，走出了一条面向全球的发展之路。早在 2007 年，上海市慈善基金会就成立了外联部，负责外事联络、对外宣传、开发外事资源、发动国际友人参与上海的慈善事业，并承担英文版至爱 *Caring* 的编辑发行和基金会英语网站的运营管理工作。上海市慈善基金会从搭建跨境交流平台、引进国际慈善资源、促进慈善文化交流三个方面推进国际交流与合作。

一　搭建跨境交流平台

跨境慈善论坛和研讨会是慈善组织交流与合作的重要平台。尤其是在全球化时代，跨境交流平台不仅促进了慈善组织之间的经验交流，而且成为慈善组织搭建关系网络的重要渠道。作为慈善事业发展的重要推动力量，上海市慈善基金会致力于搭建跨境交流平台，促进与来自不同国家和地区的慈善组织、机构和个人之间的合作与交流。通过搭建这样的平台，上海市慈善基金会为推动全球慈善事业发展做出了重要贡献。

第一，通过举办国际慈善论坛和研讨会等促进国际慈善领域的专家学者和从业者互相交流与分享经验。这些论坛和研讨会汇集了来自世界各地的慈善领域的专家和实务界人士，大家共同探讨慈善事业的发展趋势、创新模式和最佳实践。通过这些活动，来自不同国家和地区的慈善从业人员可以分享彼此的经验，加深了解，寻求合作机会，共同推动慈善事业的发展。例如，2004 年 5 月 31 日至 6 月 2 日，上海市慈善基金会联合文新报业集团、上海市社会学学会、香港永恩投资（集团）有限公司达芙妮中国总部于上海文新报业大厦举办了全国首届国际慈善论坛（Shanghai International Charity Forum），这是自我国正式加入世界贸易组织（WTO）以来，在国际交流与合作取得突破的背景下举办的一场国际慈善盛会，对上海慈善事业发展具有里程碑意义。本次大会大咖云集，与会人员共襄盛举，共有近二十个国家的慈善界人士参与。其中，加拿大儿童援助基金会执行主席约翰逊女士、英国救助儿童会中国项目副总干事威尔肯森、加拿大总领事夫人麦尚婷女士等与会嘉宾分别就"伦理、公信度与慈善事业""国际救助基金竞争性投标趋势""初升的太阳爱心活动介绍"等议题进行分享，实现了全球各地之间慈善经验共享与交流互鉴。在谈到该论坛的举办过程和感受时，上海市慈善基金会外事部 LL 说道："当时举办论坛面对的困难很多，没有原则性的指导意见，没有工作团队，但还是取得了巨大的成功。工作涉及外宾接待、中宾接待、会务工作、研讨工作、宴会安排、参观活动、生活后勤等 20 个环节。论坛向世界展示中国慈善组织的繁荣发展……接轨中外慈善，可以说是上海慈善的新起点。"（20240312LL）

第二，跨境交流平台的搭建是上海市慈善基金会与境外慈善组织和机构建立合作伙伴关系的契机，为双方共同实施项目和发出倡议寻找突破口。上海市慈善基金会与境外慈善组织和机构之间的合作不仅仅是资金的支持，更重要的是在项目设计、执行和评估等方面的经验分享和合作。通过与境外伙伴的合作，上海市慈善基金会能够吸取慈善领域的先进理念和管理经验，提升自身的慈善实践水平，并且为境外合作伙伴提供参与中国慈善事业实践的机会。例如，2018 年 9 月 13 日，首届以孤独症研究为主题的上海国际论坛由上海市慈善基金会举办，该论坛由"坚持爱"专项基金与上海曹鹏音乐中心共同承办。论坛有效推动了境内外慈善界人士的深度交流与学习。参与论坛的有来自中国、美国、日本的六位孤独症领域的杰出专家及中国香港知名演员等，他们共同探讨关于孤独症的筛查、教育、就业等问题。上海市慈善基金会高度重视本次论坛，冯国勤理事长为该论坛致辞。通过本次论坛，上海市慈善基金会吸收了来自日本、美国等地孤独症研究领域的先进理念，在传播爱与美好的同时，提升了国内的孤独症诊疗水平。

第三，跨境交流平台的搭建得益于上海市慈善基金会与境外慈善组织和其他机构的合作。上海市慈善基金会与境外合作伙伴共同策划和实施了一系列具有国际影响力的慈善项目，涵盖教育、医疗、环保、扶贫等多个领域。这些项目不仅为境外慈善组织和机构提供了在中国开展慈善活动的机会，也为上海市慈善基金会提供了借鉴和学习的机会，促进互利共赢。第一个例子是，2019 年上海市慈善基金会成立"慈善光明行"专项基金。除了为边远地区白内障患者提供免费诊疗，项目团队还远赴非洲摩洛哥，为该地提供医疗志愿服务。项目人员说："当时派驻摩洛哥的都是上海公立医院的医生，他们那边白内障发生率高。条件很艰苦，医疗设施是自己带去的，手术难度也比较大。"（20230821PQ）具有国际影响力的慈善医疗项目，为中非两地深入友好合作提供了一个重要的渠道。第二个例子是，上海市慈善基金会与上海香港联会（Shanghai Hong Kong Association）合作成立"香港联会专项基金"，定向捐助与教育、青年服务及扶贫有关的慈善服务。成立至今，上海香港联会捐助"中国支教2.0"项目的50万元在贵州及河南山区搭建起五个远程教室，其他受助机构包括青海玛多县人民医院、上海悦苗残疾人寄养园、普陀区展翼儿童培智服务中心及"音你而精彩"儿童中心等。

总体而言，上海市慈善基金会在搭建跨境交流平台方面发挥了积极作用。通过举办论坛、研讨会等活动，上海市慈善基金会为全球慈善界的专家学者和从业者提供了一个交流和分享的平台。与此同时，上海市慈善基金会与境外慈善组织和机构的合作，不仅提升了自身的慈善实践水平，而且促进了中国慈善事业走向国际舞台。同时，通过与境外合作伙伴共同实施慈善项目，搭建跨境慈善项目的合作平台，上海市慈善基金会为全球慈善事业的发展做出积极贡献，推动境内外慈善组织和慈善人士之间的合作与交流，促进全球慈善事业的共同进步与繁荣。

二　引进国际慈善资源

引进国际先进的慈善运作理念、海外慈善资金、海外慈善家等，对慈善组织的长远发展具有深远影响。上海市慈善基金会积极引进国际慈善资源，给我国的慈善事业带来新的理念、经验、资金和人才，为推动上海慈善事业的发展、解决社会问题、改善民生福祉做出了积极贡献。

第一，引进国际慈善资源带来新的理念和模式。国际慈善组织和机构在慈善领域积累了丰富的经验与知识，在项目设计、执行和管理方面常常具备独特的优势。通过引进国际慈善资源，上海市慈善基金会学习与借鉴了这些先进的理念和模式，提升了自身的慈善实践水平。这些新的理念和模式为上海市慈善事业注入了新的活力，推动了慈善项目的创新与发展。例如，玺安专项基金中的暖心包项目便是吸收美国医疗防护先进经验、推动国内医疗慈善事业纵深发展的例子。2015年5月28日，上海市慈善基金会成立玺安专项基金，为重症儿童及其家庭提供关怀服务。该基金中的暖心包项目的服务对象为首次确诊入院的重症病孩家庭，包内物品包括毯子、小方巾、棉签、免洗洗手液、消毒湿巾、量杯、笔、输液报警器、体温计、分药器等产品。说起该项目，项目发起人解释："暖心包筹款最早是从美国开始的，为孩子完成心愿。美国的医院有慈善组织做这件事，实施这个项目是借鉴了美国的经验，定制暖心包送给病人。"（20230821XH）

第二，引进国际慈善资源为上海市慈善基金会带来丰富的资金支持。国际慈善组织通常具有较高的知名度和良好的声誉，在全球范围内拥有广泛的合作伙伴网络。通过与这些国际合作伙伴开展合作，上海市慈善基金会得到了更多的资源和资金支持，从而可以更好地实施本地的慈善项目。这些资源和资金的引入可以帮助解决社会问题、改善社区条件，为上海社会发展做出积极贡献。同时，引进国际慈善资源可以促进与国际合作伙伴的交流。通过与国际慈善组织的合作，上海市慈善基金会与众多有影响力的合作伙伴共同实施慈善项目，拓展国际关系网络。这种合作不仅仅是单纯的项目合作，更是在项目设计、执行和评估等方面的经验分享与合作。通过与国际合作伙伴的交流与合作，上海市慈善基金会拓宽自身的国际视野，了解国际慈善领域的最新动态和趋势，促进国际慈善事业的共同发展。比如，上海市慈善基金会"初升的太阳"项目发动、组织在沪工作和居住的国际友人捐款捐物，旨在通过发挥国际友人的力量，资助上海市家境困难的大中学生完成学业。该项目自1996年2月发起以来，经过28年发展延续至今。该项目有效帮助了一批又一批沪上寒门学子获得了宝贵的学习机会。在获得资金支持的同时，该项目也产生了团结国际友人的正面效应。该项目于2009年荣获"中华慈善突出贡献项目奖"、2014年荣获"上海市慈善基金会成立20周年贡献奖"。

第三，引进国际慈善资源能够推动建立中国与其他国家之间非制度化的合作机制，通过对话与慈善合作，充分发挥海外慈善家促进上海慈善事业发展的作用。上海市慈善基金会成立之初，上汽大众汽车有限公司便慷慨捐赠100万元，为上海的慈善事业献出一份宝贵心意。谈及捐赠原因时，上汽大众汽车有限公司副总吕弗表示：捐助并不是一时热情，而是中德双方董事会经过慎重考虑后决定的。因为上海大众自问世以来得到了社会各界的关怀，在取得成功后，我们就想回报社会，中德双方一致决定向上海慈善事业捐款，让一部分需要社会救助的困难者能分享我们的成功（孙卫星，1995）。外国领事夫人在推进上海市慈善事业进程中亦发挥出促进团结、增强互动、凝聚共识等作用。例如，第二届上海市"慈善之星"德国驻上海领事馆夫人凯茜高度关注上海慈善事业，通过资助患儿治疗、参与慈善义卖等方式参与基金会举办的慈善活动，促进中德的民间外交。最重要的是，引进国际慈善资源可以促进国际交流与合作，推动国际慈善事业的共同进步与繁荣。上海市慈善基金会的这一举措为上海慈善事业的发展注入了新的动力，为社会可持续发展做出了积极贡献。

三 促进慈善文化交流

积极促进慈善文化交流、传播慈善文化是慈善组织的使命之一。上海市慈善基金会通过组织文娱活动、接受海外捐赠、服务在沪国际友人等方式，促进慈善及更广泛社会生活领域的互动交流，展现上海文化软实力。

第一，上海市慈善基金会通过组织丰富多彩的文娱活动，促进境内外的慈善文化交流。在这个过程中，上海市慈善基金会积极动员境内外爱心人士参与其中，营造良好的慈善氛围。例如，将演唱会作为一种慈善文化交流形式。2008年11月28日，第四次沪港澳台侨同胞"爱心雅集"慈善演唱会暨"爱心雅集"大重病救助专项基金成立大会由上海市慈善基金会、卢湾区人民政府和上海海外联谊会共同发起成立，在实现沪港澳台文化交流的同时发挥募款效应，此次活动共募得善款502万元。在音乐会方面，2017年1月，四位来自南捷克爱乐乐团的音乐家应上海市慈善基金会和安利公司的邀请参加"用音乐去爱"公益活动。他们在为现场医务工作者和病患带来音乐盛宴的同时，也向中国人民表达感谢之意。曙光医院的医生远赴捷克，带去了中华医学独有的医术和文化。慈善演唱会、音乐会这种创新性的慈善活动能够有效促进不同国家和地区人士之间的文化交流与融合。

第二，上海市慈善基金会通过接受海内外爱心捐赠，消除国与国之间的隔阂，推动人类互爱文化的生成。2020年10月，由上海市慈善总会主办的"梦想城市"艺术公益爱心拍卖举行，现场拍卖来自委内瑞拉驻沪总领事馆总领事、古巴驻沪总领事馆总领事、斯里兰卡驻沪总领事馆总领事、伊朗驻沪总领事馆总领事捐赠的爱心物件，以及来自云南和上海小朋友的优秀艺术作品。义拍所募集的善款全部注入上海市慈善基金会专项基金，用于云南山区孩子来沪异地公益研学交流。国内外慈善人士携手共进，用爱跨越时空，点亮了大山孩子的艺术梦想。

第三，上海市慈善基金会畅通了在上海生活的国际友人和机构奉献爱心、服务社会的通道。例如，2020年10月，上海嘉会国际医院正式推出年度公益项目"粉红丝带"活动月，通过公益手术、艺术展览、室内音乐会等多种形式，向不幸罹患疾病的"粉红天使"伸出援手、送上鼓励。上海嘉会国际医院与合作伙伴一道，探索兼具"国际范"和"海派特色"的公益关怀方式。整个公益活动月，各方定向捐赠给上海市慈善基金会"粉红天使"专项基金的善款超过7万元。又如，2020年12月，知名球员、时任上海申花队长莫雷诺通过上海市慈善基金会给一些需要帮助的小朋友送去了圣诞礼物。上海市慈善基金会莫雷诺绿地申花公益基金前往"宝贝之家"大病孤儿关爱中心及上海慈源康复医院自闭症儿童康复中心，给他们带去了空气消毒机和流光能空气净化器，为小朋友的康复和治疗提供更好的保障。

第三节　开展跨境交流与合作的特征

慈善事业是社会发展的关键力量，广阔的国际舞台则为慈善事业的发展提供了机遇。立足我国最具活力与影响力的城市，上海市慈善基金会在跨境交流与合作方面展现出不同于其他慈善组织的特征，那就是开放包容、多元合作与专业创新。通过积极参与跨境合作项目和全球交流活动，上海市慈善基金会在推动全球慈善事业的发展方面发挥着重要作用，促进了不同国家和地区之间的经验分享与合作，增强了慈善组织之间的联系和互动。上海市慈善基金会在提高自身专业能力和管理水平的同时，还为国内其他慈善组织提供了宝贵的学习机会。其中，上海市慈善基金会引进的先进理念、技术和经验，也在无形之中推动上海本土慈善事业的创新与发展。

一　开放包容

通过积极与国际慈善组织建立联系、组织国际交流活动、支持国际慈善项目及鼓励多元文化融合，上海市慈善基金会在跨境交流与合作中呈现开放包容的特征。通过与来自不同国家和地区的慈善从业者进行对话和互动，上海市慈善基金会增进了对外友好关系和互信，为解决全球性问题和全球慈善事业发展做出积极贡献。

上海市慈善基金会的鼓励和支持多元文化融合的态度，为不同文化之间的交流与融合创造了良好的环境，推动了全球慈善事业的发展。第一，上海市慈善基金会积极与国际慈善组织建立联系，促进信息共享、经验交流和项目合作。通过与国际慈善组织的合作，上海市慈善基金会吸收和借鉴国际先进的慈善理念、管理经验和项目模式，提升自身的慈善水平和影响力。第二，上海市慈善基金会秉持开放包容的心态，前往日本、加拿大、中国香港和澳门等国家和地区学习先进的慈善工作经验，博百家之所长，为自身所用。1995 年 10 月，上海市慈善基金会前往日本考察慈善公益事业发展情况。1996 年 3 月，上海市慈善基金会相关人员与天津市慈善协会等慈善同人一起赴香港参加国际联合劝募协会赞助的培训，深入学习香港公益金的筹集和拨款等，有效促进后续基金会劝募模式的创新。1999 年 8 月，在上海老龄化越发明显的情况下，上海市慈善基金会前往加拿大、美国学习先进的老年护理经验，推动上海市老年护理取得新的突破。同年，上海市慈善基金会前往澳门，对澳门青州明爱老人院、镜湖医院慈善会及澳门仁慈堂等公益组织进行深度访问。2013 年 10 月，上海市慈善基金会名誉理事长陈铁迪、副理事长姚宗强等一行赴台湾与国泰慈善基金会、慈济慈善事业基金会、爱与和平基金会、台湾联合之路、花莲县政府、花莲市妇女会、润泰集团、吉的堡教育集团等单位相互学习、交流经验。这些做法有效增进了不同地区间慈善组织的友好关系和互信。第三，上海市慈善基金会积极支持和参与国际慈善项目，特别是那些与本地区发展和人民福祉密切相关的项目，通过资金支持、技术援助、人才培养等方式，促进国际慈善项目的开展，为解决全球性问题和促进全球慈善事业发展做出贡献。第四，上海市慈善基金会鼓励和支持多元文化融合，尊重、包容不同国家和地区的慈善文化与传统。在跨境交流与合作中，上海市慈善基金会注重倾听和理解对方的观点与需求，尊重多样性，推动不同文化之间的交流与融合，共同促进全球慈善事业的发展。

二 多元合作

上海市慈善基金会在跨境交流与合作中呈现多元合作的特征。作为一家注重尊重和包容来自不同国家和地区的慈善文化与传统的慈善组织，上海市慈善基金会积极倾听和理解境外其他慈善组织的观点与需求，不以自身为中心，而是致力于推动不同文化之间的交流与融合。在与多个国家和地区的慈善从业者对话和互动的过程中，上海市慈善基金会建立起多元合作机制，为各方分享经验、交流观点和探讨合作机会提供了机会。通过这些举措，上海市慈善基金会搭建了开放、包容和互信的跨境慈善合作平台，以推动全球社会的可持续发展。

上海市慈善基金会通过举办上海慈善论坛、创办英文版至爱 *Caring* 杂志等为各方分享经验、交流观点和探讨合作机会提供多元互动平台，积极支持和参与与本地区发展和人民福祉密切相关的国际慈善项目；通过资金支持、技术援助、人才培养等方式，促进国际慈善项目的深入开展。这种多元合作的实践使不同国家和地区的慈善力量能够共同努力，解决全球性问题，推进全球慈善事业发展。

三　专业创新

上海市慈善基金会在跨境交流与合作中注重专业能力建设和创新实践，建立广泛的合作网络、努力培养专业人才，为推动全球慈善事业的发展做出重要贡献。上海市慈善基金会积极引进境外先进的慈善理念、管理经验和技术手段，通过与国际合作伙伴的交流互鉴，不断提升自身的专业水平。在与境外慈善组织合作过程中，上海市慈善基金会不断汲取境外先进经验，同时通过创新实践和数字化转型，为解决全球性问题提供更加有效的解决方案。上海市慈善基金会的专业人才培养也进一步提升了慈善领域的实践水平和专业素养。

上海市慈善基金会在国际慈善项目中注重创新实践，不断探索和尝试新的慈善模式与项目管理方法，以提高项目的效果和影响力。上海市慈善基金会通过引入科技创新、数据分析和社会企业等新兴领域的理念和方法，推动慈善工作的数字化、智能化和可持续发展，为解决全球性问题提供更加有效的解决方案。疫情期间，受到线下服务条件的限制，国际友人捐资助学项目——"初升的太阳"探索出线上关怀服务的项目运作模式，即针对青少年的个性化特点，开展线上心理辅导，通过理性情绪治疗、危机干预等专业服务模式，缓解居家学习给青少年带来的压力和不适应等问题，促进项目的可持续开展。

此外，上海市慈善基金会还积极支持和培养慈善领域的专业人才，通过组织提升员工业务能力的国际化培训、提供奖学金和研究基金等方式，鼓励慈善从业者不断向先进地区和国家学习并提升自身专业素养。

第四节　开展跨境交流与合作的成效

在全球化的时代背景下，知识与经验的共享、创新实践的推动及跨境合作项目的开展成为推动慈善领域发展的重要因素。作为一家积极参与跨境交流、广泛开展跨境合作的慈善组织，上海市慈善基金会不仅与来自不同国家和地区的慈善从业者进行广泛的对话和互动，还通过这些交流平台分享经验、学习先进实践，为其他国家和地区的慈善组织提供了解基金会的机会。通过知识和经验的共享，上海市慈善基金会不仅提升了自身的专业水平，而且为全球慈善领域的发展做出贡献。上海市慈善基金会注重创新实践，不断探索和尝试新的慈善模式与项目管理方法；引入科技创新、数据分析和社会企业等新兴领域的理念与方法，推动慈善工作的数字化、智能化和可持续发展。这些创新实践成果不仅在境外得到了认可，还为其他国家和地区的慈善组织提供了启发。不啻于此，上海市慈善基金会积极参与境外合作项目，与境外慈善组织共同开展具有全球影响力的慈善项目。通过与国际伙伴合作，上海市慈善基金会在解决全球性问题、增进社会福利等方面取得了显著成效。在教育、医疗、环境保护、灾害救助等领域，上海市慈善基金会与境外伙伴共同努力，为困难群体提供帮助和支持。这些合作项目提升了上海市慈善基金会的国际影响力，也为中国在国际慈善领域树立了良好的形象。总体而言，上海市慈善基金会凭借知识和经验的共享、创新实践的推动及合作项目的开展，不仅在本土具有重要影响力，而且在全球慈善领域获得了良好的声誉。上海市慈善基金会的努力为全球慈善事业的发展提供了新的动力和可能性，促进了不同国家和地区间的相互理解、合作与共赢。具体来看，上海市慈善基金会在跨境交流与合作方面主要取得了三个方面的成效。

一　资源引进

坐落于上海这座繁华之城、这扇"世界之窗"，上海市慈善基金会在资源引进方面展现出卓越的成效。在与境外慈善组织、机构和企业的积极合作中，上海市慈善基金会不仅引进了国际先进的慈善理念和经验，还引进了国际慈善资源，推动了慈善事业的发展与创新。上海市慈善基金会始终与世界各地的慈善组织保持密切联系，与境外伙伴建立紧密的合作关系。上海市慈善基金会在合作中谋共赢、在交流中谋发展，深入借鉴和学习国际先进的慈善管理经验与模式，尤其是慈善组织在筹款、项目管理和社会影响评估方面的先进实践，以提升自身的专业能力和管理水平。同时，上海市慈善基金会通过跨境交流与合作引进了资金、技术、专业人才和项目合作等方面的丰富资源。上海市慈善基金会与国际慈善组织和跨国企业合作开展了一系列项目，由此得到了国际资金的支持，实现了慈善项目的可持续发展。例如，疫情期间，德国、日本、美国等企业纷纷支援上海，捐赠医疗物资、款项给基金会，充分体现了国际友人无私的慈善援助精神。其中，日本通运株式会社向上海市慈善基金会捐款 100 万元人民币，德国真兰（ZENNER）公司捐赠价值 450 万元的医疗物资。上海市慈善基金会引进了国际先进的技术和创新方法，利用科技手段提升慈善事业的效率和透明度，应用数据分析和人工智能等技术解决社会问题。此外，上海市慈善基金会还积极搭建国际交流平台，促进国际慈善领域的对话与合作，定期举办国际慈善论坛、研讨会和培训活动，促进国际慈善领域的知识与经验共享，加强国际合作与建立合作伙伴关系。当谈到国际合作的意义时，上海市慈善基金会外联部 LL 表示："上海市慈善基金会汇集外籍人士，扩大国际朋友圈，虽然形势艰难，但还是要扩大朋友圈。发动参与'一带一路'倡议的企业开展公益慈善工作。"（20240312LL）

总体而言，上海市慈善基金会在资源引进方面取得了显著的成效。通过与合作伙伴的紧密联系，上海市慈善基金会借鉴国际先进的慈善管理经验和模式，引进丰富的资源，包括资金、技术和专业人才等方面的支持，积极搭建交流平台，促进全球慈善领域的对话与合作。上海市慈善基金会的这些努力不仅提升了自身的专业能力和国际影响力，而且为推动全球慈善领域的创新与合作做出重要贡献。

二 项目合作

上海市慈善基金会通过跨境交流与合作，与境外慈善组织共同开展了一系列具有影响力的项目合作。例如，在教育领域，与国际教育机构合作，推动教育资源的共享和交流；在医疗卫生领域，与国际医疗组织合作，实施健康扶贫和医疗援助项目。这不仅直接惠及受助国家和地区的民众，还为上海慈善事业树立了良好的国际形象。在一系列项目合作中，与全球联合之路的合作是典型代表。上海市慈善基金会与全球联合之路共同关注上海地区的教育、健康和扶贫帮困等领域的社会需求，从2013年起建立合作关系——全球联合之路于当年在上海市慈善基金会设立专项基金，采用全球联合之路的运作模式动员社会各种力量，采取集体行动以形成更大的社区影响力，提升人们的生活质量。它们发挥各自优势，通过与政府机构、社会组织、企业和志愿者共同合作形成长远的、可持续的社区影响。"萌芽学前教育计划——提升进城务工人员学龄前随迁子女就学准备度项目"和"社区失智老人关爱项目"就是双方首批推出的慈善项目。该专项基金一直持续到2017年《中华人民共和国境外非政府组织境内活动管理法》生效之后才宣告停止，后续上海市慈善基金会与全球联合之路上海代表处仍然在筹款理念传播等领域保持着合作关系。

三　互学互鉴

跨境交流与合作有助于推动合作伙伴之间的深入交流与慈善理念和经验的互学互鉴，推动全球慈善事业共赢。上海市慈善基金会与境外慈善组织开展多个合作项目，在慈善筹款、项目管理、社会影响评估等方面进行经验交流。一方面，上海市慈善基金会通过借鉴境外慈善组织在社会创新、可持续发展和社区参与方面的成功经验，提升自身的慈善实践能力。上海市慈善基金会定期组织国际慈善论坛、研讨会和培训活动，邀请慈善领域的专家学者和从业者来访交流。交流活动为基金会提供了与国际慈善领域顶尖人才对话的机会，帮助自身了解全球慈善领域的最新趋势和发展动态。同时，上海市慈善基金会也通过这些交流活动向全球合作伙伴展示自身的发展成果和创新实践，扩大基金会在全球慈善领域的影响力，提高基金会的国际声誉。另一方面，上海市慈善基金会将自身的慈善模式和经验分享给合作伙伴，与它们共同促进全球慈善事业的发展。国际慈善论坛作为上海市慈善基金会经验分享的重要渠道，不仅能推动搭建广泛的合作网络，还能实现慈善资源的共享和互补。在加强与合作伙伴的交流过程中，其他国家和地区的慈善组织了解到慈善运作的"海派经验"，这可以为自身慈善事业开展提供参考。上海市慈善基金会的这些努力不仅提升了自身的慈善实践能力和国际影响力，而且为国际慈善事业的发展做出了积极贡献。

第十一章

发展模式、面临挑战与未来展望

在全面建设社会主义现代化国家新征程上，如何在国家治理体系和治理能力现代化背景下找准上海市慈善基金会的新定位，把握慈善事业未来发展的新方向，是值得深入思考的重大课题。本章将概括上海市慈善基金会的发展模式，探讨其在实践现代化慈善组织发展进程中的主要特征和作用定位。在分析近年来上海市慈善基金会发展面临的主要问题的基础上，本章着眼于高质量发展目标和现代化理念，为上海市慈善基金会发展提供参考方向，助力其在中国式现代化进程和共同富裕道路上发挥更为重要的作用。

第一节　发展模式的新探索

三十年来，上海市慈善基金会的发展经历了专业探索、规范运作和蓬勃发展三个主要阶段，慈善活动逐步走上规范化、社会化和市场化轨道，慈善文化的宣传作用不断增强，基金会的社会影响力日益彰显。上海市慈善基金会的快速增长及其在社会生活中作用的发挥，是对社会的包容力与多元化格局的拓展（王名，2009；王名、朱晓红，2009）。

总体而言，上海市慈善基金会的发展模式可概括为积极实践现代化慈善组织发展道路，呈现始终坚持党的全面领导、慈善募捐能力持续提升、慈善品牌项目产生较大社会影响力、内部治理结构持续调整优化、以信息公开促进公信力建设、慈善文化理念不断丰富、赋能组织人才队伍建设、数字化转型纵深推进、深度服务国家发展战略、形成慈善多元合作机制等特点，其发展模式可以为其他慈善组织提供经验借鉴。

一 始终坚持党的全面领导

中国共产党的领导是中国式现代化的本质要求，推动中国特色慈善事业高质量发展，必须旗帜鲜明地坚持党建引领的政治原则（宫蒲光，2023）。始终坚持党的领导、在党的旗帜下坚定前行、以人民为中心是上海市慈善基金会谋划和推进慈善事业的鲜明底色。上海市慈善基金会自成立以来始终把党的要求不折不扣地贯彻到工作和内部治理的全流程、各方面，始终坚持贯彻党的基本理论和路线方针政策、执行党的纪律。正是在党的坚强领导下，上海市慈善基金会成立三十年来从未出现严重的失措行为，慈善工作始终在规范中有效运行。上海市慈善基金会"依靠社会办慈善，办好慈善为社会"的理念体现了党全心全意为人民服务的宗旨。可以说，基金会始终坚持发展为了人民、发展依靠人民、发展成果由人民共享，在党的全面领导下开展慈善业务、推进慈善工作。

二 慈善募捐能力持续提升

上海市慈善基金会积极探索慈善筹款形式，提高慈善资金募集水平，不断扩大慈善资金蓄水池，充分发挥慈善在第三次分配中的作用，为慈善事业发展提供强有力的资金保障。三十年来，随着人民经济收入的稳步增加和人民参与慈善意识的不断增强，上海市慈善基金会的慈善募捐能力快速提高，募捐规模稳步扩大。在募捐规模方面，数据显示，从1994年到2023年，上海市慈善基金会的慈善捐赠总额从1500多万元增长到74.75亿元。① 在募捐范围方面，自2011年起，上海市慈善基金会每年在"蓝天下的至爱"慈善活动期间面向全社会开展"慈善四进"（进机关、进学校、进楼宇、进社区）活动，营造浓厚的慈善氛围，促进募捐能力的持续提升。同时，上海市慈善基金会大力推进专项慈善基金建设，为慈善资金稳定增长提供有效途径。上海市慈善基金会的专项基金设置已形成助孤、助学、助困、赈灾、对口支援等多方面、广覆盖的服务模式。

---

① 《上海市慈善事业发展状况报告（2023年度）发布》，https://mzj.sh.gov.cn/2024bsmz/20240903/76440c1e4595427683a0af1d5c92345b.html，最后访问日期：2025年3月5日。

三 慈善品牌项目产生较大社会影响力

上海市慈善基金会自成立以来，以"依靠社会办慈善，办好慈善为社会"的理念聚焦群众"急难愁盼"问题，精心设计慈善项目，打造上海慈善品牌，先后组织实施"蓝天下的至爱""点亮心愿——社区失智老人关爱项目""放飞希望·手拉手结对助学""唯爱医学生资助计划""姐妹情——妇女健康系列项目"等多个品牌项目，在全社会产生广泛影响力，不断放大慈善效应，努力开拓上海慈善事业发展的新局面。"蓝天下的至爱"以帮助别人、阳光自己为主题，不仅是上海各界社会组织集中展示慈善精神、提供慈善服务的窗口，还是公众参与慈善，发扬小善大爱、凡人善举精神的平台，更是上海慈善一张闪亮的名片。

四 内部治理结构持续调整优化

上海市慈善基金会不断完善自身治理结构，健全市—区代表处—街镇慈善工作站的慈善工作网络体系。自 1994 年成立以来，上海市慈善基金会多次依据实际情况调整部门设置、增补理事会成员，为基金会的专业化建设奠定了坚实的基础。每一轮机构调整都遵循理事会规划确立的阶段性目标，围绕上海市慈善基金会体制、机制、管理的持续完善，取得了较好的工作成绩和效果。2004 年，上海市慈善基金会按照制度要求缩减理事会人员，由原来的 250 余人（含名誉理事、常务理事、理事）缩减至 23 人。2017 年，在互联网公益持续升级的背景下，上海市慈善基金会及时成立互联网众筹部，开始了通过互联网发布筹款项目并募集资金的新探索。上海市慈善基金会及其下属机构集合了基金会、社会服务机构、事业单位等非营利法人形式。上海市慈善基金会属于基金会性质捐助法人；上海慈善物资管理中心、上海市慈善教育培训中心以社会服务机构身份运作，负责接收捐赠物资和专业人员培训事务，也属捐助法人；上海市众仁慈善服务中心由上海市民政局和上海市慈善基金会以事业单位模式来运行。

五 以信息公开促进公信力建设

公信力是慈善组织的生命线。上海市慈善基金会积极发挥内外宣传平台的优势，利用媒体广泛公开信息。其将公开发行的《至爱》杂志作为宣传平台，对自身和各区代表处的一些慈善活动、项目信息等进行宣传报道；以上海慈善网、基金会微信公众号和小程序及民政一体化政务服务平台"慈善中国"为线上公开渠道，及时对慈善捐赠信息和善款使用情况进行披露公示；与《解放日报》《新民晚报》等多种媒体进行合作，公示财务审计报告，确保慈善资金在阳光下运行。

六　慈善文化理念不断丰富

上海市慈善基金会致力于慈善文化理念创新，通过发展娱乐慈善、美丽慈善、体育慈善推动慈善文化的创新性发展，把慈善行动打造成群众乐于参与的身边活动，助推慈善文化传播。比如，在2005年"超女"风靡全国之际，上海市慈善基金会充分践行"娱乐慈善"这一慈善理念，携手当年"超女"总决赛选手进行善款募集工作，通过在演唱会现场设立募集箱、"超女"与贫困学生结对等形式助力慈善事业。又如，上海市慈善基金会自2009年以来持续开展"健康慈善慢跑"项目。该项目践行体育慈善理念，通过动员"市民跑步+爱心企业捐款"的形式推动慈善活动趣味性开展，既使参与者加强了健康运动，又营造了良好的家庭氛围。通过创新各类慈善活动形式，上海市慈善基金会不断丰富慈善的内涵与外延，让市民群众了解到慈善未必是严肃和刻板的，娱乐活动、体育锻炼可以成为一种慈善形式，进而促进随手慈善、人人慈善的理念深入人心。

七　赋能组织人才队伍建设

上海市慈善基金会高度重视人才队伍建设，全方位提高自身能力。一是开展各种形式的培训。上海市慈善基金会组织秘书处和各区代表处开展专题业务培训，提高基层一线工作人员的能力水平，规范慈善业务操作流程，理清工作思路，解决实际难题。自成立以来，上海市慈善基金会组织员工前往日本、中国香港、加拿大、美国等地进行经验学习。二是拥有一批高素质、专业性强的志愿者队伍。上海市慈善基金会与一般的社会团体和社会服务机构不同，它有庞大的志愿者团队，在慈善项目实施与慈善活动开展时随处可以看到志愿者的身影。他们不计报酬，无私奉献自己的时间、经验和知识。上海市慈善基金会志愿者总队实行三级管理：各专业领域设立大队或联队，如医务大队、高校联队、文艺大队等，由总队直接领导；各代表机构设立大队；代表机构以下设立分队，由基金会各区代表处代为管理，在总队协调下，在各区代表所在的区域开展志愿服务活动。由此，上海市慈善基金会在志愿服务方面形成了细分领域、细分区域的工作机制，并以制度为抓手，提高志愿者的能力。

八　数字化转型纵深推进

上海市慈善基金会在数字化建设方面积累了一些成功经验，不断纵深推进数字化转型进程，主要体现在三个方面。一是上海慈善网网站建设。上海慈善网开通于 2010 年，是上海市慈善基金会的重要媒介，代表了上海市慈善基金会的品牌形象，是展示上海市慈善工作的一个重要窗口和平台。二是信息化综合管理系统建设。上海市慈善基金会信息化综合管理系统 2.0 承担了四个方面的功能：首先，实现专项基金、众筹项目、活动项目、资助项目的关联信息数据的直接录入；其次，实现各种管理审批流程，通过对接 OA 协同办公系统，实现手机、平板电脑等移动端线上审核各业务流程；再次，实现来自各捐赠渠道的捐赠记录的录入、分账、认账、开票功能，通过对接财务系统，直接将财务凭证推送给财务系统；最后，实现相关项目台账、月度收支、认账清单及本年度的月度业务数据报表等功能。三是启动互联网募捐工作，开发上线电子捐赠发票和证书系统。2018 年，上海市慈善基金会在腾讯公益上线募捐项目。此举旨在打破资源依赖瓶颈，改变传统慈善运作模式，以科技赋能基金会高质量发展。2023 年 7 月 1 日，电子捐赠发票和证书系统上线启用，方便了捐赠人，提升了捐赠效率。

九　深度服务国家发展战略

上海市慈善基金会紧跟国家发展战略，有的放矢地引领企业和社会组织等合作方在区域协调发展、乡村振兴、人才强国、可持续发展等战略中主动作为，取得了一系列突出成效。一是助力区域协调发展。上海市慈善基金会通过资金、资源和项目支持的方式，积极参与区域协调发展，缓解区域之间发展不均衡的问题。二是助力乡村振兴战略。上海市慈善基金会和各区代表处围绕老百姓"急难愁盼"问题，不断挖掘乡村发展潜力，精心策划上线"喜羊羊送小羊"低保家庭养羊项目、乡村咖啡屋等一批品牌项目。三是以上海市慈善教育培训中心为依托助力人才强国战略的实施。上海市慈善教育培训中心自 2003 年成立以来，秉持"知识扶贫、技能助强、促进发展"的使命，在大学生、外来务工人员、残疾人等人员培训方面开展诸多实践。四是通过多样的宣教方式培养居民环保习惯，引导居民关注可持续发展。

十　形成慈善多元合作机制

上海市慈善基金会与企业、高校、其他慈善组织通过多方面的合作深度参与慈善事业，这一合作方式的实现体现出上海市慈善基金会运行机制的专业性。其一，上海市慈善基金会以专项基金为载体，与以爱心企业为主体的捐赠人建立互利共赢的合作关系。基金会捐赠人对专项基金有参与共同管理、了解情况、监督检查、提出建议等权利。实践中，捐赠人可以通过项目调研、参与资金决策等方式主动参与专项基金运作，建立良性的沟通合作关系。其二，上海市慈善基金会积极与高校、研究机构等保持联系，与上海社会科学院社会学研究所联合成立"上海慈善事业发展研究中心"，又与中国社会科学院-上海市人民政府上海研究院合作成立"现代慈善研究中心"，加强慈善理论研究，为慈善文化传播奠定了良好的理论基础。其三，上海市慈善基金会通过举办慈善论坛等方式与上海其他慈善组织建立密切的沟通机制，为上海慈善事业健康可持续发展提供了枢纽平台。

第二节　新时代面临的多方面挑战

上海市慈善基金会致力于推动上海本土慈善实现专业化发展，至今已取得显著成效。上海市慈善基金会及其各区代表处通过与政府、企业、媒体等广泛合作，形成了以上海市慈善基金会为龙头，各区代表处、街镇（居村）慈善工作站分层分布的横向到边、纵向到底的慈善网络体系，多领域、全方位推动慈善事业发展。然而，上海市慈善基金会未来发展仍面临着来自宏观制度环境、合作伙伴及组织自身等多方面的挑战。

一　慈善促进政策力度仍需加大

当前我国慈善领域的实质性促进政策较为有限，部分法律中提及的促进政策难以落实，尤其是税收、房产捐赠、残疾人就业保障金等方面的优惠政策力度较小，导致慈善组织承受着较为沉重的经济负担。

税收优惠力度较小，对慈善组织没有吸引力。《中华人民共和国慈善法》规定，慈善组织、捐赠人和受益人享有税收优惠。但是由于具体政策落实方面的障碍等原因，经过登记认定的慈善组织尽管可以在法律层面具备享受免税和减税待遇的资格，但是在实际操作过程中还需要财政、税务等部门联合确认。我国各类相关税制的规定执行交叉，缺乏动态调整，程序又较为烦琐，税收优惠申请门槛高、难度大，导致税收优惠推进还存在一定的问题。

房产捐赠、残疾人就业保障金等方面的优惠政策尚不明晰，慈善组织权益得不到保障。在房产捐赠方面，《中华人民共和国慈善法》明确鼓励不动产捐赠用于慈善事业发展，但是慈善组织在接受慈善捐赠过程中面临高额税负、遗产处置与变现难、持有成本高等挑战。在残疾人就业保障金方面，《残疾人就业保障金征收使用管理办法》第十六条明确指出，"自工商登记注册之日起 3 年内，对安排残疾人就业未达到规定比例、在职职工总数 20 人以下（含 20 人）的小微企业，免征保障金"。工商注册的企业能够享受残疾人就业保障金的优惠政策，但是以社会捐赠为收入来源的、具有非营利特征的慈善组织因为不在工商部门注册，难以享受该优惠，导致基金会额外经济负担的增加。

二 慈善劝募策略亟待优化

我国慈善组织数量的持续增长、慈善行业日趋白热化的筹款竞争，对慈善组织优化劝募策略提出了更高的要求。在日趋激烈的慈善行业筹款竞争中，如何采取适宜的劝募策略吸引企业和个人持续捐赠是慈善组织面临的难题。怎样满足捐赠者的需求、优化慈善劝募策略是慈善组织面临的最大挑战。与捐赠者建立有效的沟通机制、满足捐赠者的需求，是慈善组织的当务之急。

一方面，我国企业的慈善参与意识仍然不强。根据《中国企业社会责任研究报告（2022）》，2022 年，中国企业 300 强社会责任发展指数为 36.4，超四成半的企业社会责任发展指数达到三星级及以上水平，124 家企业在"旁观"（黄群慧、钟宏武、张蕙，2022）。不同类型的企业在社会责任履行方面的差异较大，国有企业的社会责任意识强于民营企业和外资企业。为此，如何动员主动履责意识不强的民营企业和外资企业参与慈善事业，增强其慈善捐赠意识，是新时代上海市慈善基金会扩大慈善捐赠规模、不断完善第三次分配机制面临的突出难题。

另一方面，捐赠人流失的现象也需要引起高度关注。当前，慈善组织的个人捐赠人流失已经成为行业难题。2023 年 AFP 国际筹款大会（AFP ICON 2023）的数据显示，2021 年公益组织的捐赠人次年平均留存率是 44%，其中，首次捐赠人次年的留存率是 19%。[①] 该数据表明，有超过 50% 的捐赠人不再为慈善组织提供捐赠或转向资助其他组织。提升捐赠人的留存率、挖掘潜在捐赠人是慈善组织亟须妥善应对的问题。随着我国慈善组织规模的扩大，慈善行业呈现合作与竞争并存的态势。如何在市场中取得捐赠人的信任，形成组织募款优势，关乎慈善组织的短期生存与长期可持续发展。而失去已有捐赠人尤其是重复捐赠人，对于慈善组织来讲是非常大的损失。这意味着慈善组织得到善款的难度将以几何倍数增加，制约着慈善组织健康有序发展。围绕捐赠人的需求做好筹款项目设计，为捐赠客户提供可供选择的捐赠项目，提高捐赠人留存率是未来上海市慈善基金会需要进一步深化和完善的议题。

三 人力资源管理机制需要进一步完善

慈善组织的发展离不开人力资源（邓国胜，2006）。留住高素质人才、缓解人才短缺困境是慈善组织面临的突出挑战。三十年来，上海市慈善基金会通过人才队伍建设培养了一批德才兼备的优秀慈善工作者，但是在薪酬管理激励体系建设、引入优秀的社会企业家人才等方面仍有发展空间。上海市社会组织行业从业人员的工资仍远低于商业机构和城镇单位就业人员。虽然目前社会组织人才已经被纳入国家人才队伍建设中，但是现有的慈善人才支持程度（如福利、薪资等）尚有待提升。比如，上海落户政策中创新企业有落户名额，但是慈善组织很少能够得到这一方面的优惠；慈善人才天然带有不分配利润的性质，导致薪资很难与企业相提并论，社会福利保障不足。

慈善组织内部的薪酬管理激励体系仍有待加强。目前员工的薪酬主

---

① 《留不住个人捐赠人？试试这几个破解秘籍》，https://ishare.ifeng.com/c/s/v002h9miQZZW7QeMdP31ePCq3FIW1IkPB5q0zODC-_Q37Zz4__，最后访问日期：2023 年 9 月 22 日。

要有日常工资和奖金两部分，但是薪酬尚未与项目绩效挂钩，导致员工的积极性不足。此外，上海市慈善基金会还应吸纳一批年轻、有干劲的社会企业家人才，一个卓越的慈善组织需要拥有具有创新思维和开拓精神的社会企业家。他们能够敏锐地觉察日趋多样化的社会需求，调动多方资源，通过创新性运作模式和跨界合作解决社会问题，把项目设计做得高效专业。挖掘并吸纳此类人才，将会对上海市慈善基金会的发展产生重要影响。

四 组织信息披露有待加强

慈善行业发生的失信事件对先进慈善组织的信息公开提出更高的要求。三十年来，上海市慈善基金会在财务信息、人员信息、项目信息、筹款信息披露方面取得了不少成效，但是在透明度建设方面仍有提升空间。2012年，基金会中心网和清华大学廉政与治理研究中心共同研发推出中基透明指数FTI（Foundation Transparency Index），并由此体系连续11年发布我国基金会透明度排行榜，展示我国基金会的自律透明、信息公开水平。2014年，上海市慈善基金会的透明度指数FTI评分为100分，排名第一，显示出基金会具备良好的信息披露基础。在未来发展过程中，基金会的信息披露和透明度建设需要进一步加强。

五 现代慈善文化理念创新具有发展空间

如何贴近新一代网络群众的偏好，打造时代性的慈善文化，是慈善组织亟须思考的问题。三十年来，上海市慈善基金会在慈善理论研究、慈善文化传播方面成效突出的实践证明，海派慈善文化催生了强大凝聚力，激发了公众的慈善参与热情，是上海市慈善基金会三十年成功发展的重要思想基础。慈善文化具有超越时代和地域的生命力与价值，为致力于慈善事业的其他慈善组织提供了有益借鉴，也为国际民间外交注入了强大动力。基金会在现有组织发展基础上加强内部凝聚力建设，激发公众的慈善参与热情；同时，打造现代慈善文化理念，将商业思维更好地赋能组织，如发布慈善组织ESG报告等，推动了慈善文化理念的转型升级。

六 数字化转型进程可继续推进

数字化是慈善组织专业发展的新引擎。三十年来，在众多数字化场景中，上海市慈善基金会在启动网站建设、信息综合管理系统 1.0 研发等方面有较为突出的成果，但是档案数字化管理、互联网众筹体系化建设尚存在欠缺，整体数字化转型进程相对缓慢。其一，档案数字化管理是新时代满足慈善事业高质量发展需求及顺应数据资产化时代发展的必然趋势。一些原始纸质档案材料存在查阅效率低、无法得到有效利用的问题。然而，基金会目前在档案管理方面的投入还不够，阻碍了档案数字化管理的进程。其二，互联网筹款的人力、资金投入还有待加大。根据访谈内容，目前互联网筹款部门员工只有一人且年筹款量相对较少，与积极活跃的慈善行业网络募捐发展态势还有差距。2021 年中国慈善组织通过互联网募捐平台筹集善款逾 100 亿元，超 100 亿人次关注和参与网络捐赠，网络捐赠已成为新时代优化捐赠形式的一种选择。为此，提升组织整体的数字化认知水平、增加对互联网筹款的投入显得尤为关键。

七　新项目研发有待进一步深入

重视慈善项目的培育是慈善事业专业化发展的重要途径。三十年来，上海市慈善基金会在党政领导的指导下，通过对接长期捐赠人、完善项目管理制度、优化项目流程设计积累了一批具有行业影响力的品牌项目，如"蓝天下的至爱""点亮心愿""姐妹情"等，过去一定时期在推动扶贫济困、乡村振兴、妇幼保护等领域发挥着不可替代的作用。但一个不争的事实是，目前公众能够参与的项目有限，且大多比较传统，品牌影响力依赖特定项目。能否让商业思维和培训更好地赋能组织，引入行业外的新方法、新思路、新理念，实现项目运作的转型升级，突破认知局限性，成为摆在基金会面前的一道难题。

八　开展境外交流与合作的程度还有待提高

随着"一带一路"倡议的推进，慈善组织走出去是大势所趋。三十年来，上海市慈善基金会在与境外慈善组织合作设立专项基金、学习境外慈善工作的先进经验、增进与境外捐赠人联系等方面已有不少探索。上海市慈善基金会的境外交流与合作，是上海国际交往中心地位的彰显。向境外国家和地区提供力所能及的援助，是计天下利而不是谋私利，是中国式现代化慈善组织践行人类命运共同体理念的责任担当。上海市慈善基金会有必要立足高水平对外开放、世界和平发展，明确全球慈善组织的国际站位，把推动全球治理、致力民间外交合作纳入行动方案之中，树立"立足上海，辐射长三角，面向国际"的战略目标，助力构建人类命运共同体。

第三节 未来高质量发展的可行方向

为了适应中国式现代化建设的时代要求，上海市慈善基金会要在现代慈善理念的引领下，以高质量发展为目标，坚持全局性、全方位的发展。从基本要求看，高质量发展不只是一个客观指标，而是对慈善组织发展方方面面的总要求；不只是对上海市慈善基金会的要求，而是各区代表处都应遵守的要求；不是短期的要求，而是需要组织长期坚持的要求。为此，上海市慈善基金会需要进一步发挥党建引领作用，丰富慈善募捐形式，提升传统品牌项目影响力、加大新项目开发力度，加快推动组织数字化转型，普及现代慈善理念，助力资产保值增值，重视人力资源投入，实施"走出去"战略，坚持以人民为中心，确保今后一段时间内行稳致远。

一 搭建党建沟通交流平台，发挥党建引领作用

上海市慈善基金会要发挥枢纽型组织的桥梁纽带作用，为各区代表处有效开展党建工作和慈善活动提供全方位支持。上海市慈善基金会要进一步加强与各区代表处的交流与合作，以需求为导向，更好地发挥"联"的优势，完善与各区代表处的常态化沟通、走访沟通、工作协作等沟通协调机制，推动形成优势互补、共同促进的全新工作格局。

坚持党建引领是上海市慈善基金会实现高质量发展的保证。上海市慈善基金会紧密围绕党中央决策部署及国家发展大局，确保慈善工作朝着正确坚强、科学有效的方向发展；不断加强党组织自身建设，充分发挥党组织的战斗堡垒作用；团结依靠各区代表处的优秀党员干部，打造群策群力、共谋发展的良好局面。

二 丰富慈善募捐形式，提升募捐能力

拓展接受捐赠形式，为组织汇集更多资源。有效发挥慈善组织在接受房产捐赠、遗产捐赠、股权捐赠、知识产权捐赠等方面的作用。上海

市慈善基金会需要提前储备非货币类捐赠及意定监护等相关知识，勇于探索与创新，寻找接受不同类型非货币捐赠的最佳方案；积极与相关政府部门沟通、协商，共同探索非货币捐赠税费减免的可行性方式。

借鉴国外先进的募捐经验，将国外科学的慈善创新方法适时中国化和本土化。比如，进一步探索捐赠人建议基金（DAF），鼓励和支持高净值群体捐赠款物，通过为捐赠人开设个性化慈善账户、强化捐赠人对捐赠财产的使用建议权等方式提升慈善捐赠的灵活性。

另外，上海市慈善基金会还可牵头组织本地区的募捐沙龙等研讨活动，邀请募捐较为成功的组织机构分享经验，探讨共同开展募捐领域政策倡导的策略，推动基金会及各区代表处在未来的工作中增加募捐额度、提升慈善效能。

三 进一步提升传统品牌项目影响力，加大新项目开发力度

提升传统品牌项目影响力，全力打造新项目，增强慈善组织发展原动力。上海市慈善基金会未来可以考虑对现有传统资助品牌逐个进行梳理，加强宣传策划；在成熟的公益项目、专项基金项目中，挖掘潜在的优秀项目，形成基金会的品牌项目体系。充分发挥募、助、宣同行效应，通过抓取典型事例、进行广泛宣传，提高品牌项目的社会知名度和影响力；扩大"初升的太阳""姐妹情""行走的渴望"等品牌项目的覆盖范围。进一步组织实施好灾后重建项目及对口援建地区项目，继续做好云南、青海、西藏、新疆、贵州等地现有的对口援建工作，并在现有区域的基础上不断拓展服务范围。

加大新项目开发力度。上海市慈善基金会要加强与各区代表处、其他社会组织的沟通，深化对社会民生需求的调查研究，设计适合基金会实际运作、满足社会需求的新项目；探索引入第三方组织的专业力量参与项目的开发；加强同慈善行业的交流互动，掌握慈善行业最新动态，了解我国慈善事业的整体发展趋势。

四 积极拥抱数字化浪潮，加快推动组织数字化转型

根据社会发展趋势，加快推动组织数字化转型。随着互联网逐渐深入公众的日常生活及移动支付等新技术的兴起，公众通过互联网进行捐赠的方式越发便捷，慈善组织依靠技术进步大幅度降低了吸收公众捐赠

的成本，个人捐赠逐渐成为慈善捐赠的重要组成部分。

在互联网公益持续升级的背景下，线上筹款专业化成为未来慈善行业的发展趋势。为此，上海市慈善基金会可以在立足现有线下传统爱心窗口的基础上，在互联网慈善形式上持续丰富创新，加大对互联网募捐资金、人才培养等的投入力度。进一步推动信息综合管理系统从2.0向3.0的转型升级，促进上海市慈善基金会朝着信息透明、沟通即时、运作高效的数字化慈善方向转变。倡导档案数字化管理，加大资金投入力度，推动基金会原始数据有效沉淀，为未来基金会内部决策、外部监督提供具体参考。在互联网募捐方面，可进一步调整人力资源配置，增强项目情况反馈，提升员工开展线上募捐的项目策划、资源动员、项目宣传、项目实施等能力，突出团队的线上募捐运作维护能力。在信息公开领域，积极探索区块链等新技术运用，依靠科技创新进一步做好基金会公信力建设。在项目运作方面，通过导入人工智能、大数据等科技创新成果加大对困难人群的支持力度，尝试创新线上教学方式，推动教育资源普及，实现技术赋能慈善项目高质量发展。

五　普及现代慈善理念，推动机构慈善文化创新

培育现代慈善理念，弘扬慈善精神。普及现代慈善理念，考虑将ESG（环境、社会、治理）纳入组织战略之中，并且制定相应的ESG标准，提升整个组织对环境可持续、社会效益、规范治理（党建、治理结构、信息公开、相关方联结）等工作的重视程度，弥补相关环节的不足，以更有效地推动组织高质量发展。推进慈善文化阵地建设，通过创建慈善文化地标的方式宣传机构慈善文化理念，发挥原有的优势，继续举办上海慈善论坛等研讨活动，加强机构慈善文化理论创新，做好"线上+线下"慈善文化宣讲，提升慈善事业的影响力和感召力，形成向上向善的社会风尚。

六　多元化配置资产，助力资产保值增值

通过资产保值增值增强慈善组织的"造血"功能，有效利用资金，促进慈善事业健康发展。随着上海市慈善基金会慈善资产的快速增长，慈善资金科学配置的重要性越发凸显。目前上海市慈善基金会形成了定期、活期和购买理财产品相结合的稳健型理财策略。慈善资产配置的目

标是，在遵循投资安全性第一的资产配置原则下争取长期、可持续的利益回报。在目前波动的市场环境中，上海市慈善基金会可采用购买不同类型金融产品的方式，在追求长期合理回报的同时尽量避免过大的下行风险。上海市慈善基金会要不断探索、创新增值方式，盘活存量，提高资产使用效率，制订长期的战略性资产配置方案，平衡各类投资活动的资金结构，努力提高投资和保值增值收益的比例。

七 重视人力资源投入，培育和吸引高素质慈善人才

重视人力资源投入，为慈善事业发展培养高素质人才。2016年，中央办公厅、国务院办公厅印发《关于改革社会组织管理制度促进社会组织健康有序发展的意见》，明确提出把社会组织人才工作纳入国家人才工作体系，将社会组织人才纳入国家专业技术人员人才知识更新工程，为慈善组织人才队伍建设提供思路。

完善内部人力资源管理机制是未来上海市慈善基金会应重点考虑的内容。一是重视人力资源投入，包括成立人力资源部门，制定中长期人力资源规划，制订有梯度的人才队伍发展计划。二是探索成立慈善学院。上海市慈善基金会可以考虑与高校开展合作，加强慈善人才制度建设，深入推进慈善人才队伍培养，开展慈善领域应用型人才培养工作，推动慈善教育体系化、职业化，真正做到慈善组织、高校协同式培养人才。三是实行更为开放、便利的社会化人才招聘政策，树立系统化培养人才队伍的理念，建立健全慈善人才晋升和绩效考核机制，促进人才持续成长，为上海市慈善基金会及其各区代表处储备一批优秀的人才。四是建立健全人才队伍的奖励和表彰机制，促进可持续发展。

八 践行开放发展理念，实施"走出去"战略

践行开放发展理念，实施"走出去"战略，在国际舞台上发出中国慈善组织的声音，为服务"一带一路"倡议、助力构建人类命运共同体贡献力量。2021年，民政部印发《"十四五"社会组织发展规划》，明确提出稳妥实施社会组织"走出去"，有序开展境外合作，提升我国社会组织参与全球治理的能力，增强中华文化影响力和中国软实力。慈善组织"走出去"，既是国家在提升国际影响力的过程中对慈善组织提出的必然要求，也是上海市慈善基金会自身从优秀走向卓越、升级为国际型组织

的必由之路。

近年来，国际上各类重大突发事件与人道主义危机时有发生，我国慈善组织肩负着和平与发展的重大责任。上海市慈善基金会作为中国特色现代化慈善组织的典型代表，应更加深入地参与国际事务，以民间力量身份推动我国公共外交、协助海外华资企业实施 ESG 战略、参与境外援助等。随着全球化进程的逐步推进，上海市慈善基金会能够借助"走出去"战略实现国际化发展，在世界舞台上发光发热，提升自身的国际影响力。值得一提的是，上海市慈善基金会可以向联合国有关部门提出申请"特别咨商地位"（Special Consultative Status）。这也是非政府组织得到国际承认的重要标志，意味着基金会可以以弘扬上海慈善理念为基础，更有效地参与国际慈善事务，提升国际影响力。

九　坚持以人民为中心，助力上海人民城市建设

将以高质量发展助力上海人民城市建设作为践行现代化慈善组织发展理念的新任务。2019 年，习近平总书记在上海考察时提出，"城市治理是推进国家治理体系和治理能力现代化的重要内容"。① 上海要提升城市治理现代化水平，率先构建经济治理、社会治理、城市治理统筹推进和有机衔接的治理体系。《中共上海市委关于深入贯彻落实"人民城市人民建，人民城市为人民"重要理念，谱写新时代人民城市新篇章的意见》明确指出把人民的主体地位、发展要求、作用发挥贯穿于城市工作的全过程和各领域。人民城市建设离不开人民的慈善组织。当前，上海市慈善基金会在推动上海慈善事业发展中已成为不可替代的关键力量。在未来人民城市建设进程中，上海市慈善基金会既要坚持党委领导、政府主导，也要拓展自身的角色，提升整合企业、慈善组织、人民群众的能力，进一步开创上海慈善事业高质量发展新局面。

---

① 《新华网评："人民至上"彰显城市治理民生温度》，http://www.xinhuanet.com/politics/xxjxs/2019-11/04/c_1125191237.htm。

参考文献

奥斯特罗姆，埃莉诺、龙虎，2003，《社会资本：流行的狂热抑或基本的概念》，《经济社会体制比较》第 2 期。

博任纳，尼尔，2020，《新国家空间》，王晓阳译，江苏凤凰教育出版社。

蔡定剑，2009，《公众参与及其在中国的发展》，《团结》第 4 期。

陈斌，2018，《改革开放以来慈善事业的发展与转型研究》，《社会保障评论》第 3 期。

陈晔、白长虹、吴小灵，2011，《服务品牌内化的概念及概念模型：基于跨案例研究的结论》，《南开管理评论》第 2 期。

陈友华、邵文君，2022，《技术化与专业化：社会治理现代化的双重路径》，《南开大学学报》（哲学社会科学版）第 2 期。

程坤鹏、徐家良，2018，《从行政吸纳到策略性合作：新时代政府与社会组织关系的互动逻辑》，《治理研究》第 6 期。

党生翠，2015，《慈善组织信息公开的新特征：政策研究的视角》，《中国行政管理》第 2 期。

邓国胜，2006，《慈善组织培育与发展的政策思考》，《社会科学研究》第 5 期。

邓国胜，2007，《个人捐赠是慈善事业发展的基石》，《中州学刊》第 1 期。

邓宁华，2011，《"寄居蟹的艺术"：体制内社会组织的环境适应策略——对天津市两个省级组织的个案研究》，《公共管理学报》第 3 期。

风笑天，2022，《个案的力量：论个案研究的方法论意义及其应用》，《社会科学》第 5 期。

福山，弗朗西斯，2003，《社会资本、公民社会与发展》，《马克思主义与现实》第 2 期。

高丙中，2000，《社会团体的合法性问题》，《中国社会科学》第 2 期。

宫蒲光，2022，《关于走中国特色慈善之路的思考》，《社会保障评论》第 1 期。

宫蒲光，2023，《推进新时代慈善事业高质量发展，助力多层次社会保障体系建设》，《中国民政》第 15 期。

郭施宏、陆健，2021，《环保组织公共诉求表达的市场路径及其成因——一个组织学习的视角》，《中国行政管理》第 2 期。

何国科，2018，《信息公开是慈善组织建立公信力的根本且唯一途径》，《中国社会组织研究》第 16 期。

何华兵，2017，《〈慈善法〉背景下慈善组织信息公开的立法现状及其问题研究》，《中国行政管理》第 1 期。

黄群慧、钟宏武、张蒽，2022，《中国企业社会责任研究报告（2022）》，社会科学文献出版社。

黄晓春，2015，《当代中国社会组织的制度环境与发展》，《中国社会科学》第 9 期。

黄晓春，2021，《党建引领下的当代中国社会治理创新》，《中国社会科学》第 6 期。

蒋诗萍，2019，《品牌文化现象的深层运作机制及其文化内蕴》，《社会科学》第 4 期。

靳环宇，2006，《中国民间慈善组织的历史嬗变》，《中州学刊》第 2 期，第 111~114 页。

金锦萍，2017，《〈慈善法〉实施后网络募捐的法律规制》，《复旦学报》（社会科学版）第 4 期。

康晓光，1997，《创造希望：中国青少年发展基金会研究》，漓江出版社。

康晓光等，2011，《依附式发展的第三部门》，社会科学文献出版社。

李景鹏，2014，《关于推进国家治理体系和治理能力现代化——"四个现代化"之后的第五个"现代化"》，《天津社会科学》第 2 期。

李敬强、刘凤军，2010，《企业慈善捐赠对市场影响的实证研究——以"5·12"地震慈善捐赠为例》，《中国软科学》第 6 期。

李静、王其荣、陈朝晖，2012，《品牌理论研究综述》，《企业改革与管理》第 11 期。

李培林，2013，《我国社会组织体制的改革和未来》，《社会》第 3 期。

李喜燕、张东，2022，《慈善捐赠动机现状及其影响因素——基于 926 份调查问卷的统计分析》，《中国社会组织研究》第 2 期。

李晓青、周勇，2005，《中外企业品牌管理研究综述》，《商业研究》第 21 期。

李友梅，2018，《当代中国社会治理转型的经验逻辑》，《中国社会科学》第 11 期。

厉以宁，2010，《超越市场与超越政府：论道德力量在经济中的作用》，经济科学出版社。

林南、俞弘强，2003，《社会网络与地位获得》，《马克思主义与现实》第 2 期。

刘辉，2012，《管治、无政府与合作：治理理论的三种图式》，《上海行政学院学报》第 3 期。

刘威，2010，《慈善资源动员与权力边界意识：国家的视角》，《东南学术》第 4 期。

刘文、于秀琴、王鑫，2022，《论公益慈善共同体的构建——从对主体性观念的超越出发》，《中国非营利评论》第 2 期。

刘志阳、施祖留，2007，《创业企业基于生命周期的治理结构动态演进模型》，《经济社会体制比较》第 6 期。

刘智琳，2012，《新加坡慈善组织管理对中国慈善组织管理的启发》，《经济视角》第 16 期。

刘子倩、曹德旺，2011，《慈善要像玻璃一样透明》，《中国新闻周刊》第 48 期。

卢汉龙，1995，《上海解放前移民特征研究》，《上海社会科学院学术季刊》第 1 期。

卢泰宏、吴水龙、朱辉煌、何云，2009，《品牌理论里程碑探析》，《外国经济与管理》第 1 期。

马贵侠、潘琳，2020，《慈善法治下慈善组织信息公开的合作监管探析》，《中国第三部门研究》第 2 期。

蒙长江，2025，《中国传统慈善文化的历史沿革及现实挑战》，《西南民族大学学报》（人文社科版）第 1 期，第 43~47 页。

苗青，2022，《高水平促进第三次分配：分析框架与实施路径》，《上海交通大学学报》（社会科学版）第 6 期。

民政部民间组织管理局基金会管理处，2016，《加强基金会专项基金管理
　　工作，确保公益慈善事业健康有序发展》，《中国社会组织》第 1 期。

牛欣，2013，《企业战略分解方法选取及实施研究——基于企业生命周期
　　理论的三阶段战略分解法》，《改革与战略》第 2 期。

秦晖，1999，《政府与企业之外的现代化：中西公益事业史比较研究》，
　　浙江人民出版社。

邵兴全、胡业勋，2018，《企业参与社区治理的角色重构与制度安排研
　　究——基于多元合作治理的分析框架》，《理论与改革》第 3 期。

石国亮，2012，《慈善组织公信力重塑过程中第三方评估机制研究》，《中
　　国行政管理》第 9 期。

孙发锋，2012，《信息公开：我国慈善组织公信力建设的突破口》，《理论
　　导刊》第 9 期。

孙倩，2003，《美国的慈善事业》，《社会》第 6 期。

孙卫星，1995，《老外慈善家——访大众汽车有限公司副总经理吕弗》，
　　《新民晚报》8 月 12 日。

孙远太，2015，《政府救助与慈善救助衔接机制构建研究——基于整体性
　　治理视角》，《中国行政管理》第 8 期。

唐文玉，2010，《行政吸纳服务——中国大陆国家与社会关系的一种新诠
　　释》，《公共管理学报》第 1 期。

唐文玉，2011，《合作治理：权威型合作与民主型合作》，《武汉大学学
　　报》（哲学社会科学版）第 6 期。

田凯，2004，《组织外形化：非协调约束下的组织运作——一个研究中国
　　慈善组织与政府关系的理论框架》，《社会学研究》第 4 期。

王名，2009，《走向公民社会——我国社会组织发展的历史及趋势》，《吉
　　林大学社会科学学报》第 3 期。

王名、朱晓红，2009，《社会组织发展与社会创新》，《经济社会体制比
　　较》第 4 期。

王浦劬，2021，《推进国家治理现代化的基本理论问题》，《中国党政干部
　　论坛》第 11 期。

王秋霞、张敦力，2018，《外部制度驱动、生态创新与企业财务绩效——
　　基于组织社会学新制度主义理论的视角》，《宏观经济研究》第 4 期。

王汝鹏，2021，《公益慈善组织专项基金的设立与管理——以中国红十字基金会为例》，《中国非营利评论》第 2 期。

王绍光，2018，《治理研究：正本清源》，《开放时代》第 2 期。

王守杰，2009，《慈善理念从传统恩赐向现代公益的转型与重构》，《河南师范大学学报》（哲学社会科学版）第 2 期。

王书玲、张君辉，2010，《服务品牌与服务质量的耦合机理研究》，《经济与管理》第 8 期。

王卫平，2000，《唐宋时期慈善事业概说》，《史学月刊》第 3 期。

王振耀、田小红，2015，《现代慈善与国家治理现代化》，《社会治理》第 1 期。

魏芦华、张良，2017，《俄罗斯对非政府组织的管理：历史沿革、法律手段及评价》，《俄罗斯东欧中亚研究》第 6 期。

魏宇，2010，《孔孟慈善观浅析》，《群文天地》第 6 期。

吴娟、关信平，2023，《社会救助数字化转型：整体逻辑、现实问题与应对策略》，《社会保障研究》第 6 期。

吴磊、俞祖成，2018，《多重逻辑、回应式困境与政策变迁——以中国社会组织政策为例》，《江苏社会科学》第 3 期。

武洹宇，2018，《中国近代"公益"的观念生成，概念谱系与结构过程》，《社会》第 6 期。

习近平，2017，《习近平谈治国理政》（第 2 卷），外文出版社。

习近平，2019，《一个国家、一个民族不能没有灵魂》，《求是》第 8 期。

夏利民，2003，《公民隐私权与知情权的冲突与平衡》，《中国律师》第 8 期。

谢琼，2022a，《公益慈善数字化的现实审视与未来发展》，《人民论坛·学术前沿》第 22 期。

谢琼，2022b，《中国网络慈善的创新价值与未来发展》，《社会保障评论》第 3 期。

徐道稳，2021，《改革开放以来中国慈善事业的转型发展——以国家发展战略为分析视角》，《社会科学》第 1 期。

徐家良，2017，《中国社区基金会关系建构与发展策略》，《社会科学辑刊》第 2 期。

徐家良，2018a，《改革开放后上海社会组织创新发展研究》，上海交通大学出版社。

徐家良，2018b，《互联网公益：一个值得大力发展的新平台》，《理论探索》第 2 期。

徐家良、成丽姣，2023a，《"服务激活社会"——五社联动驱动社会建设的运行模式》，《治理研究》第 2 期。

徐家良、成丽姣，2023b，《互联网公益技术支持机构赋能社会组织的变迁模式与驱动因素——以 J 机构为例》，《吉林大学社会科学学报》第 5 期。

徐家良、刘春帅，2016，《资源依赖理论视域下我国社区基金会运行模式研究——基于上海和深圳个案》，《浙江学刊》第 1 期。

徐家良、彭雷，2019，《运营战略、种群关系与生态位：慈善超市生存空间新框架》，《中国行政管理》第 11 期。

徐家良、吴晓吁，2023，《社会组织数字化转型重构政社共治过程的机理探究——来自 W 市 J 公益服务中心的经验观察》，《中国行政管理》第 8 期。

徐家良、张煜婕，2021，《"以标定轨"：长三角一体化社会组织高质量发展的推进策略》，《苏州大学学报》（哲学社会科学版）第 6 期。

徐宇珊，2010，《社会组织结构创新：支持型机构的成长》，《社团管理研究》第 8 期。

许冠亭，2008，《20 世纪 30 年代上海市商会的慈善救济活动》，《苏州大学学报》（哲学社会科学版）第 4 期。

许耀桐，2024，《马克思、恩格斯国家治理理论体系探赜》，《天津社会科学》第 1 期。

杨荣，2015，《社区慈善：我国慈善事业发展的新方向》，《东岳论丛》第 10 期。

杨团，2000，《中国的社区化社会保障与非营利组织》，《管理世界》第 1 期。

弋戈，2018，《古代佛教与慈善探源》，《中国社会保障》第 11 期。

应松年，2014，《加快法治建设促进国家治理体系和治理能力现代化》，《中国法学》第 6 期。

尤琳，2008，《提升我国慈善组织公信力的法律思考》，《求实》第 10 期。

游春晖、厉国威，2015，《慈善组织财务信息透明度、筹资类型与筹资效果》,《财经论丛》第 5 期。

俞可平，2019,《国家治理的中国特色和普遍趋势》,《公共管理评论》第 3 期。

俞可平、王颖，2001,《公民社会的兴起与政府善治》,《中国改革》第 6 期。

郁建兴、高翔、王诗宗、刘涛、黄飚、吴超，2023,《数字时代的公共管理研究范式革命》,《管理世界》第 1 期。

岳鹏星、郭常英，2017,《晚清都市空间中的慈善、娱乐和社群认同——以慈善义演为视点》,《广东社会科学》第 5 期。

曾永和，2013,《当下中国社会组织的发展困境与制度重建》,《求是学刊》第 3 期。

张其伟、徐家良，2023,《社会组织如何激发城市基层治理活力？——基于某环保类组织的案例研究》,《管理世界》第 9 期。

张冉，2019,《基于扎根理论的我国社会组织品牌外化理论模型研究》,《管理学报》第 4 期。

张天真、费梅苹，2023,《公益财产会促进社会组织的信息公开吗——理事会治理与内部制度建设的链式中介》,《社会工作与管理》第 5 期。

张贤明，2021,《共同富裕的人民性》,《光明日报》11 月 30 日，第 11 版。

张贤明、田玉麒，2016,《论协同治理的内涵、价值及发展趋向》,《湖北社会科学》第 1 期。

张云飞，2019,《建设生态文明 实现永续发展》,《光明日报》10 月 24 日，第 6 版。

章高荣，2022,《中国慈善会系统发展历程、基本问题与功能定位》,《社会保障评论》第 5 期。

赵丽宏，2013,《自律与他律相统一：扩大"第三次分配"》,《理论探讨》第 4 期。

赵中源、黄罡，2023,《新时代国家治理现代化理论建构及其原创性贡献》,《政治学研究》第 4 期。

郑功成，2005,《现代慈善事业及其在中国的发展》,《学海》第 2 期。

周俊、刘辰玥、周玉芳，2023,《数字技术与慈善事业的转型发展》,《浙江社会科学》第 8 期。

周俊、郁建兴，2009,《行业组织内部治理的演进与完善——以浙江温州商会为例》，《中国社会科学辑刊》春季卷。

周秋光，2020，《中华慈善文化及其传承与创新》，《史学月刊》第 8 期，第 105~113 页。

周俊、郁建兴，2015，《社会治理的体制框架与创新路径》，《浙江社会科学》第 9 期。

周秋光、马少珍、肖利，2013，《公益慈善组织信息公开化建设研究综述》，湖南省人力资源学会、湖南省经济和信息化委员会、湖南省人力资源学会、湖南省经济和信息化委员会。

周秋光、彭顺勇，2014，《慈善公益组织治理能力现代化的思考：公信力建设的视角》，《湖南大学学报》（社会科学版）第 28 期。

周迎冰，1994，《世界将变得更加美好——记上海慈善工程》，《劳动报》10 月 5 日。

周中之，2008，《伦理学视阈中的当代中国慈善事业》，《江西社会科学》第 3 期。

朱健刚，2023，《慈善组织在我国公共服务体系建设中的参与路径——以残疾人社会组织为例》，《社会保障评论》第 5 期。

Berry, L. L. & Parasuraman, A. 1991. *Marketing Services: Competing Through Quality*. New York: Free Press.

De Chernatony, L. 1999. "Brand Management Through Narrowing the Gap Between Brand Identity and Brand Reputation." *Journal of Marketing Management* 15: 157-179.

Meyer, J. W & Rowan, B. 1977. "Institutionalized Organizations: Formal Structure as Myth and Ceremony." *American Journal of Sociology* 2: 340-363.

Putnam, R. 1993. *Making Democracy Work: Civil Tradition in Modern Italy*. Princeton University Press.

Rhodes, R. 1996. "The New Governance." *Political Studies* 4: 652-676.

Stoker, G. 1999. *The New Management of British Local Governance*. Macmillan Education UK Press.

Vargo, S. L. & Lusch, R. F. 2004. "Evolving to a New Dominant Logic for Marketing." *Journal of Marketing* 1: 1-17.

Vargo, S. L. & Lusch, R. F. 2008. "Service-dominant Logic: Continuing the

Evolution. " *Journal of the Academy of Marketing Science* 36: 1-10.

Ware, Alan. 1989. *Between Profit and State: Intermediate Organizations in Britain and the United States.* Cambridge/Oxford: Polity Press in association with Basil Blackwell Ltd.

Zeithaml, V. A. 1988. "Consumer Perceptions of Price, Quality, and Value: A Means-end Model and Synthesis of Evidence. " *Journal of Marketing* 3: 2-22.

Zucker, L. G. 1986. "Production of Trust: Institutional Sources of Economic Structure. " *Research in Organizational Behavior* 2: 53-111.

大事记

1994 年 4 月 11 日，上海市慈善基金会筹备委员会酝酿成立，陈铁迪同志担任主任。

1994 年 4 月 25 日，获中国人民银行上海市分行批复《关于同意成立慈善基金会的批示》〔沪银金管（94）5213 号〕。

1994 年 5 月 6 日，根据上海市慈善基金会（筹）《关于上海市慈善基金会申请登记的报告》〔沪慈基（94）第 3 号〕，上海市民政局作出《关于准予上海市慈善基金会登记的批复》〔沪民政登（94）第 32 号〕。

1994 年 5 月 7 日，上海市慈善基金会正式宣告成立。上海市政协主席陈铁迪以慈善基金会筹备委员会主任名义在揭牌仪式上发表讲话；全国政协副主席董寅初、浦东发展银行董事长庄晓天为基金会成立揭牌。

1994 年 5 月 21 日，上海市慈善基金会于中共上海市委统战部召开"上海市慈善基金会首届理事会第一次会议"，推选陈铁迪为会长，审议通过《基金管理办法》。

1994 年 8 月 6 日，上海市慈善基金会举行首批 28 名孤儿助学仪式。

1994 年 9 月 8 日，经上海市慈善基金会组织有关专家评选，朱德贤副教授设计的方案被选定为上海市慈善基金会会标。

1994 年 10 月 2 日，上海市慈善基金会和东方电视台等在静安区体育馆举行"祖国颂"慈善演唱会。中共中央政治局委员、中共上海市委书记、市长黄菊，上海市人大常委会主任叶公琦，上海市政协主席、慈善基金会会长陈铁迪，上海市政协副主席郑励志、陈沂，以及上海市慈善基金会顾问张瑞芳、副会长余慧文等出席观看。

1994 年 12 月 8 日，上海市慈善基金会与新民晚报社共同主办的以

"人间自有真情在" 为主题的 "慈善热线" 在《新民晚报》推出。

1994 年 12 月 12 日，上海市慈善基金会静安区办事处成立。

1994 年 12 月 26 日，民政部副部长阎明复来上海市慈善基金会视察工作，副会长孙金富、秘书长施德容等陪同并汇报工作。

1995 年 1 月 12 日，上海市慈善基金会与新民晚报社举办慈善热线办公室签约仪式。

1995 年 1 月 13 日，上海市慈善基金会与上海第二工业大学联合设立的上海市慈善教育培训中心正式揭牌。

1995 年 1 月 18 日，由上海市慈善基金会主办的 "95 新年慈善义演电视晚会" 在广电大厦演播厅举行。中共中央政治局委员、中共上海市委书记、市长黄菊参加了晚会。

1995 年 2 月 14 日，会长陈铁迪、副会长余慧文等前往向明中学了解学生营养午餐情况，并向特困学生颁发了 "上海市中小学生营养午餐免费供应证"。

1995 年 3 月 24 日，上海市慈善基金会和东方广播电台共同出资 100 万元设立的 "792 为您解忧" 栏目正式开播。

1995 年 4 月 7 日，中华慈善总会会长崔乃夫、上海市慈善基金会秘书长施德容和《新民晚报》副总编李森华等走访看望了慈善热线专栏报道的孤儿李金华。

1995 年 4 月 19 日，副会长余慧文、秘书长施德容、副秘书长梁玉书等会见美国联合慈善基金会董事长赵小兰一行。

1995 年 6 月 7 日，上海市慈善基金会举行 "倪天增慈善教育基金" 首次助学金颁发仪式。

1995 年 8 月 15 日，上海市慈善基金会和上海市拥军优属基金会联合出资 10 万元，对上海市 100 名参加过抗日战争的老同志、伤残军人及烈士家属等实施一次性补助。

1995 年 10 月 6 日，副会长余慧文，顾问庄晓天，副秘书长梁玉书、周静波等前往日本考察访问。

1995 年 10 月 23 日，上海手表厂将我国生产的第一块细马手表拍卖所得 8 万元捐赠给上海市慈善基金会。

1995 年 11 月 1～5 日，国际联合募捐协会代表团来沪访问考察。上海市慈善基金会会长陈铁迪会见代表团成员。

1995 年 12 月 26 日，上海市慈善基金会举行"金穗慈善卡"首发式。

1996 年 2 月 11 日，上海市慈善基金会举行"万人上街慈善募捐"活动，共募得捐款 590509.24 元，其中 30 万元用于资助云南丽江地震灾区重建一所沪爱学校。

1996 年 3 月 24~25 日，中华慈善总会交流与研究委员会主席朱传一来沪考察上海慈善公益事业发展情况，陈铁迪会长会见朱传一主席。

1996 年 5 月 7 日，为庆祝上海市慈善基金会成立两周年，中国首套"慈善金银纪念章"举行首发式；"慈善热线"开通语音信箱。

1996 年 5 月 8 日，秘书长施德容、法律顾问马仲器、副秘书长周静波在嘉定区徐行镇参加了"老人乐园"转让协议签字仪式。

1996 年 10 月 20 日，众仁老人乐园正式开园，首批 50 名老人陆续入住。

1996 年 11 月 5 日，民革市委将为纪念孙中山先生诞辰 130 周年特制的编号 130 的纪念手表捐赠给上海市慈善基金会。

1996 年 11 月 30 日，上海市慈善基金会和比利时经贸代表团联合举办慈善音乐会，比利时亲王菲利普、副首相迈斯特出席了活动。

1997 年 1 月 18 日，上海市慈善基金会和上海市民政局、东方电视台联合举办"'蓝天下的至爱'——97 上海慈善义演"电视晚会。当场收到捐款 363 万元。

1997 年 1 月 25 日，上海市慈善基金会举办以"万人捐，帮万家，让特困家庭过好年"为主题的 97 万人上街慈善募捐活动。上海市政协主席、上海市慈善基金会会长陈铁迪等参加活动。

1997 年 1 月 27 日，著名学者谈家桢捐出一万元参与"万人捐，帮万家，让特困家庭过好年"活动。

1997 年 5 月 8 日，上海市慈善基金会最大慈善实事工程——众仁老人公寓正式开工。

1997 年 6 月 28 日，上海市慈善基金会和上海拍卖行、《解放日报》、《新民晚报》联合举办"迎回归慈善义拍"活动，共拍得 27 万余元。

1997 年 6 月 30 日，《解放日报》第 19 版详细刊登了上海市慈善基金会 1996 年度财务审计报告，摘要刊登了上海市慈善基金会资产评估报告，接受社会各界监督。

1997 年 7 月 13 日，上海话剧艺术中心《归来兮》剧组将义演票款收入 3 万元及主要演员王志文演出酬劳 2000 余元捐给上海市慈善基金会。

1997 年 7 月 21 日，上海市慈善基金会和上海市民政局、《新民晚报》联袂发起"让孤残儿童拥有温馨之家"活动，以"政府出资、社会支持、家庭寄养、统一监护"的形式，推出孤残儿童收养新举措。

1997 年 9 月 6 日，上海市长途电信局向上海市慈善基金会捐赠诺基亚 3810 型手机 5 部，用以支持慈善事业发展。

1997 年 11 月 16 日，一对匿名美籍华人兄妹将一幢三层楼产权房捐赠给上海市慈善基金会。这是上海市慈善基金会首次接受不动产捐赠。

1997 年 12 月 26 日，上海市慈善基金会和上海人民广播电台、上海市协作办、云南人民广播电台、上海市人民政府驻昆明办事处、云南省人民政府驻上海办事处、上海市青联等开展"沪滇帮扶协作，心连心手拉手"活动。

1998 年 1 月 3 日，上海市慈善基金会举行以"万人捐，帮万家，让特困家庭过好年"为主题的第三次"万人上街慈善募捐"活动，共募得捐款 62 万余元。

1998 年 1 月 5 日，"'蓝天下的至爱'——98 新年慈善系列活动"之一的"万户助困活动"正式开展。

1998 年 1 月 10 日，上海市慈善基金会和东方广播电台等联合举办"'792 为您解忧'——98 新春特别行动"，拨款 16 万元，为上海市 200 名家庭贫困学生提供免费营养午餐。

1998 年 1 月 13 日，上海烟草（集团）公司向上海市慈善基金会捐款 1000 万元，用于资助贫困学生。这是上海市最大的一笔单位捐款。

1998 年 1 月 14 日，上海市慈善基金会决定向河北省张家口地区地震灾民捐赠 20 万元，并对灾民表示慰问。

1998 年 1 月 17 日，上海市慈善基金会和香港西区扶轮社联合主办"慈善之夜'——98 新年沪港同胞筹款晚会"。晚会共募集 2280 余万元，上海市汪观清等 6 位著名画家捐画 7 幅参加义卖。

1998 年 2 月 28 日，中国香港（地区）商会将在沪募捐的 6.1 万元捐赠给上海市慈善基金会。

1998 年 5 月 23 日，上海市慈善基金会委托上海拍卖行在刘海粟美术馆举行"蓝天下的至爱——吕吉人捐赠作品义拍活动"，共拍得善款 41.2 万元。副会长石祝三出席了义拍活动。

1998 年 5 月 31 日，上海市慈善基金会与市福利彩票发行中心在市少年宫联合举办"在同一片蓝天下"音乐会。副会长余慧文和市领导夫人、驻沪领事馆官员等观看了演出。

1998 年 6 月 4 日，首批获上海市慈善基金会"援助再就业启动基金"资助的 11 名下岗人员签约受助。

1998 年 6 月 16 日，由上海市文明办、上海市民政局和上海市慈善基金会联合开设的"上海市社区服务热线"正式开通。

1998 年 7 月 10 日，由上海国脉通讯股份有限公司免费为上海市慈善基金会开设的三条 8188 秘书台服务热线、8186 国脉声讯慈善热线正式开通。

1998 年 7 月 22 日，已故静安区政协原副主席荣毅珍捐出遗产 30 万元，设立"荣毅珍慈善敬老扶幼基金"。

1998 年 7 月 27 日，《解放日报》刊登了上海市慈善基金会 1997 年度财务审计报告及律师声明，接受社会各界监督。

1998 年 8 月 11 日，在"上海各界支援抗洪救灾义演"活动中，副会长陈铭珊代表上海市慈善基金会向灾区捐赠 30 万元。

1998 年 8 月 25 日，上海市慈善基金会与《解放日报》联合在《解放日报》"手拉手"专版上开设"慈善助学之窗"专栏。

1998 年 9 月 25 日，美国公民滕祖龙夫妇捐赠人民币 30 万元，定向用于"孤残儿童家庭寄养"项目。

1998 年 10 月 1 日，旅美著名画家丁绍光先生向上海市慈善基金会捐赠了他的作品——丝网版画《腾飞》。

1998 年 10 月 28 日，会长陈铁迪向著名科学家谈家桢颁发了一把金钥匙，欢迎他成为众仁花苑的首位入住户。

1998 年 12 月 25 日，上海市慈善基金会和上海东方广播电台、上海热线思强网络共同创办的"爱心传送　网上助学"活动正式启动。这是上海市首次利用网络开展慈善募捐活动。

1999 年 1 月 1 日，上海市慈善基金会和上海市广电局联合在大剧院举办"蓝天下的至爱——99 上海慈善音乐晚会"。音乐晚会的收入及义卖款全部捐赠上海市慈善基金会。

1999 年 1 月 3 日，上海市慈善基金会举办第四次"蓝天下的至爱——万人上街慈善募捐"活动。

1999 年 1 月 27 日，上海益宝商贸有限公司决定在五年内将每年营业额的 1% 捐赠给上海市慈善基金会。

1999 年 1 月 28 日，上海市慈善基金会和市侨联、市民政局等单位联合举办的 "'99 爱心大联欢' ——上海侨界、企业界、艺术界与孤寡老人迎新晚会" 在上海国际会所举行。百位老人获得人均 1000 元 "鑫达（德贞）慈善安老基金"。

1999 年 5 月 15 日，"99 金星彩电杯上海－香港影视明星足球表演义赛" 在上海虹口足球场举行。表演赛门票收入的 20% 及募捐款全部被捐赠给上海市慈善基金会。

1999 年 8 月 5~9 日，应澳门仁慈堂邀请，上海市慈善基金会秘书处书记陈建军等五人组成上海市慈善基金会代表团，对澳门慈善公益事业进行了考察。

1999 年 12 月 25 日，上海市儿童福利院、上海市慈善基金会孤残儿童康复中心正式开工。

1999 年 12 月 30 日，"上海慈善明信片" 发行，编号为 GY1。这是新中国首套慈善邮资明信片。

2000 年 1 月 13 日，慈善义拍网站（http://yp.sq.sh.cn）正式开通。

2000 年 1 月 25~29 日，为期四天的首场 "网上慈善义拍" 活动举办，共拍得善款 27117 元。

2000 年 2 月 20 日，上海市慈善基金会与香港东方海外发展（中国）有限公司联合举办 "东方之子" 认捐活动，上海市 20 名学生受助。

2000 年 5 月 4~6 日，上海市慈善基金会组团赴港参加世界劝募大会。

2000 年 6 月 8 日，上海慈善捐赠救助物资服务中心揭牌暨慈善捐赠仪式举行，首批 14 个募捐工作站正式启动，上海市慈善捐赠网站同时开通。

2000 年 9 月 8 日，台湾自然美集团将 "自然美文教基金" 第一笔筹集款 100 万元捐给上海市慈善基金会，用于资助上海市下岗女工。

2000 年 9 月 12 日，上海市慈善基金会批准成立松江区办事处，这是上海市慈善基金会的第 16 个代表机构。

2000 年 11 月 21 日，一位匿名的福利彩票中奖者从 500 万元巨奖中拿出 60 万元捐给上海市慈善基金会。

2000 年 12 月 1 日，为纪念真禅法师圆寂五周年，玉佛寺向上海市慈善基金会捐赠 200 万元，设立"真禅法师慈善专项基金"。

2000 年 12 月 17 日，希爱康复活动中心重建揭牌暨捐赠仪式举行，该活动基地房屋使用权由上海烟草（集团）捐给上海市慈善基金会，并由上海市慈善基金会无偿提供给该中心。

2001 年 1 月 1 日，新版"上海市慈善基金会网站"（scf.88547.com）正式开通，网站将常年推出网上助学、网上助困、在线捐赠及在线申请等项目。

2001 年 1 月 6 日，上海市慈善基金会与上海东方电视台、市精神文明办、市民政局、市文化广播影视管理局联合举办"蓝天下的至爱——爱心全天大放送"活动。黄菊书记为本次活动发来贺信，龚学平副书记为"蓝天下的至爱"题词。上海市慈善基金会副会长任文燕、余慧文，上海市商业委员会党委书记崔善江等出席了义卖仪式。

2001 年 1 月 11 日，上海市慈善基金会监事会召开第一次工作会议，会议讨论了"上海市慈善基金会监事会工作暂行办法（讨论稿）"，监事长庄晓天、副监事长以及部分监事参加了会议。

2001 年 2 月 3 日，"万人慈善医疗救助计划"启动仪式举行。根据该项目内容，上海市慈善基金会每年从基金中拨 500 万元，对上海市城镇 1 万名没有能力参加基本医疗保险和补充医疗保险的社会特困人员实施慈善医疗救助，每人每年 500 元。救助对象按户籍所在地到各区县 150 余个慈善医疗定点门诊部就诊。

2001 年 4 月 25 日，李嘉诚先生愿意捐赠金山护理医院 50% 的建设费用，即 2810 万元。

2001 年 4 月 26 日，意大利外贸协会从"2001 年意大利珠宝中国行展览"600 余件展品中选出 14 件珠宝饰品捐给上海市慈善基金会，饰品拍卖所得全部用于为贫困老人免费治疗白内障。

2001 年 4 月 30 日，会长办公会议召开，通过了上海市慈善基金会秘书处组织机构调整方案，办公室下设五个部门：综合管理部、事业发展部、募捐工作部、宣传联络部和财务管理部。五个部门分别对应各工作委员会，部门正副部长竞聘上岗。

2001 年 6 月 1 日，上海市儿童福利院新院、上海市慈善基金会众仁残疾儿童康复中心主体工程竣工。

2001 年 7 月 6 日，上海市慈善基金会在《解放日报》上刊登《2000 年度财务审计报告》、《监事会 2000 年度监督检查报告》及《法律顾问团授权声明》。

2001 年 7 月 9 日，民政部副部长范宝俊一行视察上海市慈善基金会慈善物资服务中心，并亲笔题词"开拓慈善新路、发展慈善事业"。

2001 年 10 月 1 日，上海市儿童福利院新院、上海市慈善基金会众仁残疾儿童康复中心新院落成启用仪式举行。

2001 年 10 月 21 日，美国商会主席、安利公司董事长史提夫·温安洛先生代表安利（中国）日用品有限公司向上海市慈善基金会捐赠 100 万元人民币，定向资助贫困老人眼疾患者复明手术。副会长余慧文、秘书长施德容参加了活动。

2001 年 10 月 24 日，会长陈铁迪为上海市慈善基金会第 184 个慈善门诊部——普慈口腔门诊部揭牌。

2001 年 11 月 3 日，26 集慈善助学专题片《自强学子》首映式举行。该片由上海市慈善基金会和上海烟草（集团）公司、上海教育电视台联合摄制，陈铁迪会长题写片名。

2001 年 12 月 9 日，上海市慈善基金会和市体育总局、浦东新区体育指导中心、上海四季酒店、加拿大驻沪总领事馆等在浦东世纪公园联合举办第四次上海泰瑞·福克斯慈善慢跑活动，社会各界 8000 余人参加。

2002 年 1 月 1 日，"蓝天下的至爱"新年慈善音乐会在上海大剧院举办。

2002 年 1 月 16 日，《蓝天下的至爱——上海慈善事业巡礼》一书首发式举行，该书由陈铁迪会长作序；上海市慈善基金会所属上海市众仁慈善服务中心众仁花苑获 ISO9221：2000 质量管理体系认证证书。余慧文副会长为众仁花苑质量管理体系认证揭牌。

2002 年 1 月 21 日，上海市慈善基金会与人民日报社华东分社共同举办以"慈善事业与社会进步"为主题的"蓝天下的至爱——2002 慈善论坛"。陈铁迪会长出席并讲话。

2002 年 1 月 26 日，上海市慈善基金会与上海市精神文明办、上海市民政局、东方电视台等单位联合举办"蓝天下的至爱"爱心大放送活动，东方电视台直播了贫困儿童肿瘤切除手术、"爱心直通车"、万人上街募捐、第三次"点亮心愿"慈善义拍、大型慈善义演晚会等多项活动。

2002 年 2 月 3 日，"蓝天下的至爱"新年慈善系列活动答谢晚会在"双拥"号游轮上举行。

2002 年 2 月 12 日，大众出租公司举办"慈善义运一日捐"活动，义运收入 50 万元全部捐给上海市慈善基金会。

2002 年 2 月 24 日，日本国际交流促进会和上海黄浦画院向上海市慈善基金会捐赠了乔木、徐昌铭、胡振郎等 20 余位著名画家的 38 幅国画作品。

2002 年 5 月 25 日，南非记者团一行 6 人来上海市慈善基金会参观访问，了解有关上海慈善事业发展情况。

2002 年 5 月 30 日，金山护理院开工典礼举行。

2002 年 6 月 12 日，上海市出租汽车行业"蓝色联盟"在一周年庆典之际举行"一差捐、一日捐"（驾驶员一差捐、员工一日捐）活动，捐赠善款 10 万元。

2002 年 7 月 13 日，在上海拍卖行拍卖厅举行的台湾画家张杰"荷花画展暨义卖活动开幕式"上，张杰向上海市慈善基金会捐赠 10 幅作品并将画展义卖所得 40%（除去成本）捐给上海市慈善基金会，定向用于"点亮心愿"项目。

2002 年 9 月 25 日，上海地铁运营公司员工共同捐资 14.6 万元，资助市区三条地铁沿线十个区的 100 名贫困学生。

2002 年 9 月 26~29 日，应香港东华三院邀请，余慧文、茅志琼副会长等赴港参加"东华慈善时装表演晚会"和"香港芭蕾舞团慈善晚会"两项大型筹募活动。

2003 年 1 月 7 日，上海市慈善基金会"爱心直通车"及"上三岛、送温暖"项目被评为 2002 年上海精神文明建设十大新闻之一。

2003 年 5 月 8 日，经市政府批准，上海市慈善基金会被确定为上海市四家可以接受防非捐赠单位之一。

2003 年 5 月 18 日，上海市慈善基金会首家慈善超市在镇宁路揭牌。

2003 年 10 月 23 日，香港知名实业家李嘉诚为金山众仁护理院建设捐款 2810 万元。陈铁迪理事长和李嘉诚先生为金山众仁护理院揭牌。

2003 年 11 月 12 日，上海美丽园大酒店向上海市慈善基金会捐赠一套价值 86 万元的产权房。

2003 年 11 月 17 日，上海市慈善基金会举办"美丽的眼睛看上海——世界小姐上海慈善晚宴"。

2003 年 12 月 20 日，全国第一家慈善图书超市揭牌开市。

2004 年 5 月 31 日至 6 月 2 日，上海市慈善基金会举行国际慈善论坛。

2005 年 1 月 6 日，上海市慈善基金会参与举办的"援助印度洋海啸灾区大型赈灾义演"在东视剧场举行。

2005 年 1 月 29 日，上海市志愿者协会慈善志愿者服务总队成立。

2005 年 6 月 1 日，上海市慈善基金会在媒体上公示了首批慈善实事项目——"爱心午餐"和"点亮心愿"儿童先天性心脏病手术救助。

2005 年 7 月 26 日，老干部陈国栋的亲属根据陈国栋夫妇遗愿，将夫妇俩一生的积蓄捐给上海市慈善基金会。

2005 年 9 月 23 日，南非总领馆举办的"2005 慈善高尔夫球赛"向上海市慈善基金会捐赠 10 万元人民币。

2005 年 10 月 6 日，上海市慈善基金会在"超级女声慈善演唱会"上共筹得善款 106 万元。

2005 年 10 月，英文版《至爱》Caring 试刊。

2005 年 12 月 2 日，"美丽眼睛看上海——第 55 届世界小姐慈善晚宴"在国际贵都酒店举行。

2005 年 12 月 18 日，来自美国、加拿大等 21 个国家和地区的 400 多名侨商向上海市慈善基金会捐款 448 万元，成立"上海侨商慈善基金"。

2006 年 4 月 2 日，驻上海总领事夫人协会在上海商城举办慈善义卖活动。

2006 年 4 月 11 日，上海市慈善基金会陈铁迪理事长会见 UPS 企业副总裁、UPS 基金会主席爱文·库珀女士一行。

2006 年 12 月 5 日，复旦大学慈善公益站成立。

2007 年 1 月 1 日，由上海市慈善基金会主办、安利（中国）日用品有限公司和新民晚报社协办的"安利之夜——2007 新年慈善音乐会"在上海大剧院举行。

2007 年 1 月 12 日，著名运动员刘翔将他在 2006 上海国际田径黄金大奖赛上获得的奖品——一套价值 80 万元的住房，通过上海市慈善基金会捐给 2007 世界夏季特殊奥林匹克运动会。

2007 年 2 月 4 日，在上海市慈善基金会举办的"蓝天下的至爱"

2007 爱心全天大放送活动中，上海市市长韩正发表了以慈善为主题的电视讲话；中央电视台二套对"爱心全天大放送"中的"慈善大乐园开园仪式"、"万人捐、帮万家，让特困家庭过好年"、"慈善手术"活动进行了现场直播。

2007 年 4 月 12 日，上海市慈善基金会出资 3 亿元成立上海盛太投资管理有限公司。

2007 年 5 月，上海市慈善基金会获得上海市人民政府颁发的"上海市文明单位"荣誉称号。

2007 年 7 月 1~9 月，上海市审计局对上海市慈善基金会等 11 家基金会 2004~2006 年度的基金募集、运营、管理和使用情况进行审计调查，对上海市慈善基金会的工作给予肯定并提出意见和建议。

2007 年 11 月 19 日，上海市慈善基金会获得上海市侨办颁发的"2000~2006 年度上海市华侨捐赠管理先进单位"荣誉称号。

2007 年 12 月 5 日，上海市慈善基金会与上海社会科学院、《文汇报》联合举办"慈善理念与社会责任——2007 年上海慈善理论研讨会"。

2008 年 1 月 26 日，上海市慈善基金会与上海市精神文明建设委员会办公室、上海文化广播影视集团、上海市老年基金会、上海市红十字会、上海市残疾人联合会等单位共同主办主题为"携手慈善　博爱申城"的"蓝天下的至爱"2008 爱心全天大放送活动。上海市慈善基金会在"蓝天下的至爱——2008 大型慈善文艺晚会"上，对 30 名荣获第三届上海市"慈善之星"的个人和单位（团体）进行表彰。

2008 年 1 月 30 日，上海市民政局、上海市社会团体管理局对上海市慈善基金会进行基金会规范化建设评估。

2008 年 2 月 1 日，日本驻上海总领事馆向上海市慈善基金会捐赠85885 美元（约合人民币 64.5 万元），定向用于资助"南汇桃园儿童家庭寄养服务中心工程改造项目"。

2008 年 6 月 5 日，上海市慈善基金会"蓝天下的至爱"新年慈善系列活动被评为上海市综合系统精神文明创建活动品牌。

2008 年 6 月 26 日，上海市慈善基金会与上海市宁波经济建设促进协会在上海宁波联谊大楼联合举办"情系灾区，重建家园——赈灾书画慈善义卖"活动。

2008 年 7 月 1 日，上海市慈善基金会获得市民政局"抗震救灾工人先锋号"荣誉称号。

2008 年 7 月 4 日，在上海市民政局、上海市社会团体管理局召开的上海市社会组织规范化建设评估试点工作总结推进会上，宣布上海市慈善基金会等七家单位获得中国社会组织规范化建设评估"5A 级社会组织"称号，上海慈善物资管理中心、上海市慈善教育培训中心分别获得"4A 级社会组织"称号。

2008 年 9 月 28 日，上海市慈善基金会在《解放日报》和东方网上向社会公示四川绵阳地区援建项目及捐赠者名单，接受社会监督。

2008 年 12 月 5 日，中华慈善大会在北京人民大会堂举行。上海市慈善基金会陈铁迪理事长荣获"中华慈善贡献奖"，上海市慈善基金会推荐的郭天成、张金泉荣获"优秀慈善工作者"，上海市慈善基金会"蓝天下的至爱——慈善系列活动"被评为最具影响力的慈善项目。

2009 年 1 月 6 日，首届上海慈善大会召开。中共中央政治局委员、上海市委书记俞正声在会前会见了出席会议的获奖代表并发表讲话。

2009 年 3 月 8 日，上海市慈善基金会与驻上海总领事夫人团、雍福会联合举办"春系海上"慈善午餐会及慈善义拍活动，筹集善款 16 万余元，全部捐给上海市慈善基金会。

2009 年 3 月 30 日，上海市慈善基金会荣获"2007~2008 年度上海市文明单位"称号。

2009 年 4 月 10 日，上海市慈善基金会"点亮心愿"慈善救助系列项目荣获上海市民政局"十佳服务品牌"称号。

2009 年 5 月 5 日，上海市慈善基金会和民政部社会福利与慈善事业促进司、上海市民政局、上海社会科学院、文汇报社在棠柏宾馆共同举办"创新与发展——2009 慈善论坛"。

2009 年 6 月 19 日，上海市慈善基金会在上海交通大学医学院大礼堂举行"唯爱天使基金医学本科毕业生奖励资助仪式"。

2010 年 4 月 27 日，上海滨江星广告传播有限公司为上海市慈善基金会免费提供为期半年、总价值为 350 余万元的慈善公益广告播出时段，每天 18：00~22：00 滚动播放，总播放次数为 5888 次（30 秒/次），总播放时间近 50 个小时。

2010 年 5 月 28 日，陈廷骅基金会向上海市慈善基金会捐赠 5000 万港币。这是上海市慈善基金会有史以来接收的最大单笔捐款。

2010年6月19日，旧金山-上海姐妹城市委员会向上海市慈善基金会捐赠5万美元。该笔善款用于乳腺癌预防项目。

2010年6月30日，驻沪总领事配偶团捐赠20万元善款。该笔善款用于救助贫困妇女和儿童。

2010年7月6日，上海市慈善基金会在第二工业大学举行"2010年资助社会慈善公益项目信息发布会"，2010年上海市慈善基金会将出资800万元资助社会慈善公益项目。

2010年7月16日，上海市慈善基金会与有关单位在恒源祥香山美术馆联合举行"恒爱行动走进非洲暨中国爱心父母为非洲孤残儿童编织爱心毛衣首批捐赠仪式"。首批价值50余万元的2010件爱心毛衣和2010件世博T恤将陆续送抵南非、肯尼亚、尼日利亚、苏丹、赞比亚、津巴布韦六个非洲国家，赠送给当地的孤残儿童。

2010年9月9日，上海师范大学原校长杨德广向上海市慈善基金会捐赠100万元，设立"德广教育基金"。

2010年11月15日，位于胶州路、余姚路附近的静安区教师公寓突发特大火灾，上海市慈善基金会紧急组织救灾物资，将价值20万元的棉被、棉衣等六大类物资于当天晚上11时许送到设于海防路的救灾指挥部并分发到灾民手中。

2010年12月7日，"倪天增慈善教育基金助学金发放仪式"在中山医院举行。

2010年12月28日，由上海市慈善基金会、上海社会科学院和文汇报社主办，上海慈善事业发展研究中心承办的"2010上海慈善论坛"在沪举行。

2011年1月1日，上海市慈善基金会和有关单位在上海大剧院举行"蓝天下的至爱——安利之夜2011新年慈善音乐会"。

2011年3月16日，日本驻上海领事馆向上海市慈善基金会捐赠98992美元（约合人民币64.84万元），用于为上海市杨浦区社会福利院添置康复器材。

2011年4月15日，意大利著名汽车品牌法拉利（Ferrari）车主俱乐部在法拉利上海办事处向上海市慈善基金会捐赠350万元，主要用于上海困难儿童的疾病救助。

2011年4月26日，"随心赋彩，石墨艺术作品展"在上海美术馆开幕。旅美艺术家石墨向上海市慈善基金会捐赠新近创作的巨幅水墨作品《粉色诱惑》和积墨青花瓷瓶，经拍卖后所获善款将全部用来帮助困难人群。

2011年8月3日，上海慈善网被评为上海百家优秀网站。

2011年11月19日，上海市慈善基金会委托上海众华沪银会计师事务所有限公司，完成对"11·15"火灾专项捐赠资金及专项捐赠物资进行的专项审计。审计报告于11月19日下午在上海慈善网全文发布，向社会公示。

2011年11月21日，上海市委、上海市人民政府授予上海市慈善基金会"上海市对口支援都江堰市灾后重建先进集体"荣誉称号；上海市慈善基金会和有关单位共同主办阳光照亮梦想——第十八届"蓝天下的至爱"系列慈善活动启动仪式暨爱心雅集慈善晚会。

2011年11月28日，《福布斯》中文版第三次发布关于慈善基金会的榜单，推出中国最透明的25家基金会，上海市慈善基金会排在第15位。

2011年12月1日，上海市慈善基金会和有关单位在上海图书馆共同主办"蓝天下的至爱——2011上海慈善论坛"。

2011年12月7日，上海市慈善基金会公示第五届上海市"慈善之星"30名"慈善之星"和50名"慈善之星"提名奖的名单。

2011年12月14日，2012年度如新儿童心脏病基金表彰典礼在复旦大学附属儿科医院举行。上海市慈善基金会副理事长金闽珠、上海儿科医院院长黄国英、美国NU SKIN如新集团董事会副主席伦兆勋和如新集团大中华区域总裁范家辉出席了活动。

2012年4月30日，周剑萍副理事长、方国平秘书长代表上海市慈善基金会赴美国田纳西州纳什维尔市参加美国全球联合之路亚太地区年会及社区领袖大会。上海市慈善基金会的"干预、预防和控制肝炎项目"获全球联合之路公益大奖提名奖。

2012年7月18日，全球联合之路副总裁何塞一行赴上海市慈善基金会访问交流。

2012年11月29日，《福布斯》中文版第四次发布关于慈善基金会的榜单，推出中国最透明的25家基金会，上海市慈善基金会排在第13位。

2012年12月8日，在"蓝天下的至爱——好心人帮好心人"万名志愿者募捐活动中，5万多名志愿者上街劝募，创国内单日募捐849.5万元的纪录。

2012年12月11日，上海市慈善基金会举办2012上海慈善论坛，主题为"创新·规范·发展"。

2012年12月19日，"慈善箴言"评选结果揭晓，公布"十佳箴言"和"特别箴言"。

2013年1月12日，第十九届"蓝天下的至爱——2013爱心全天大放送"举办。当天慈善晚会公布"上海市慈善基金会首届十佳慈善公益项目"。

2013年3月21日，第十九届"蓝天下的至爱"系列慈善活动入围中华慈善奖。

2013年4月25日，上海市慈善基金会加入中国基金会4·20救灾行动自律联盟。

2013年9月22日，《2013年度中国慈善透明报告》发布，上海市慈善基金会获得"2013年度慈善透明卓越组织"称号。

2013年9月27日，"上海市慈善基金会联合之路专项基金"成立，成为全球联合之路在中国成立的首个专项基金。该专项基金首批推出"萌芽学前教育计划——进城务工者学龄前子女看护点资助"项目和"关爱社区失智老人"两个项目。

2013年11月28日，国内第一本网络原创慈善公益评论集《善行久远——上海慈善网原创慈善公益时评集》由上海文艺出版社出版。上海市慈善基金会理事长冯国勤为该书作序。

2013年12月10日，第六届上海市"慈善之星"评选活动结果揭晓，评出"慈善之星"30名，提名奖50名。

2013年12月21日，上海市慈善基金会以"现代慈善的媒介发展"为主题举办2013上海慈善论坛。

2013年12月底，最新版上海慈善网改版及网站无障碍建设基本完成。

2014年1月7日，爱尔兰驻上海总领事馆通过上海市慈善基金会向上海市社会福利行业协会捐赠10000欧元，用以资助协会开展养老护理员培训。

2014年1月16日，新版上海慈善网上线试运行，同时全网启用无障碍浏览。

2014年3月24日，上海市慈善基金会会标日前获得"上海市著名商标（2014—2016）"荣誉，上海市慈善基金会成为沪上首家获得上海市著名商标的社会组织。

2014年4月20日，上海市慈善基金会成立20周年系列活动——"上海慈善公益论坛"在文新大厦举行。全国政协常委、上海市慈善基金会理事长冯国勤出席论坛并作主旨报告。

2014年4月22日，上海市慈善基金会在浦东中心召开成立20周年慈善义工服务座谈会，上海市慈善基金会名誉理事长陈铁迪出席座谈会并为获奖者颁奖。

2014年5月7日，上海市委副书记、市长杨雄，中华慈善总会会长李本公，副市长时光辉等出席上海市慈善基金会召开成立20周年座谈会。

2014年6月16日，由上海市网信办、上海市文明办主办的上海市第六届优秀网站评选活动在上海图书馆揭晓，上海慈善网荣获"上海市优秀网站"称号，上海市慈善基金会副理事长兼秘书长方国平代表此次获奖的七家上海慈善公益类网站领奖。

2014年7月21日，九旬老人金素敏向上海市慈善基金会"国栋助学基金"捐款5万元，资助家庭困难的学生完成学业。

2014年8月5日，上海市慈善基金会网站自8月4日开通"援助云南鲁甸"线上捐款专用通道后，已收到爱心网友的网上捐款达到47598.82元。

2014年8月27日，上海市慈善基金会收到上海市地方税务局黄浦分局的《非营利组织免税资格认定结果通知书》，上海市慈善基金会获得非营利组织免税资格，有效期限为2013年1月1日至2017年12月31日。

2014年9月5日，上海市慈善基金会荣获中华慈善总会授予的第二届"中华慈善突出贡献奖"组织奖。

2014年9月21日，第三届中国公益慈善项目交流展示会在深圳闭幕。上海市慈善基金会参赛的"萌芽计划"项目经过激烈角逐，最终斩获本届慈展会项目大赛创意类项目金奖，并获得12万元资金资助。市会"玉佛寺觉群大学生创业"项目获得项目大赛实施类项目铜奖，获得资助4万元。

2014年11月1日，在第四届"上海公益伙伴日"活动期间，上海市慈善基金会在公益新天地园与沪上四家社会组织分别签订 2014 年度首批社会慈善公益项目资助协议，共出资 69 万元资助四个社会慈善公益项目。

2014 年 12 月 5 日，爱心人士叶兆景先生向上海市慈善基金会捐赠其书法作品《兰亭序》一幅，用于"点亮心愿"慈善义拍项目。

2014 年 12 月 22 日，"用音乐去爱"公益活动在上海市儿童医院普陀新院举行。来自意大利爱乐乐团的音乐家们现场为患儿表演了专业水准的交响乐演奏。

2015 年 1 月 31 日，蓝天下的至爱"慈善之夜"在东视剧场举行；第二届慈善箴言评选活动"十佳箴言"揭晓。

2015 年 7 月 2 日，上海市慈善基金会直属管理的第二家慈善超市——新华社区慈善超市正式揭牌开业。

2015 年 10 月 31 日，首届上海公益微电影节在上海公益新天地拉开帷幕，上海荣昶公益基金会向上海市慈善基金会捐赠 200 万元善款，用于此次公益微电影节。

2015 年 12 月 20 日，"上海市慈善基金会"官方微信正式上线，并开通微信募捐平台。

2015 年 12 月 29 日，2015 年上海慈善论坛在上海社会科学院分部召开，主题为"互联网背景下的慈善创新"。

2016 年 1 月 1 日，上海市慈善基金会在上海大剧院举办"蓝天下的至爱——安利之夜"新年慈善音乐会。

2016 年 1 月 23 日，上海市委书记韩正，上海市委副书记、上海市市长杨雄会见了第七届上海市"慈善之星"、年度十大优秀青年公益项目代表和优秀慈善义工代表，上海市慈善基金会冯国勤理事长参加会见；第 22 届蓝天下的至爱——首届上海公益微电影节颁奖仪式在上影集团总部举行，上海市慈善基金会理事长冯国勤出席活动，并为"最佳影片奖"获奖作品颁奖；第 22 届蓝天下的至爱"慈善晚会"在大宁剧院举行，同时"蓝天下的至爱——移动互联公益众筹行动"在晚会现场启动，市委副书记应勇、副市长时光辉、上海市慈善基金会理事长冯国勤出席晚会。

2016 年 3 月 18 日，上海市慈善基金会 2014~2015 年度优秀慈善义工颁奖表彰大会在上海京剧院举行。

2016 年 3 月 25 日，美国驻上海总领事馆政治经济处政治领事 Jonathan Crawford（中文名：孙昭朗）先生一行来到上海市慈善基金会参观访问。

2016年4月19日，英国驻华大使馆经济处一等秘书Sam Mackay（中文名：麦俊明）先生、英国驻上海总领事馆经济领事Jenny Tyldesley（中文名：林洁希）女士等一行参观访问上海市慈善基金会。

2016年6月25日，上海市慈善基金会先后召开第四届理事会第十四次会议和第五届理事会第一次会议，冯国勤任第五届理事会理事长，顾国林任监事长。

2016年9月5日，在《中华人民共和国慈善法》实施后的第一个"中华慈善日"当天，上海首单永续型慈善信托项目"蓝天至爱1号"正式设立；2016年上海慈善论坛在上海社会科学院分院举行。论坛聚焦自9月1日起正式实施的《中华人民共和国慈善法》，共同探讨新形势下的慈善公益事业发展。

2016年11月2日，上海市第七届优秀网站评选活动表彰会在上海图书馆召开。上海慈善网荣获"上海市优秀网站"称号，这是该网连续三届获此殊荣。

2016年11月24日，上海市民政局、上海市社会团体管理局举行仪式，为上海市慈善基金会等五家单位颁发"慈善组织登记证书"和"慈善组织公开募捐资格证书"。

2016年11月29日，全国政协副主席卢展工率全国政协社会和法制委员会调研组，就"促进慈善组织健康发展"来到上海市慈善基金会开展专题调研。全国政协常委、社法委主任孟学农，社法委副主任宋育英等在上海市政协副主席周汉民等领导的陪同下，共同参与调研。

2016年12月3日，随着第23届"蓝天下的至爱"拉开帷幕，上海市慈善基金会通过上海慈善网和官方微信服务号启动网上募捐与微信募捐活动。

2016年12月18日，上海高校《中华人民共和国慈善法》知识竞赛决赛暨2016年度高校学生慈善义工沙龙在上海政法学院学生礼堂举行。经过激烈竞争，上海交通大学义工队斩获一等奖。

2017年1月1日，一年一度的"安利之夜"新年慈善音乐会再次在上海大剧院举办。

2017年1月5日，"蓝天下的至爱——第二届上海公益微电影节"颁奖仪式在上影集团总部举行。

2017年1月7日，第二十三届蓝天下的至爱"慈善晚会"在东视剧场暖心上演，晚会主题为"快乐慈善，幸福你我"。

2017年3月1日，全国法学会系统首个慈善法治研究会——上海市法学会慈善法治研究会正式成立。

2017年6月7日，美国驻上海总领事馆政治经济处政治领事 Jonathan Crawford（中文名：孙昭朗）先生一行来到上海市慈善基金会参观访问。

2017年6月13日，由泰国枢密院主席办公室主任披沙奴·普塔翁任团长的泰国炳·廷素拉暖上将基金会代表团一行来到上海市慈善基金会交流访问。

2017年8月4日，"蓝天至爱2号慧福慈善信托"签约仪式在上海市慈善基金会举行。

2017年8月26日，上海市慈善基金会启动"蓝天至爱计划·CSR在行动"活动，计划出资3000万元资助100个社会慈善公益项目。

2017年9月5日，2017年上海慈善论坛成功举办，来自北京、上海、广州三地的专家学者及多名知名企业 CSR 负责人参加论坛，主题为"现代慈善与社会转型"。

2017年12月4～6日，上海市慈善基金会"蓝天至爱计划"项目评审及监督机构对申报上海市慈善基金会"蓝天至爱计划·CSR在行动"项目资助的365个公益项目进行了尽职调查。

2017年12月23日，第二十四届"蓝天下的至爱"慈善活动启动仪式暨第三届上海公益微电影节颁奖典礼在上海电影博物馆举行。

2017年12月24日，来自意大利米兰爱乐乐团的四位音乐家和二胡名家高韶青，与来自上海市盲童学校的盲童以及在黄浦区就读的外来务工者子女同台献艺迎接圣诞节，共同谱写一曲爱的乐章。

2018年1月1日，第24届蓝天下的至爱——"安利之夜"新年慈善音乐会在上海大剧院举行。

2018年4月25日，中共上海市慈善基金会委员会召开换届选举党员大会。在中共上海市慈善基金会第三届委员会第一次会议上，魏红当选党委书记。

2018年6月24日，由上海广播电视台东方卫视中心选送的"2016'蓝天下的至爱'慈善晚会"与其他五个节目荣获首届全国优秀公益电视节目公益类节目最佳作品奖。

2018 年 6 月 25 日，上海市久隆模范中学举行第十届全国政协副主席徐匡迪院士夫妇捐赠仪式。徐匡迪、许珞萍夫妇通过上海市慈善基金会静安区代表处定向为该中学捐款 100 万元。

2018 年 7 月 19 日，上海市慈善基金会监事长顾国林来到奉贤区慈善超市，就慈善超市的规范化运作和财务管理情况进行调研。

2018 年 9 月 5 日，2018 年上海慈善论坛在中国金融信息中心三楼上海厅举行。论坛现场发布《现代慈善前沿丛书——新时代慈善十大热点》和《2018 互联网慈善报告》。与此同时，长三角慈善公益互动平台宣告成立。

2018 年 12 月 8 日，第二十五届"蓝天下的至爱"系列慈善活动开幕式暨第四届"上海公益微电影节"颁奖典礼在上海广播电视台举行。

2019 年 1 月 1 日，第二十五届蓝天下的至爱——"安利之夜"新年慈善音乐会在上海大剧院奏响旋律。

2019 年 1 月 12 日，"帮助他人，阳光自己"——第二十五届"蓝天下的至爱"大型慈善晚会在东视剧场举行。

2019 年 4 月 18 日，上海市第八届优秀网站评选活动表彰会在上海图书馆召开。上海慈善网荣获"上海市优秀网站"称号，这是该网连续四届获此殊荣。

2019 年 5 月 29 日，上海市慈善基金会召开第五届理事会第八次会议，选举钟燕群为新一任理事长。

2019 年 9 月 5 日，在第四个"中华慈善日"到来之际，2019 年上海慈善论坛在中国金融信息中心三楼上海厅举行。本届论坛以"建国 70 周年·现代慈善新征程"为主题。

2019 年 9 月 6 日，长三角苏、浙、皖、沪三省一市慈善会（基金会）秘书长工作会议在上海市慈善基金会召开，上海市慈善基金会副理事长兼秘书长张华主持会议。

2019 年 9 月 21 日，在第九届上海"公益伙伴日"开幕日上，上海市民政局首次发布"上海市品牌社会组织"，上海市慈善基金会获此殊荣。

2019 年 10 月 3 日，著名沪剧表演艺术家、上海沪剧院院长茅善玉来爱心窗口做志愿者。

2019 年 10 月 22 日，全球联合之路主席兼首席执行官布莱恩·盖勒格一行访问上海市慈善基金会。

2019 年 11 月 26 日，"至爱影院"——无障碍观影项目正式启动。

2020 年 1 月 26 日，上海市慈善基金会开通"抗击新型冠状病毒肺炎疫情专项募捐行动"线上募捐通道。

2020 年 1 月 27 日，上海慈善网开通"抗击疫情"网上捐款专项通道。

2020 年 1 月 28 日，上海市慈善基金会开通小程序线上捐款功能。

2020 年 3 月 4 日，大费城上海联谊会通过上海市慈善基金会分批次向上海交通大学医学院附属瑞金医院、复旦大学附属华山医院、上海交通大学医学院附属仁济医院等捐赠医用口罩 56190 只，其中包括 N95 口罩 5880 只，总价值达到 51158 美元。

2020 年 4 月 3 日，上海市慈善基金会向上海交通大学医学院抗击新冠疫情一线医务人员及上海公卫人员共计 182 人发放慰问金。

2020 年 9 月 5 日，2020 年上海慈善论坛在上海建投书局（浦江店）举行。本届论坛以"慈善公益与脱贫"为主题，现场发布《现代慈善前沿丛书——2020·慈善公益与脱贫》和《2020 互联网慈善报告》。

2020 年 12 月 14 日，"第三届上海文化企业十强十佳十人十大特色活动颁奖活动暨文化企业座谈会"在上海世博会博物馆正式举行。由上海市慈善基金会主办的上海公益微电影节荣获第三届"上海市文化十大特色活动"奖项。

2021 年 1 月 1 日，上海市慈善基金会与上海大慈公益基金会联袂举办的第 22 次"点亮心愿"慈善义拍线上结缘义卖活动在上海拍卖行有限责任公司的网站开拍；"蓝天下的至爱——安利之夜新年慈善音乐会"在上海大剧院举行。

2021 年 5 月 31 日，第五届"十佳慈善箴言"书法作品捐赠仪式举行，上海市书法家协会向上海市慈善基金会共捐赠了 10 幅书法作品。

2021 年 9 月 5 日，2021 年上海慈善论坛如期举办，本次论坛的主题为"重大突发公共事件背景下慈善组织的实践与思考·财富传承与慈善公益"。

2021 年 12 月 26 日，中国人民解放军原总政治部副主任兼军委纪委书记、十二届全国政协常委童世平将军向上海市慈善基金会捐赠了 100 幅由他精心创作的书法作品。

2022年1月9日，上海市委书记李强，上海市委副书记、上海市市长龚正会见了第十届上海市"慈善之星"集体和个人代表。

2022年1月26日，上海市副市长宗明、上海市慈善基金会理事长钟燕群等来到上海市疾病预防控制中心，慰问市、区两级疾控人员，上海市慈善基金会出资1100万元向奋战在抗疫一线的疾控人员送去新春慰问。

2022年2月15日，上海市人大常委会主任、党组书记蒋卓庆一行来到上海市慈善基金会，开展"完善税收政策支持公益性捐赠"专项调研。

2022年4月3日，上海市发展和改革委员会牵头成立了上海市物资保障专班，上海市慈善基金会派出两名工作人员参与相关工作，对接上海市及兄弟省市捐赠款物的处置。

2022年5月30日，第十九届（2022）中国慈善榜暨《2021中国慈善捐赠发展蓝皮书》正式发布。上海市慈善基金会荣获"年度榜样基金会（公募）"称号。

2022年9月7日，长三角慈善一体化发展安徽金寨革命老区联合帮扶项目启动仪式在安徽省金寨县举行。

2022年11月25日，第六届慈善箴言征集评选活动"十佳箴言"出炉，最终评选产生第六届"十佳慈善箴言"、"专项奖"（网络人气奖10名、最具时代气息箴言奖10名）等奖项。

2022年12月21日，2022年上海慈善论坛在线上举办。本次论坛以"慈善公益与共同富裕"为主题。

2023年1月11日，上海市慈善基金会收到上海市人大社会委《关于征求对〈慈善法（修订草案）〉相关修改意见的函》，后经征询上海市慈善基金会理事会、监事会、秘书处、各区代表处及上海市法学会慈善法治研究会等相关各方意见和建议，形成了14个方面的意见和建议并进行了书面反馈。

2023年2月17日，第一届"上海慈善奖"表彰活动在世博中心举行，上海市慈善基金会创始会长、名誉理事长陈铁迪获特别贡献奖。

2023年2月25日，"蓝天下的至爱·安利之夜"2023慈善音乐会在上音歌剧院举行。

2023年2月26日，第二十九届"蓝天下的至爱"大型慈善晚会在东视剧场举行。

2023年4月27日，上海市五一劳动奖表彰大会在上海友谊会堂举行，上海市慈善基金会秘书处获"工人先锋号"荣誉称号。

2023年5月18日，第二十届（2023）中国慈善榜正式发布，上海市慈善基金会荣获"2023中国慈善榜年度榜样基金会（公募）"称号。

2023年6月1日，上海市慈善基金会"百校慈善行动"活动于爱心窗口正式启动。

2023年7月1日，上海市慈善基金会电子捐赠票据系统上线运行，电子公益事业捐赠统一票据正式启用。

2023年8月4日，上海市慈善基金会启动"申城大爱，风雨同舟"——驰援京津冀地区水灾专项行动。

2023年9月9日，第九届上海公益微电影节正式启动，本届上海公益微电影节继续以"帮助他人 阳光自己"为主题。

2023年12月9日，第三十届"蓝天下的至爱"系列慈善活动开幕式暨第九届上海公益微电影节颁奖典礼在长宁区政府305会场举行。

2023年12月17日，2023年上海慈善论坛在上海图书馆东馆举行，本次论坛以"中国式现代化与慈善事业创新发展"为主题。

2023年12月20日，上海玉佛禅寺、上海龙华古寺、上海城隍庙、上海白云观等分别向上海市慈善基金会捐赠善款100万元、100万元、100万元、50万元，用于"驰援甘肃等地区抗震救灾"专项行动。

2023年12月27日，第三十届"蓝天下的至爱"——"慈善四进·进学校"成果展示主题活动及经验交流会举行。

图书在版编目（CIP）数据

蓝天下的至爱：上海市慈善基金会三十年发展研究
报告／徐家良等著 . --北京：社会科学文献出版社，
2025.6
ISBN 978-7-5228-3544-0

Ⅰ.①蓝…　Ⅱ.①徐…　Ⅲ.①慈善事业-基金会-发
展-研究报告-上海　Ⅳ.①D632.1

中国国家版本馆 CIP 数据核字（2024）第 080068 号

蓝天下的至爱：上海市慈善基金会三十年发展研究报告

著　　者／徐家良 等

出 版 人／冀祥德
组稿编辑／杨桂凤
责任编辑／孟宁宁
责任印制／岳　阳

出　　版／社会科学文献出版社·群学分社（010）59367002
　　　　　　地址：北京市北三环中路甲 29 号院华龙大厦　邮编：100029
　　　　　　网址：www.ssap.com.cn
发　　行／社会科学文献出版社（010）59367028
印　　装／唐山玺诚印务有限公司

规　　格／开 本：787mm×1092mm　1/16
　　　　　　印 张：16.75　字 数：272 千字
版　　次／2025 年 6 月第 1 版　2025 年 6 月第 1 次印刷
书　　号／ISBN 978-7-5228-3544-0
定　　价／118.00 元

读者服务电话：4008918866